戦国領主真田氏と在地世界

宮島義和
Miyajima Yoshikazu

六一書房

はしがき

ある日息子にゲームセンターへ連れて行かれ、「戦国大戦」というゲームをするところを見せてもらった。ゲーム機で適当な対戦相手（日本中のどこかにいるそうだ）を決め、自分の得意な武将とその軍隊のカードを使って対戦する。ゲーム機のボード上で、目に見えないほどのスピードでカードを動かし、息子は、よくわからないのだが、簡単に勝ってしまったようだ。「相手があまりに弱すぎて得意技を見せてあげられなかった」と言っていた。彼が使う戦国武将は島津歳久、なんでも息子は長野県内でトップクラスのゲーマーなのだそうである。

今や世の中は空前の歴史ブーム、特に戦国武将ブームと言ってよいだろう。その中でもひときわ人気が高いのが真田幸村といわれる。大坂夏の陣において真田丸を本拠とし、徳川家康をもう一歩まで追い詰めたほどの武勇は、今や彼を戦国ヒーローにまつりあげている。しかもこのブームは単なるゲームにとどまらず、お気に入りの武将に関する知識を深めようと、聖地巡礼のごとく武将ゆかりの地を訪れるなどといった殊勝な心掛けに裏打ちされているのである。この現象は今や地域の観光と結びつき、その地域の活性化に寄与しているという指摘すらある。「オタク」や「歴女」といわれる人々は豊富な知識をもち、様々な書籍を発刊している。戦国時代は非常に魅力のある時代であることは確かで、ＮＨＫの大河ドラマは戦国時代か幕末を題材にすればヒットするとさえ言われている。

かくいう筆者も実は幕末の長州オタクであり、新婚旅行はあえて萩を選択した。観光タクシーの運転手さんに「どこへ行きますか」と聞かれ、「反射炉へ行ってください」と突然言い出し、周布政之助の墓を詣でてはいたく感激したものである。

一方、教育現場においては、若者たちがともすれば戦国ヒーローにのみ関心を寄せることに対して、偏りのない歴史的視野を身につけさせるような教育・研究を望む声がある（宮島二〇一三）。メディアから関心をもち、それに関わる講座を志望してくる学生たちの関心が、往々にして戦国時代に生きた武将個人や城跡に対してであり、同時代の民衆・郷土・地域といった空間や横のつながりを含む同時代の社会までには及ばず、ましてや世界史的観点から見るという意識は希薄である、との指摘もある（竹田二〇一三）。双方の価値観の摺り合わせ、つまり「知りたい」と「授けたい」をいかに合致させていくのかが重要ではないか。

現在、公立における小学教育では、戦国時代は織田信長・豊臣秀吉・徳川家康しか教えらず、中学では、重要な点も含めて「調べてみよう」で終わり、高校では、より高度な日本史となる。専門的な大学の講義に至るまでの、各教育過程での一貫した教育の接続が、今、要求されている。一例をあげるなら、戦国時代について、中学では「近世の最初」だが、高校では「中世の最終段階」として扱われているのである。これにどう辻褄を付けて接続させるのか興味深いが、懸念が残る。

ところで、筆者は偶然にも長野県上田市の旧町名「北大手」の出身である。上田城のある上田公園には歩いて数分で行ける距離に住んでいた。恰好の遊び場であり、石垣をよじ登ったり、真田井戸に石を落してみたり、堀で釣りをしたりしたものであるが、今やここは観光の名勝となった感がある。上田城の南崖下、別名「尼ヶ淵城」のまさに尼ヶ淵に当る場所には、専用の広い駐車場が整備された。近くの商工会館には真田関係の各種グッズが販売されており大盛況である。公園内には上田市立博物館があるが、最近ここを訪れたところ、信じられないほどのたくさんの来館者に度肝を抜かれた。かつて足しげく通った学生の頃には、閑古鳥が鳴いていた記憶しかないのである。

人気があるのは幸村だけではない。その父昌幸はもちろん、その祖父であり真田氏の礎を築いたといえる幸隆も大人気だ。幸隆の墓所がある旧真田町（現上田市真田）の長谷寺を訪れ、幸隆の墓を詣でたところ、墓の周囲の至るところに五円玉や十円玉で真田家の旗印である六文銭がつくられており（第1図）、その景色の物凄さに鳥肌がたつほどであった。

ある時、この山奥に大阪ナンバーの車がやってきて若い夫婦と幼い子供たちが降りたった。すると小学生らしい子供が「こんなの戦国無双でもやってなきゃ分からんわ」と言ったのを聞いた時、「こうして真田ファンは再生産されていくのだな。」と実感した。

第１図　長谷寺境内の六文銭

前置きが長くなったが、本書で取り上げる真田氏は、現在の長野県上田市に本拠を置き、周辺の小県郡及び群馬県吾妻郡・沼田市一帯を天正年間から支配し、近世幕藩体制下の元和八年（一六二二）に長野県松代町に移封された一族である。そのまま真田氏は幕末を迎えるのであるが、この系統は昌幸の長男で幸村（信繁）の兄にあたり、関ケ原の戦いにおいて東軍についた真田信之である。昌幸は関ケ原の戦いの後、和歌山の九度山で生涯を終え、幸村は大坂の陣で戦死している。こういった事情は多くの書籍やそれこそゲームで周知の事実であろうことから、ここでは割愛する。(1)

本書で考えたいのは、戦国武将として有名な真田氏が、一地方領主（その性格については後述する）として領地である在地をいかに掌握し、支配していたかという点である。筆者は在地あっての戦国武将という歴史観を昔から持ち続けてきた。

筆者がそのように在地にこだわる理由は学生時代に遡る。大学の史学科に入学した際、考古学か文献史学かの選択で迷ったが、郷土の先人である真田氏をテーマに取り上げて研究してみようという気持ちになった。かといって真田氏の何を研究すれば真田氏、そして戦国時代を分かったことになるのかが分からなかった。その頃に巡り合ったのが、網野善彦と阿部謹也の、日本・ヨーロッパの中世民衆史の観点における研究であった。最初に読んだのが網野の『日本中世の民衆像—平民と職人—』である。中世前半が主な対象にはなるが、それまでの「米一本やり」の農業観の打破、様々な平民層の生き生きとした活動ぶりに魅せられた。こうした観点を戦国時代に投影してみると、例えばドラマの合戦シーンで登場する槍の一突きで簡単に殺されてしまう兵隊には、自分の在地に土地を与えられた「給人」であり、日々の生活を送るという命の重みをもたらした。そして阿部謹也の描き出す中世庶民の躍動感に引きこまれ、全ての著書を購入するに至った。筆者も、民衆の生活まで目を届かせた軸足で日本の戦国時代史を語っていきたいと思ったが、史料はあまりにも少く、通り一辺のことしか考えられずに終わってしまっていた。

その後、仕事の関係で考古学に携わる時間が長くなり、本来の自分のテーマとはかなり遠いところで研究活動をしていた。そのため随分長い時間が経ち、古文書を読む力も皆無に等しくなり、師匠（小川　信氏）に申し訳なく思う次第であったが、後述するように新たな検地帳との出会いによって、再び真田氏の在地に迫っていきたいという意欲が湧いてきたのである。

真田氏が独立的な戦国領主として自己の領域を支配していた期間はそう長いものではないが、武田氏の力を巧みに利用しながら独自の領国経営を始めていったと理解している。この点については後述する。その後、織田・後北条・上杉・豊臣と、転々と同盟を繰り返すことにより本領を保ち、命脈をつないできた。この地方領主が戦国末期から近世へという時代の転換期の中で領内をどのように支配したのか、という問題は非常に興味深い。殊に真田領内で施行されていた貫高制は近世幕藩体制下において、大名が交替していく中でも保持されていたことが指摘されている[2]。しかし戦国期の史料が少ないため、近世の史料から戦国期の実態を類推する方法をとらざるを得ないのが現状であり、真田氏独立期の当主である真田昌幸時代の支配の様子は、必ずしも明確にされていない。しかしながら、近世を考える上で非常に重要な研究対象でもある。例えば前述のように、近世に残った貫高表示の慣習などは、その継承理由を考える上でも、戦国期に確立された制度の性格を把握しなくてはならないだろう。

そこで本書においては、昌幸支配期である天正年間から慶長年間初期の間を中心にして、可能な限り当時の史料を活用し、不足する部分は近世の史料を援用する形をとって、戦国期における真田氏の在地支配の実態について考察をしていきたいと思う。

まずは、「真田氏」とは何であったのかという点に目を向けたい。戦国武将であったことには相違ないが、その立場について研究史をまとめながら検討を加えていきたいと思う。

註

（1）　基本的な研究書を掲げると、田中誠三郎『真田一族と家臣団』（信濃路、一九七九）、小林計一郎『真田一族』新人物往来社、一九七九）、柴辻俊六人物叢書『真田昌幸』（吉川弘文館、一九九六、本書においては真田氏に関わる文献の目録が提示されている）、笹本正治『真田氏三代　真田は日本一の兵』（ミネルヴァ書房、二〇〇九）、平山　優『真田三代　幸綱・昌幸・信繁の史実に迫る』（PHP選書、二〇一一）など。

（2）『上田小県誌』歴史編下（上田小県誌刊行会）において黒坂周平は、近世における上田小県地方の検地関係の史料を分析し、上田領内では一部の村が石高制を採用しているのに対し、他の多くの村々には依然貫高表示が残っており、統一的な検地が行われた形跡がないことを指摘した。後の研究者もこの説を認め、その理由の解明に努めているが未だ明確にはされていない。本書はこの近世における疑問点を解明する前段階としての、戦国末期の考察を中心とするので、この点については直接には触れないこととする。

戦国領主真田氏と在地世界＊目次

第一章　百姓としての給人

本章は給人が百姓であるという、全く当然のことを述べるだけになるのかもしれない。しかし、在地にいる時の給人（武士）たちの姿はなかなか浮き彫りにはならない。知行地がいかに分散しているのか、耕作はどのように行われているのかといったような地味ではあるが、第二節で述べるように平時の武士たちの姿を考察していくための格好の史料が近年発見された。本書はその史料に基づいて構成されているといっても過言ではない。『真田氏給人知行地検地帳』と題された史料が発見され、これは、少ない史料からの類推でしかなかったこれまでの真田氏の在地支配の状況を一変させる力を持つものである。的確に利用できるかははなはだ不安ではあるが、ここから最大限に分かることを引き出していきたいと思う。まずは給人たちの頂点に立つ真田氏の立場について先学の説に学びながら論を進め、原之郷という真田氏の本貫というべき地域の給人たちの実態を考察していく。

第一節　真田氏は戦国大名か

はじめに

「兵農分離」という用語があるとすれば当然「兵農一致」という言葉もあっていいと思う。一九九六年のＮＨＫ大河ドラマ「秀吉」の一シーン。日吉（後の太閤秀吉：竹中直人）と弟の小吉（後の大和大納言秀長：高島政伸）が武士になるために尾張城下を目指して歩く。二人は完全に百姓である。かといって土地を持つ自作農ではなさそうだ。彼らはある一定の領域を支配する領主から土地を与えられた給人の田畑を耕作する「作人」であったと推定される。

以上はどこまでが史実なのかは知らないが、二人は後に日本の№1と№3の大名となる。奇しくも秀吉が施行した兵農分離政策によって、かつて自分たちを支配していた給人は百姓になっていったのだろうか。まさに戦国時代における武士のかなりの部分は百姓なのだ（第二節）。それでは領主とは何だったのだろうか。真田氏の場合を考えてみよう。

1　真田氏の評価（研究史から）

戦国期における真田氏の支配領域が最大に至ったのは、主家武田氏滅亡後の上野国沼田を中心とする西上野一帯と、信濃国小県郡を統一した段階（天正年中、一五八三年頃）と言えるだろう。もし吾妻郡全域を支配下に置いていれば二郡領主ということになる。しかし徳川氏や後北条氏との関係の中で沼田・吾妻領の返還を再三要求されるなど、不安定なものではあった。

本項においては、先行する研究者の戦国期における真田氏に対する評価をみてみたいと思う。

まず、真田氏の領国支配構造の研究の嚆矢ともいえる河内八郎は、「真田氏のような石高にしてわずか四万石にも満たない小国[1]ながら、西上州と信州小県地方を抑え、関ケ原の合戦においては西へ向かう徳川秀忠の大軍を押しとどめ、幕藩体制形成期に一石を投じた、後進地帯の一小大名（傍線筆者）にとってその領国形成過程に顕現する独自性とは何か。武田氏の支配に屈した在地小土豪のひとつに過ぎない真田氏が自己と基本的に同列な周辺諸勢力との飽くなき戦乱の過程に自らを投入しつつ、その軍事力を強大化していったこと、それは服属者への旧領安堵、奪取地の直臣への加恩と新給、そしてその中で進められた料所の設定、さらに貫高制に基づく軍役体系と知行制度の確立の推進であった。」（河内一九六七）と述べている。

何か全て言い尽くされてしまった感があるが、在地の支配については指摘の通りである。ただその具体的な中身が必要であろう。河内は真田氏の、土豪から小大名への発展を強調している。すなわち小規模ながらも真田氏は戦国大名化したという評価である。

小林計一郎は、「真田昌幸は千曲川のほとりに上田城を築いてここに移った。この城は海士が淵城ともいう。この地はもと地侍小泉氏の城であったが、この頃は廃城となっていた。千曲川の旧川敷の沼にのぞむ河岸段丘上で南は断崖、背後は広い台地で東は信濃国分寺のある台地に通じ、真田の松尾城やそれまでの戸石城に比べはるかに交通便利の地である。山城からこの平城へ進出したのは、真田氏がそれまでの中世土豪的の性格を一掃して近世大名として新しい歩みを踏み出した第一歩とも言える。」（小林一九七九）と述べている。

土豪から大名へ、しかも「近世大名」という用語を用いている。時代は天正年間後半、まさに戦国時代は終焉に向かって動きを速めている段階にあって、「近世大名」という用語がどのような意味を持つのであろうか。これは真田信之へと続く系統を示していると推定される。真田信之はまさに近世幕藩体制下の大名であることは間違いがない。しかし天正期という点で同じ「大名」の用語を使う河内とは少しニュアンスが異なる。

山岡信一は、「真田氏は、滋野三家と呼ばれる海野・祢津・望月の一つである海野氏の出であるとされている。滋野氏系と称される武士団は、西上州・北信（長野県北部）に散在し、その多くは鎌倉期から明治維新に至るまでその存在が確認できる。戦国期においても国人領主と規定し得る存在であり、個々の領主制を展開していたと考えられる。真田氏は武田氏より委譲された権力を梃子として領域の拡大・保持を推し進めていた、戦国期国人領主の一形態。」（山岡一一九八五）としている。

「戦国期国人領主」という用語が登場する。国人は室町期からその力を強め一部には戦国大名になったものもいると言われるが、真田氏はその一歩手前という評価であろうか。ただ中世的土豪との区別がもう一歩明確とは言えない。明確な線引きはできないというところであろう。

笹本正治は、「真田氏は海野氏あるいは祢津氏の一族で、遅くとも一四世紀までに真田を本拠とするようになり、真田を称した。武田氏にとっての木曽氏（武田侵入以前から木曽に根を張っていた）の場合はできるだけその領域支配に楔を打ち込んで、武田権力を浸透させようとした。真田氏は武田氏と結びつくことによって次第に勢力を拡大し、武田氏の後押しをもって独自な領域支配を開始した。武田氏領内の国人領主としては甲斐における郡内の小山田氏、河内の穴山氏、信濃における木曽氏、西上野と小県郡に勢力を持った真田氏を挙げることができる。」（笹本一九九〇）との見解を示している。

同じ国人領主でも木曽氏とは異なり、その支配の独自性を強調している。時には他と同盟関係を結び、守護大名や戦国大名に敵対し、時には独自の領国経営を行う躍動的な国人領主の姿が見える。「武田氏領内の国人領主」という指摘がポイントであり、武田氏滅亡後はどのように捉えたらよいのだろうか。

堀内　亨は、「真田氏は主家武田氏の滅亡を期に独立を達成した。そしてその後も時に北条氏、時に徳川氏、上杉氏、豊臣氏と結び付き、あるいは対抗する中で自領の拡大、また領域支配の強化に努めていったのである。もはや甲斐における小山田氏や穴山氏とは比較の対象にならないことは明白になった。この甲斐の両氏は天文十年代までは武田氏と同様、独自の領域支配を展開すべく努力する。しかるに武田氏の領国支配の充実の前に、それらの活動は次第に減退する方向に進んだ。真田氏は正にこれと好対照をなす。武田氏と結び付くことによって地歩を固め、武田氏のもとで次第に権限を獲得していくのであった。」（堀内一九九二）と述べる。

特に真田氏の立場に言及しているわけではないが「独立を達成した」と言及している点に大名的な響きが聞き取れる。小山田氏・穴沢氏との比較に言及している点で、笹本の論とともに傾聴すべきであろう。

笹本と同様に武田氏研究に精通している柴辻俊六は次のように述べている。「この時期（天正期）の領主相のあり様をみた場合、何をもって大名とするのかは難しい問題であるが、一郡のみならず数郡にわたって一円的な支配権を保持していたことや、他大名との関係で独立した外交権を有していたことなどを指標とすればすでにこの段階の真田氏は大名化を遂げていたとみるべきである（柴辻一九九四）。[2]

その後、別稿において、「上杉景勝に対する一連の昌幸の動きを、景勝への臣従とみる考えも強いが、昌幸がすでに独立した大名であった以上、同盟関係の成立とみるのが妥当である（柴辻二〇〇一）。」としている。

他の大名との関わりを「外交」「同盟」と表現している点が重視される。ここに「独立した大名」という言葉が生きてくるが、外交をしている相手は非常に大規模な大名であり、彼らが真田氏をどのようにみていたかも興味深い点である。

栗原　修は、「真田昌幸は沼田領・猿ヶ京の支配を担当して沼田地域を管轄とする領域支配を委任され、さらに岩櫃（吾妻領）・中山領支配を担当、また吾妻地域の領主を「指南」下に置いた結果、昌幸の権限が及んだ領域は北上野一帯となった。のち真田氏が大名として形成していった領域が上野においてはほぼ重なることは注目される」（栗原一九九七）と記す。

「のち」というのは武田氏滅亡のことを示すと推定される。武田氏に従属していながら独自の領域支配をしていた国人期と武田氏滅亡後の戦国大名化という段階を踏んでいるとの評価と理解される。

富澤一弘・佐藤雄太の両名は「真田の独立期は上杉家の家督争い、真田氏の後ろ盾であった甲斐武田氏の滅亡、本能寺の変、秀吉と家康の対立など多くの出来事があり、混迷をきわめていた。このなかで真田氏は戦国大名として独立を果たした。」（富澤・佐藤二〇一二）としている。

天正九年（一五八一）までは実に穏やかな時期という感覚があることについては後述するが、天正十年に事態は一変する。その動乱の中で真田氏は自らの力で前進をしていたという評価と読み取る。「独立を果たした」という表現と「独自な領域支配」という表現を同じと見るかどうかが、他の評価と絡む問題であろう。

以上のように、真田氏が主家の武田氏活動期から、独自の領内支配の構造を持つことができ（あるいはそれが許され）、武田氏滅亡後は独立した大名になっていったという評価が多いことが分かる。真田昌幸は確かに二郡を支配し、小県郡においては、本書で追求を試みるところの「独自の貫高制に基づく支配」を成立させ、最終的にはその長子真田信之が近世大名として確たる権力をつかみ、幕末まで命脈を保っている点では「大名」としての評価は適切なのかもしれない。しかし時は天正期、いわゆる戦国末期である。筆者にとってどうしても腑に落ちない点は、例えば河内八郎の「後進地帯の一小大名」という言葉から受ける矛盾である。確かに真田領は後述するように天正期においてもあからさまに兵農未分離な農村を地盤とする。しかし城下町の形成も着実に進んでいた。大名の支城・属城という表現があるが、上田城はどの大名の支城とはなっていない。真田昌幸の時代に上田の城下町がどこまで整備されたのかは不明であるが、独立性の高い城を築いた点ではいかにも「大名」という言葉があてはまりそうな気がする。しかし「一小大名」とは何か。独自的な支配を行いながらも領地が狭いことを意味するのか。それは「土豪」と呼ばれる者たちとどう違うのか。何か言葉のマジックにかかっているような気がする。

次の史料をみてみよう。

〈史料一〉黒沢繁信書状写[3]

一昨日者、各為御代官、両三人被指越候、御忠節之至、則御陣下え申上候間、定而阿波守殿以御直書可被仰越候間、可御心安候、

誠に自分ニおゐても満足忝奉存候、（中略）

然者、大手者十二日うんのへ被進御陣候、くに衆（棒線筆者）真田・高坂・潮田其外信州衆十三番頭者、十三日出仕候間、信州一返ニ被明御便候条、五三日之内、甲州へ可為御着馬候、（中略）猶以抜書申候、恐々謹言、

（天正十年）

七月十八日　　　　黒坂

金山　　　　　　　繁信書判

荒川善夫は、真田氏が「国衆」すなわち「信州衆」の一員であったことが分かるとする（荒川二〇一二）。この年三月に真田氏の主家である武田氏が、勝頼の自害により滅亡している。さらに一旦服属した織田信長が本能寺で自害した後であり、真田昌幸は高坂・芦田・小笠原と議し、北条氏への出仕を決めている。この段階で信濃国を統一している者は存在しない。よって筆者は、信濃国を根本的な領地として統括した「大名」という存在は成立しなかったと考えている。信濃自体は実質的に、先の書状にみられるように在地の有力者が分割統治していた状況であった。彼等を信濃の大名ではなく、「国衆」と呼ぶのは妥当かもしれない。やや見下したような言い方かもしれないが、土豪をはるかに超えているが大名とは言い切れない部分を補う言葉としては妥当であろう。「国人」という用語も筆者のような年代には親しみがあるが、黒田基樹によると、戦国期の東国においては「…衆」「他国衆」「国衆」といった文言は比較的多くみられるが、「国人」文言の使用例は少ない（黒田一九九七）。この点については以後の論考においても扱うことになるだろう。ただ、国衆とともに使用することになる用語として「土豪」との比較をしておかなくてはならない。

その参考になる史料をみてみよう。

〈史料二〉生嶋足嶋神社文書(4)

（折封ウハ書）
「上　　海野衆」

敬白　起請文之事

一此以前奉捧候数通之誓詞、弥不可致相違

之事
一奉対　信玄様、逆心謀叛等不可相企之事
一為始長尾輝虎、自御敵方以如何様之所得申旨候共、不可致同意之事
一甲・信・西上野諸卒。雖企逆心、於某者無二ニ奉守　信玄様御前、可抽忠節事
一今度惣別催人数、無表裏、不渉二途、可抽戦功之旨可存定之事
一家中之者、或者甲州御前悪儀、或者臆病意見申候共、不可致同心之事
（中略）
永禄十年丁卯（一五六七）八月七日
真田右馬助綱吉（花押・血判）
神尾惣左衛門房友（花押・血判）
金井彦右衛門房次（花押・血判）
下屋与左衛門尉棟□（花押・血判）
奈良本新八郎棟廣（花押・血判）
石井右京亮棟喜（花押・血判）
櫻井平内左衛門尉綱吉（花押・血判）
常田七左衛門尉綱富（花押・血判）
尾山右衛門尉守重（花押・血判）
櫻井駿河守棟昌（花押・血判）
小艸野若狭守隆吉（花押・血判）

海野左馬亮幸光（花押・血判）

以上が「海野衆」と呼ばれる言わば「一揆」が差し出した武田信玄への起請文である。各地元の名を背負った武士たちで、真田も含まれている。これらの人々が土豪層であると推定する。各人は国衆より小さなものだが一揆により国衆と同等の力を有するようになる。それは後に信州大塔合戦（一四〇〇）につながる信濃守護小笠原長秀に反抗する国衆（国人）と土豪層の集合体である大文字一揆が同等の発言力と戦力を発揮させたことからも実証できるだろう。海野衆に関わっては次のような史料が残っている。

〈史料三〉(5)

〇上闕ク

一知行役之鉄砲不足ニ候、向後用意之事

一鉄砲之持筒一挺之外者、可然放手可召連事

一乗馬之衆、貴賤共ニ甲・咽輪・手盖・面頬當・脛楯・指物専要たるべし

一歩兵の衆、随身之指物之事

一知行役の被官の内、或者有徳之輩、或者武勇之人を除て、軍役の補として、百姓・職人・祢宜、又者幼弱之族召連参陣、偏ニ謀逆の基不可過之之事

一定納弐万疋所務之輩、乗馬之外、引馬一疋必用意之事

以上

永禄十二年己巳（一五六九）

土屋右衛門尉奉之

（武田信玄）

十月十二日朱印
海野衆
海野伊勢守殿
同名三河守殿

これは武田信玄からの軍令状であるが、当時の各城主である海野伊勢守・同三河守と並列で先ほどの「海野衆」が書かれている点に注目したい。やはり海野衆は土豪の集団（一揆）ではあるが、一味団結した土豪層を「衆」という単位で把握し、軍役を課す場合があったことがわかる。

ただ真田郷は諏訪上社の大宮御門の造宮領のひとつとなっており、永禄八年（一五六五）の『上諏訪造宮帳』には真田が正物として銭五貫文と太刀一腰を上納していることが記されている。(6) 当時の真田家の当主は幸隆であり、この頃から土豪としては一歩前へ抜き出た存在だったことが推定される。

註

(1) 慶長三年（一五九八）の「大名帳」（『信濃史料』第一八巻二九六頁）には「太閤秀吉公御時代壱万石以上之面々」の中に「一三万八千石　真田安房守　〇上田城主」とみえる。算定基準は不明である。
(2) 徳川家康への服従を拒否した段階。
(3) 『群馬県史』資料編7中世3編年史料2№三一五七。
(4) 「海野衆起請文」『生島足島神社文書』『信濃史料』第一三巻一五八頁。
(5) 「武田信玄定書」『金澤文書』『信濃史料』第一三巻三四〇頁。
(6) 『信濃史料』第一二巻六四七頁。

第二節　真田の作人知行者

はじめに

兵農未分離の時代、武士は自分の代々の本拠地や領主から加恩された土地から得られる収入によって生活を立てているのが普通だった。その様子を我々に伝えてくれる史料は数少ないが、かつては真田氏の具体的な支配の状況を知る上で一級とされたものに『小県郡御図帳』(1)という検地帳がある。これは『飯島文庫』所収の「君山合偏」七の中に収録された検地帳である。『飯島文庫』は旧松代藩士飯島勝休が藩主の命で収集した史料で、国文学研究資料館によりその中の真田家初期史料集がマイクロフィルム化された。内容は「真田家御事蹟稿」六一巻・「真田家御事蹟続編稿」一〇巻・「君山合偏」「御事蹟類典」などで、現在は長野県立歴史館に保管されている。しかし『小県郡御図帳』は非常に簡略化された記載内容で、項目も少なく十分な分析のできるものではなかった。自分もこの史料を見た時に「何かの写しか」という疑いを持ったが、当時はどの研究者もこれを参考にせざるを得なかったのである。

ところが真田町（現、上田市真田）本原の清水潤家所蔵の検地帳の存在が明らかになった。この史料は平成四年から始められた『真田町誌』歴史編の史料調査の過程で発見されたもので、真田町教育委員会より『真田町誌調査報告書第2集　真田氏給人知行地検地帳』として平成十年に発刊されたものである。この報告書において検地帳についての詳しい分析がおこなわれている。年代については天正六〜七年頃（一五七八〜七九）と推定されており、原之郷を中心に記されたものである。真田昌幸が小県郡を統一し、上田城を築城する以前の在地支配の状況を伝える検地帳と考えられる。詳しくは報告書をご覧いただきたいが、記載内容は前述の『小県郡御図帳』と同じものを含み、さらに多くの給人に対する検地結果が記されている。筆者がこの存在を知ったのはかなり後のことになるが、内容を見て体の震えが止まらないほどに感動した。この検地帳（以下、『給人検地帳』）の分析によって、今後多くのことが分かってくるであろうし、及ばずながら本書もこれを根本的史料として取り上げたい。

なお、巻末に『給人検地帳』を一覧表にしてある。整理番号は、検地帳の筆記順通りに筆者が付したものであるが、本文中に（　）で記された算用数字はこれを示す。必要に応じてご参照いただきたい。

さてその内容であるが、次のような記載が我々に様々な情報を伝えてくれる。

〈史料一〉（576〜581）

　　ほうきおさ之　知行
　はけたのはた
下　百八拾文○　ミ出　廿文○　縫左衛門
　同所一升まき
上　弐百文　ミ出　三十文○　正泉
　同所はた
下　百文○　ミ出　三○文○　甚助
　おうさわ畠
下　三百五拾文○　ミ出　百五十文○　市川善四良
　おもてき
中　弐百文○　ミ出　十文　三良太良
　いつはい六升五合まき
中　七百文○　ミ出　四百五十文○　善四良

本　壱貫七百三十文
ミ出　六百九拾文
合　弐貫四百弐拾文

知行者は「ほうきおさ之」という人物で、当然真田昌幸の給人（家臣）ということになる。昌幸より知行地の安堵を受けたものであろう。耕作地・等級・本高・ミ出（見出で検地増分を示す）・作人（名請人）[2]の順で記録されている。これらの情報から分ることは、ほうきおさ之は「はけた」という字名の場所に三筆、「おうさわ」に一筆、「おもてき」に一筆、いつはいに一筆の耕地を持っており、それぞれに一人ずつ作人（百姓）がいる。「はた」「畠」と記されていることから畑を示す。

ここで『給人検地帳』の特徴として、「いつはい六升五合まき」のように面積を蒔高で表示しているものは田を示すこと、なにも示していない場合は畑を基本的に示していることを確認しておく。屋敷の場合は「居屋敷」などの表現でその旨が断ってあるが、扱いは畑と同じである。

すべてに上・中・下を基本とした等級がつけられ（第四章参照）、以前の検地で算定された貫高が「本高」として記され、その次に今回の検地で新たに分かった増分を「見出」として全て貫高表示している。そして本高の合計と見出の合計・最後にそれらを足した数が示されている。

ほうきおさ之の五人の作人たちは、任された田畑で農作業を営み、知行者であるほうきおさ之に年貢を上納していたはずである。それが作人の日常であり、人生であった。余談ではあるが、検地の研究において、「隠田」の摘発とか「加持子得分」の掌握といった表現を見るにつけ、検地増分（見出）は、何とか余剰生産物を増やして少しでも生活を向上させようとする作人たちの努力の跡であったと筆者には思えてならない。これはまた、第三章で触れたいと思う。

年貢率については即答できないが、ほうきおさ之は知行地から収入を得、当然のことながら領主に対する役（軍役等）を負担したわけである。もうひとつ注意したいことは、知行地が分散していることである。これは特別なことではないが、『給人検地帳』をみていくと、当時の土地所有の複雑さが改めて実感される。

1　作人を兼ねる知行者

さてこの項で取り上げるのは次のような例である。

〈史料二〉（274〜278）

宮崎弥十郎　知行

大さハ四升まき

中　六百文〇　ミ出　二百文〇　源さへもん

下つかのはた

下　四百文〇　ミ出　五十文〇　弥十良

下つか

下　百五拾文〇　ミ出　廿五文〇　手さく

別ほ四升五合まき

上　九百文〇　ミ出百五十文〇　左衛門三良

下つか

下　百五拾文〇　ミ出三十文〇　手さく

本　弐貫弐百文

見出　四百五拾五文
合　弐貫六百五拾五文

宮崎弥十郎は大沢と別保二ケ所に一筆ずつの田を持ち、下塚に三筆の畑を持つ給人である。注目したいのは作人の部分である。大沢と別保の田は源左衛門と左衛門三良で「百姓である作人」と考えられるが、下塚の畑は「手さく」「手さく」となっている。手さく＝手作で、すなわち宮崎弥十郎本人あるいはその家族（一族）が耕作していることになる。もう少し注意を向けると作人の欄に記されている「弥十良」とは、すなわち宮崎弥十郎である可能性が高い。場所も下塚で同じである。このように天正における真田領では、給人自らが知行地の耕地で農業を営んでいたことが明らかになる。実はこれはほんの一例である。次にもっと極端な例をみてみよう、

〈史料三〉（160〜167）

細田対馬　知行
但御夫馬免

たかむろのはた
下　弐百五拾文〇　ミ出　三十文〇　手さく
たかむろのやしき
下　弐百文〇　ミ出　五十文〇　手さく
同
中　弐百七拾文〇　ミ出　三十文〇　手さく
同
下　弐百五拾文〇　ミ出　三十文〇　手さく

同所田四升まき
中　八百文○　ミ出　三十文○　手さく
　百弐拾文役○
大さハ
下　弐百文○　ミ出　三十文○　手さく
大沢
下　五拾文○　手さく
たなか六升五合まき
上　壱貫三百文○　ミ出　百廿文○　手さく
　百廿文役○
本　三貫三百弐拾文
役　弐百四拾文
見出　三百廿文
合　三貫八百八拾文

細田対馬の知行地は屋敷地も入れて八筆の田畑があるが、全てが「手作」である。しかも二筆の田には「役」が賦課されている。「役」とは第三章で扱う「田役」のことである。細田対馬という給人は知行者でありながら同時に作人であることがわかる。ただ、「手作」は特に珍しいことではない。例えば後に触れる『上原筑前御恩検地帳』という武田氏による検地帳には「筑前手作分」として九筆の畑が記されている。小作人を使う場合もあるが、『給人検地帳』にはそこまで明記されていない。細田対馬の場合話はそれだけにとどまらない。次の史料をみてみよう。

〈史料四〉（1007~1061）

京之御前様御料所　勘三良分

小吏　甚五右衛門

（中略）

十仁の前

下　合百五十文○　見出　廿文○　甚三

同所ひへ田　ほそ田

下　合三百五十文○　つしま

同所五合蒔　（棒線筆者）

下　合百文○　見出　十文○　同人

（後略）

知行者であるはずの細田対馬は京之御前様（真田昌幸室）御料所の中の一筆の田畑の作人となっているのである。

他にも確実な例を挙げてみよう。

〈史料五〉（150~156）

庄むら七左衛門尉知行

大沢

下　弐百文○　ミ出二十文○　こさへもん

たかむろ

下　弐百文○　ミ出二十文○　手作
　かま田七升五合まき
中　壱貫四百文○　ミ出　百五十文○　手さく
　　百弐拾文役○
　たかむろはた
下　弐百文○　ミ出　弐十文○　郷さへもん
　同所はた
下　七百文○　ミ出　六拾文○　手さく
大石田四升五合蒔
中　八百文○　見出　百文○　縫右衛門
　同所
下　百廿文○　見出　十五文○　小左衛門
　大沢
下　弐百文○　見出　三十文○　忠左衛門
　　　本　三貫八百弐拾文
　　　役　百弐拾文
　　　見出　三百拾六文
　合　四貫弐百五拾五文

庄村七左衛門は四貫弐百文を越える知行者であり、手作分もあるが作人も使用している。ここで次の史料をみてみよう。

〈史料六〉（489〜500）

　　村山彦兵衛

　（中略）

　田中六升五合まき

上　壱貫六百文〇　ミ出　百文〇　庄村七左衛門

　　役百八十文

　てんはく三升まき田

中　五百文〇　　ミ出　百文〇　同人

（後略）

村山彦兵衛は持高九貫八二〇文の知行者である。居屋敷を含め九筆の田畑をもち、田一筆のみ手作だが、ほかは全て作人を使用している。その中の二筆で「給人」である庄村七左衛門が「作人」となっており、しかも役を負担している。

細田対馬は御料所（直轄領）の作人だったので、そのような場合もあろうと納得できそうな感があったが、この例は給人が別の給人の知行地で作人となっているのだ。ただ庄村七左衛門の持高四貫三五五文に対し、村山彦兵衛は九貫八二〇文と、かなり格が違うことも確かではある。それでは次の例はどうだろうか。

〈史料七〉（37〜50）

　　花岡織部　知行

へつほ五升蒔

上　壱貫文○　見出　百文○甚　之蒸（貼紙下）
　　百廿文役○
同所五升蒔
上　九百文○　見出　弐百文○　又兵衛（貼紙下）
いつなはた
下　壱貫文○　見出　弐百文○　手作（貼紙下）
ふち沢はた
中　五百文○　見出　百文○　甚丞
はけた三升五合蒔
上　七百文○　次良右衛門
　　百二十文役○
同所二升蒔
上　四百文○　弥三良
　　六拾文やく○
さかい田七升蒔
上　壱貫四百文○　左衛門尉三良
　　仁百四拾文役○
（文字不明）
下　弐百文○　見出　三拾文○　太良左衛門

いつはいはた
中　五百文○　見出百五十文○　手作
もと町はた
中　三百文○　見出　八拾文○　手作
地蔵堂はた
下　三百五拾文○　見出　七十文○　次良左衛門
うす庭五升五合蒔
中　壱貫文○　見出　七十文○　弥三郎
百廿文役○
同所壱升五合蒔
中　三百文○　二良右衛門尉
六拾文役○
たかむろはた
下　三百文○　見出　百文○　甚四郎
本　八貫八百五拾文
米仁升百廿文積ニ
役　八百四十文
見出壱貫百三十文
合拾貫八百廿文

花岡織部は知行高が一〇貫文を越える給人で、一四筆の田畑を持つ。手作は二筆であとは作人を使っている。持高は原之郷の中では中堅クラスの給人と考えてよいだろう。ところが次の史料から驚くべき事実がわかる。

〈史料八〉（283～299）

　斎藤左馬助　知行

（中略）

藤さハ

下　二百文〇　ミ出　三十文〇　こさへもん

同

下　二百文〇　ミ出　五十文〇　五良左衛門

同

下　三十文〇　ミ出　廿文〇　弥へえもん

同

下　二百文〇　ミ出　四十文〇　織部

（後略）

〈史料九〉（453）

　大熊靫負尉　知行

（中略）

六かく堂

下　百五十文〇　ミ出　五十文〇　花岡

(後略)

〈史料一〇〉(594・595)

右肥之茂右衛門　知行

龍之宮田畑

下　弐百文〇　ミ出　百文〇　善兵衛

つるの子田畑

下　三百文〇　ミ出　百文〇　花岡おりべ

本　五百文

ミ出　弐百文

合七百文

〈史料一一〉(873)

御北さま(信綱室)御料所　坂口与助知行

(中略)

つるの子田屋しき

中　合壱貫文〇　見出　百五十文〇　花岡織部

(後略)

給人である花岡織部は、三人の他の給人の知行地と御料所の田畑の作人となっている。その内の一人である大熊靫負尉は、持高二八貫八八〇文というトップクラスの給人であるが、斉藤左馬助は持高一一貫七五〇文で花岡織部とはほぼ同等である。そして右肥之茂右衛門に至っては、持高七百文である。御料所に関しては「屋敷」と記されているのでやや性格が異なるのかもしれないが、花岡織部は、なぜ持高が同等あるいは破格に格下の給人の知行地の作人となっていたのだろうか。もちろん織部自身が赴いて耕作をするとは思えないが、知行者→作人の関係であることは間違いがない。このような給人を「作人知行者」と呼称したい。実は今までは姓・名が一致する者だけを挙げてきたが、状況からみて、どうも「作人知行者」と考えられる者が相当数いることが『給人検地帳』から窺い知れるのである。

註

（1）真田町誌調査報告書第二集『真田氏給人知行地検地帳』（以下、『給人検地帳』）。

（2）本来「名請人」という用語を使うべきかもしれないが、本書ではあえて「作人」を使う。『給人検地帳』には、作人がその田畑の耕作権以外に知行権をもつ場合は、貼紙で「知行」と付されている。詳しくは報告書をご覧いただきたい。

2　作人知行者の実態

本項では『給人検地帳』の分析で得られる作人知行者を追っていく。煩雑になるのをさけ、本項以降『給人検地帳』を引用する場合は知行者の下に巻末一覧表の整理番号を書き加えることとする。

清水善兵衛（129～135）「いつはい」に田二筆と畑三筆、屋敷二筆を持ち、「ほそはたけ」に畑一筆を知行する。持高は七貫三百文で中堅の給人と言ってよいが、全てが手作で作人を一人も使用していない。御北様御料所小使蔵嶋の項（611～642）で郷沢の田一筆・畑一筆の作人として「善兵衛」が記されている。また、右肥之茂右衛門の知行地の龍之宮田畑一筆に「善兵衛」がみえる（史料10）。この知行地は作人二人のみでもう一人は前述の花岡織部であることから、これらに記された「善兵衛」は清水善兵衛と考えてよさそうである。また、池田佐渡守知行の項（171～190）にはぶす水の田一筆と畑一筆に「善ひょうへ」という名がみえ、これも清水善兵衛を示すものと考えられる。

このように自分の知行地を全てあるいはほとんどを手作で賄いながら、他の給人の田畑の作人となる作人知行者をAタイプ、これに対し、前述の庄村七左衛門や花岡織部のように、知行地の全てあるいはほとんどを作人を使用して耕作している作人知行者をBタイプと仮称することにしよう。

ほ祢安右衛門（990）柳淵に一筆の田を持ち、手作で賄っている。知行地はそれだけで持高は八百文のみである。このように総高が極端に低い知行者は、可能性としては原之郷のみの持高で、他の郷村に知行地を与えられている場合もあるもかもしれない。それは後に文書や他の検地帳で確認できるかもしれないが、非常に困難なことであるため、ここでは原之郷の中に限ってみていくこととする。

さて、ほ祢安右衛門であるが、御北之分澤入市左衛門知行の項（582～591）では下塚で一筆の畑、坂口善三知行の項（341～360）では天田で一筆の畑、不動で一筆の田、熊窪で一筆の田の作人として「安右衛門」の名がみられる。京之御前様御料所勘三郎分小使甚五右衛門の項（1007～1061）では淵沢の一筆の田に「安右衛門尉」がみられる。さらに御北様御料所小使権介の項（714～722）では田中に二筆の田の作人として「安右衛門」の名が確認できる。これらは全てほ祢安右衛門を示すと考えられる。つまりAタイプの作人知行者である。

松井源六（709～713）天白に一筆の畑・松井屋敷に一筆の田と畑・下原に居屋敷を持ち、別府に一筆の田を知行している。持高は三貫九百文で、全て手作となっている。池田佐渡守知行の項（171～190）のやっくら城の畑に一筆、京之御前御料所小吏たき澤よすけの項（136～140）では、かぶと石に一筆の畑、真田之細工出雲知行の項（556～558）では石原に一筆の田、常田同行知行（300～314）の項ではまなあてに一筆の畑で「源六」が作人となっている。松井源六を示すものと思われ、Aタイプの作人知行者と言える。

丸山三右衛門（995・996）下塚に二筆の畑を知行し、作人を一人ずつ使っている。持高は六五〇文と少ない。京之御前様御料所矢野分の項（1062～1065）ではたかむろの一筆の田に「三右衛門」が、京之御前様御料所勘三良分小吏甚五右衛門の項（1007～1061）では、たかむろ・おもて木・十仁の前の畑三筆に「三右衛門尉」、壱本鋒源右衛門の項（686～692）では別府の田一筆に「三右衛門」、大熊靫負尉知行の項（437～488）の真斗の畑一筆に「三右衛門」、京之御前様御料所小使御散吏の項（379～430）では上原之屋敷に二筆に「三右衛門」、藤井殿内儀勘忍ふの項（527）では真斗屋敷一筆に「丸山三右衛門」、村山彦兵衛知行の項（489～500）では真なわての一筆の田に「丸山三右衛門」が作人としてみえる。作人知行者であることは間違いなく、Bタイプに該当する。

宮下小さへもん（201～205）つるの子に二筆の田、藤沢に二筆の畑を持ち、居屋敷を所有する。持高四貫二九〇文で全て手作となっている。大畑與右衛門知行の項（506～526）では大はた一筆に「小左衛門」、御北分亦村讃岐知行の項（315～327）では天白の畑一筆に「小左右衛門」、京之御前様御料所小使御散吏の項（379～430）では、町屋敷二筆に「小左衛門」、先に挙げたBタイプの作人知行者である庄村七左衛門尉知行の項（150～156）では大沢の畑一筆に「こさへもん」、大石田の畑一筆に「小左衛門」、関口角左衛門尉知行の項（896～926）では藤沢の田一筆に「小左衛門」、羽尾兵部殿御里う人知行の項（1005・1006）では田中嶋一筆の田に「小左衛門」、村山彦兵衛知行の項（489～500）では天白の田一筆に「小左衛門」、京之御前様御料所勘三良分小吏甚五右衛門の項（1007～1061）ではたかむろの一筆の畑に「小左衛門尉」、宮下新吉知行の項（967～985）ではさかいたの田一筆に「小左衛門尉」がみられる。Aタイプの作人知行者と言っていいだろう。

宮島弐右衛門（843～852）彼は知行者とは異なり、御北様御料所の「小吏」として、御料所を管理している。全一〇筆の田畑・屋敷があるが、作人は一人、他は全て弐右衛門が作人となっている。松井善九郎知行の項（539～542）でまなあての畑一筆、田一筆に「貳右衛門尉」がみられ、宮島弐右衛門が作人となっているものと考えられる。一応Aタイプの作人知行者に入れておくこととする。

新井新左衛門（938・939）下塚に畑一筆・鎌田に田一筆を知行する。持高一貫八一〇文で、全て手作となっている。

池田佐渡守知行の項（171～190）では塚田の一筆の畑に「新左衛門」、京之御前御料所小使御散吏の項（379～430）では下町屋敷の一筆に「新左衛門」、同じく勘三良分小使甚五右衛門の項（1007～1061）ではいつはいの田一筆に「新左衛門」の名がみえる。Aタイプの作人知行者と考えられる。

木嶋又左衛門（555）まなあてに畑を一筆知行している。惣内という作人を一人使っており、持高は九〇〇文と低い。御北様御料所小使坂下治郎右衛門の項（673～685）の町屋敷に「木嶋」、河原左衛門尉知行の項（238～250）では、まのあての二筆の田と天白の田一筆に「木嶋」、斉藤左馬助知行の項（283～299）では藤沢の一筆の畑とまのあての田一筆に「木嶋」、京之御前様勘三良分小吏甚五右衛門の項（1007～1061）では十弐の一筆の畑に「又左衛門」、とく蔵屋敷・熊窪・天白・十二の田畑に「又左衛門尉」がみえる。花岡織部が「花岡」と姓のみで記されたり。「織部」と下の名で記されている場合もあることから木嶋又左衛門もその一例と考えられる。Bタイプの作人知行者と考えてよいだろう。

源右衛門（209～213）給人の中でも珍しく姓を持たない。やつくら城に居屋敷・ふす水・もとまち・徳蔵屋敷に一筆ずつの畑・ごろめきに一筆の田を知行し、持高は三貫五六〇文で、全て手作となっている。池田甚次郎知行の項（693～708）では松山で一筆の田、いぬこ原の一筆の畑に「源右衛門」、大熊靫負尉知行の項（437～488）ではつるの子の田一筆に「源右衛門」、大畑與右衛門知行の項（506～526）では、おおはたの畑一筆に「源右衛門」、大日なたの助四良知行の項（361・362）ではつるの子の畑一筆に「源右衛門」、御北様之御料所　小使坂下治郎右衛門の項（673～685）では町屋敷の畑一筆に源右衛門、御北様御料所小使権介の項（714～722）では下塚の畑一筆に源右衛門、京之御前様御料所小使御散吏の項（379～430）では上原町屋敷一筆に源右衛門、堀口弥兵衛知行の項（374～376）ではそりはたの田一筆に源右衛門、山岸新五右衛門知行の項（16～26）では、下まのあての田一筆に源右衛門、や古原田左衛門知行の項（216～227）では天白の畑一筆・郷沢の田一筆に源右衛門（源へもん）がみられ、大日なた助四郎知行の項（361・362）ではつるの子の畑の内一筆に「源右衛門」と、多くの知行者のもとで作人となっている。Aタイプの作人知行者である。

坂口助三（328～330）不動に二筆の田、別保に一筆の田を知行し、不動の二筆は手作で、別保は作人を使っている。総高三貫一〇文である。御北様御料所坂口与助知行の項（869～876）では熊窪の一筆の畑に「助三」、十輪寺知行の項（543～554）では同じく熊窪の二筆の畑に「助三」がみえる。Aタイプの作人知行者とみられる。

坂口善左衛門尉（853～855）あかいやしき・松山に一筆ずつの畑、不動に一筆の田を知行し。全て手作である。あかいやしきの作人が「善さへもん」となっているがこれは本人のことであり、作人として名乗る時は姓なしの場合がほとんどである。持高は一貫五四〇文である。池田佐渡守知行の項（171～190）では、まなあての田一筆とせき合の畑一筆に「善左衛門」、池田甚次郎知行の項（693～708）では別府の一筆の田に「善左衛門」、京之御前様御料所勘三良分小吏甚五右衛門の項（1007～1061）では山とうかの田一筆、おもて木の畑二筆に善左衛門、京之御前様御料所小使御散吏の項（379～430）では下町屋敷の一筆に「善左衛門」、松尾豊前守知行の項（67～117）では菖蒲沢の畑一筆に「善左衛門」（貼紙御散吏）がみられる。Aタイプの作人知行者である。

宮本与三兵衛（371～373）いぬこ原に畑一筆と田二筆を知行している。田は二人の作人を使い、畑のみ手作で、総高は一貫二九〇文である。宮崎志摩知行の項（820～829）でおもて木の畑一筆、居屋敷一筆に「与三兵衛」がみえ、Bタイプの作人知行者に含まれそうである。

山浦藤兵衛（951～957）天白に二筆の田と二筆の畑、不動に一筆の田と屋敷、はたなおしに一筆の田を知行している。不動の田のみ作人を使用しているが、他は全て手作である。総高は三貫八九〇文ある。河原左衛門尉知行の項（238～250）では天白の畑二筆に「藤兵衛」、池田甚次郎知行の項（693～708）では、下塚の畑一筆に「藤兵衛」、河原同心かひやうえ知行の項（258～273）では天白の畑一筆に藤兵衛、京之御前様勘三良分小吏甚五右衛門の項（1007～

1061）では天白の田一筆に「山うら藤兵衛」、同所畑一筆に「藤兵衛」、京之御前様御料所小吏御散吏の項（379～430）上原之町屋敷一筆と下町屋敷一筆に「藤兵衛」とみえ、Aタイプの作人知行者であった。
ほうき惣右衛門尉（12～15）まのあてに畑三筆と屋敷がある。一筆は作人を使っているが、あとは手作である。総高は二貫五〇〇文ある。宮下新吉知行の項（967～985）で大ふけの田一筆に惣右衛門尉、京之御前様御料所小吏小金縫右衛門の項（959～966）では、いつな屋敷に惣右衛門尉、常田同行知行の項（300～314）では田中の田一筆分に惣右衛門尉がみられ、やはりAタイプの作人知行者と考えられる。

他に可能性がある人物はいるが、同姓であるため判断できない者がいる。例えば平林源左衛門と小林源左衛門。平林はいつなに居屋敷を持ち、かにた、鬣子に知行地があり、双方とも手作で、総高は一貫八七〇文である。小林は大沢・おもて木居屋敷・下塚・竹むろ・天白に田畑を持ち、すべて手作で、総高は二貫五三〇文である。池田甚次郎・御北様知行平林さへもん・御北様御料所坂口与助・御北様御料所小吏曲尾与五右衛門・河原同心かひやうへ・京之御前様御料所小吏御散吏・常田同行・京之御前様御料所勘三良分小吏甚五右衛門・河原同心新蔵・宮崎弥十郎と多くの知行地に「源左衛門」「源左衛門尉」「源さへもん」が見られる。双方とも作人知行者のAタイプではありえるが、現段階では判断ができない。

坂口与助とたき澤よすけ　坂口は御北様御料所の小吏であり天白においては一〇筆の畑を手作しており、他の八筆には作人がいる。その中には鬣子屋敷に花岡織部・熊窪に坂口助三が作人知行者としてみられ、また「源左衛門」の名も見える。坂口与助自身は知行地をもっていない。たき澤は京之御前様御料所の小吏で、五筆全てで作人を使っている。作人の中には知行者の松井源六の名も見えるが、たき澤本人の知行地はない。樋口新三郎御老母・御北様御料所小吏蔵嶋・松尾豊前守・京之御前様御料所滝沢新右衛門分小吏すけ兵へ・河原同心かひやうへの作人として「与助」「よすけ」の名がみえる。この二人の場合は基本的に知行者ではなく御料所の管理を役目としているのでやや状況は異なり、作人知行者という用語は当てはまらないかもしれない。

現段階では、ここに挙げた作人知行者を単に同名の百姓がいるのではないかと疑う向きもあるだろうが、これだけ名前が一致し、姓も一致する事例も考慮すれば、作人知行者は百姓としては主に名のみを使っていたらしいことは前述のとおりである。

3　作人知行者の考察

天正期の原之郷において、自らの知行地を「手作」とする給人のみならず、他の給人の知行地の作人として姿を現す「作人知行者」の存在が確認できた。それを持高の少ない順に耕作地一筆毎にまとめたのが第1表である。この表をもとに作人知行者の傾向を探っていきたい。タイプ別でみると、Aタイプが圧倒的に多く、自分の知行地を手作としながら他の給人の知行地の作人となっている状況が一般的であったことがわかる。

なぜ、知行地の田畑で作人を使わず手作しているのだろうか。ここで考えられるのは、「そこが先祖伝来の耕作地」であったということである。原之郷は本原と現在呼ばれる。筆者もそこに親戚がいたため、子供の頃何度か訪れたことがある。のどかな農村地帯であり広い農家の敷地の中でいろいろな道具などを見るのが楽しかった記憶がある。現在は上田市市街地に「原町」という商店街があるが、ここは上田城完成の後城下町整備のため原之郷から人を移住させ、商業を行わせた場所だと言われる。それで「原町」に対し「本原」という地名が存在するのである。ただ、それは城下町整備が進んだかなり後年のことらしい。

真田氏にとっては縁の深い土地、いわゆる本領が原之郷であり、そこが真田氏の古くからの「在地」だったのである。よってそこに住む人々も当然古くからの所有地を真田氏に安堵される形で守ってきたのであり、自分の土地を自ら耕作するのは自然な形だったのではないだろうか。そのように考えると、このAタイプの作人知行者が耕作している他の知行者の土地は、本来は自分の所有地であった可能性も考えられる。すなわち、中世において在地領主との主従関係が成立した際に安堵されていた土地が、新恩・加恩という形で他の知行者にあてがわれ、作人という形でその耕地に残ったということである。例えば次のような史料がある。

〈史料一〉(1)

年來奉公候間、玉泉寺之分の内仁貫文之処出置候、壱貫四百文者、改之上、従丸山土佐守所可請取者也、仍而如件、

天正十壬年（一五八二）
十月三日　　昌幸

山口掃部介殿

これは上野国のものであるが、年来の奉公に対して山口掃部介に加恩として「玉泉寺之分」、すなわち玉泉寺の知行地の中から二貫文分を与えるということと、「改めの上」一貫四百文を丸山土佐守所より請けとるべく」と記されている。ここではっきりするのは新たに知行地として与えられた土地は、別の知行者が治めていた場所であった、ということである。山口掃部介の本領はどこなのかは分からないが、もし新たに与えられた地に元からの作人がいれば、その作人は山口掃部介に対して年貢を払うことになる。その土地が玉泉寺あるいは丸山土佐守の手作であったなら、両者はそのまま耕作を続ければ作人、すなわち作人知行者となるわけである。

ここで、右のことを前提として二つの場合を想定みよう。

①玉泉寺・丸山土佐守が知行地全てを手作していた場合、両者はAタイプの作人知行者となる。

②玉泉寺・丸山土佐守が他の土地においては作人を使っていた場合、Bタイプの作人知行者になる。

第1表　作人知行者表

番号	作人知行者	知行地	総高	作地(名請地)	種別	高	役	知行者	総高2	タイプ
1	丸山三右衛門	下塚	650	たかむろ	田	120		矢野分	1,890	B
				たかむろ	畑	400		小吏甚五右衛門	11,440	B
				おもて木	畑	500		小吏甚五右衛門	11,440	B
				十二の前	畑	110		小吏甚五右衛門	11,440	B
				別府	田	1,450	120	壱本鋒源右衛門	6,590	B
				真斗	畑	1,150		大熊靫負尉	28,880	B
				上原之町屋敷	畑	575		小吏御散吏	13,389	B
				上原之町屋敷	畑	200		小吏御散吏	13,389	B
				真斗	屋敷	2,000		藤井殿御内儀勘忍ふ	2,200	B
				まなわて	田	1,600	240	村山彦兵衛	9,820	B
2	ほ祢安右衛門	柳淵	800	下塚	畑	250		澤入市左衛門	3,520	A
				天田	畑	50		坂口善三	6,585	A
				居屋敷	畑	120		坂口善三	6,585	A
				不動	田	540	60	坂口善三	6,585	A
				熊窪	田	100		坂口善三	6,585	A
				ふち沢	田	1,200	120	小使甚五右衛門	11,440	A
				田中	田	800		小使権介	4,300	A
				田中	田	900		小使権介	4,300	A
3	木嶋又左衛門	まなあて	900	町屋敷	畑	400		小使坂下治郎左衛門	4,060	B
				まのあて	田	1,070	120	河原左衛門尉	8,080	B
				まのあて	田	1,450	280	河原左衛門尉	8,080	B
				天白	田	870	120	河原左衛門尉	8,080	B
				藤沢	畑	500		斎藤左馬助	11,750	B
				まのあて	田	900	120	斎藤左馬助	11,750	B
				とく蔵やしき	畑	550		小吏甚五右衛門	11,440	B
				熊窪	田	90		小吏甚五右衛門	11,440	B
				天白	畑	170		小吏甚五右衛門	11,440	B
				十二	畑	500		小吏甚五右衛門	11,440	B
4	宮本与三兵衛	いぬこ原	1,290	おもて木	畑	400		宮崎志摩	5,750	B
				いやしき	畑	270		宮崎志摩	5,750	B
5	坂口善左衛門尉	不動　松山	1,540	まなあて	田	440		池田佐渡守	21,250	A
				せき合	畑	90		池田佐渡守	21,250	A
				別府	田	1,400		池田甚次郎	6,200	A
				おもて木	畑	500		小吏甚五右衛門	11,440	A
				おもて木	畑	170		小吏甚五右衛門	11,440	A
				山とうか	田	1,400	120	小吏甚五右衛門	11,440	A
				下町屋敷	畑	500		小使御散吏	3,850	A
				菖蒲沢	畑	80		松尾豊前守	18,005	A
6	新井新左衛門	下塚　鎌田	1,810	塚田	畑	980		池田佐渡守	11,250	A
				下町屋敷	畑	200		小吏御散吏	13,389	A
				いつはい	田	1,350		小吏甚五右衛門	11,440	A
7	ほうき惣右衛門尉	い屋敷　まのあて	2,500	大ふけ	田	1,100		宮下新吉	4,650	A
				いつな屋敷	屋敷	1,900		小吏小金縫右衛門	11,060	A
				田中	田	185		常田同行	12,810	A
8	坂口助三	別保　不動	3,010	熊窪	畑	600		坂口与助	3,030	A
				熊窪	畑	330		十輪寺	5,490	A
				熊窪	畑	220		十輪寺	5,490	A

9	小吏宮島弐右衛門	下塚　いぬこ原　藤沢　石田　赤井	3,530	まなあて	畑	970		松井善九郎	4,350	A
				まなあて	田	800	60	松井善九郎	4,350	A
10	源右衛門	やっくら城　ぶす水　ごろめき　元町　徳蔵やしき	3,580	松山	田	430		池田甚次郎	6,200	A
				いぬこ原	畑	360		池田甚次郎	6,200	A
				つるの子	田	1,200		大熊靫負尉	28,880	A
				大畑	畑	600		大畑輿右衛門	5,700	A
				町屋敷	畑	200		小使坂下治郎右衛門	4,060	A
				下塚	畑	500		小使権介	4,310	A
				上原之町屋敷	畑	200		小吏御散吏	13,389	A
				反田	田	1,880		堀口弥兵衛	3,060	A
				下まのあて	田	1,900	240	山岸新五右衛門尉	8,530	A
				天白	畑	200		や古原田左衛門	4,520	A
				郷沢	田	1,400	120	や古原田左衛門	4,520	A
				つるの子	畑	120		大日なたの助四良	730	A
11	細田対馬	高室　大沢　田中	3,880	十二の前	畑	350		小吏甚五右衛門	11,440	A
				十二の前	田	110		小吏甚五右衛門	11,440	A
12	山浦藤兵衛	不動　天白　はたなおし	3,890	大塚	畑	250		池田甚次郎	6,200	A
				天白	畑	350		河原左衛門尉	8,080	A
				天白	畑	600		河原左衛門尉	8,080	A
				天白	畑	430		河原同心かひやうへ	7,610	A
				てんはた	畑	20		小吏甚五右衛門	11,440	A
				てんはた	畑	100		小吏甚五右衛門	11,440	A
				上原之町屋敷	畑	60		小使御散吏	13,389	A
				下町屋敷	畑	110		小使御散吏	13,389	A
13	松井源六	下原　天白　松井屋敷　はた　別府	3,900	やつくら城	畑	500		池田佐渡守	11,250	A
				かぶといし	畑	210		小吏滝澤与助	3,220	A
				石原	田	1,600	120	真田之細工出雲	3,200	A
				まなあて	畑	480		常田同行	12,810	A
14	庄村七左衛門尉	大石田　大沢　高室　鎌田	4,255	田中	田	1,700	180	村山彦兵衛	9,820	B
				天白	田	600		村山彦兵衛	9,820	B
15	宮下小左衛門	鶴子　藤沢	4,290	おおはた	畑	200		大畑輿右衛門	5,710	A
				天白	畑	300		亦村讃岐	3,705	A
				上原之町屋敷	畑	298		小使御散吏	13,389	A
				上原之町屋敷	屋敷	550		小使御散吏	13,389	A
				大沢	畑	220		庄村七左衛門	4,255	A
				大石田	畑	135		庄村七左衛門	4,255	A
				ふち沢	田	750		関口角左衛門尉	13,490	A
				田中嶋	田	950		羽尾兵部殿御里う人	1,100	A
				天白	田	1,700		村山彦兵衛	9,820	A
				たかむろ	畑	700		小吏甚五右衛門	11,440	A
				さかいた	田	345		宮下新吉	4,650	A
16	清水善兵衛	いつはい　細畑	7,300	郷沢	田	1,200	120	小吏蔵嶋	17,165	A
				郷沢	畑	230		小吏蔵嶋	17,165	A
				龍之宮田	畑	300		右肥之茂左衛門	700	A
				ぶす水	畑	300		池田佐渡守	11,250	A
				ぶす水	畑	130		池田佐渡守	11,250	A
17	花岡織部	境田　ふち沢　高室　はけた　地蔵堂　いつはい　元町　いつな　別保　うす庭	10,820	藤沢	畑	200		斎藤左馬助	11,750	B
				六角堂	畑	200		大熊靫負尉	28,880	B
				つるの子	畑	400		右肥之茂左衛門	700	B
				つるの子	屋敷	1,150		御料所坂口与助	3,030	B

というものである。実際にはこのように単純な話ではないが、作人知行者が登場してくる骨組みは見えてくる。

同様の知行のあてがいについては次のような史料がある。

〈史料二〉[2]

別而致奉公之間、海野之内新兵衛分八貫、横尾之内仁貫文、右如此出置、猶奉公一所可出置者也、仍如件、

（真田昌幸）

十月十二日　　小御朱印

北澤清兵衛殿

年次は不詳であるが、小県郡内において「新兵衛分」の知行地を海野郷で八貫、横尾郷（原之郷付近）で二貫加恩していることが分かる。姓は分からないが新兵衛は自分の知行地から十貫文分（総高が高いのでおそらく複数の知行地と考えられる）を北澤清兵衛に譲り渡したことになる。

もちろんこのような場合、玉泉寺及び・丸山土佐守・新兵衛にはその旨を通達する文書が届くのであろうが、それらに関しては残っていない。はっきりしていることは、給人である以上、安堵された知行地は逆に取り上げられる場合もあるということである。特に丸山土佐守の場合は、「改めの上」と記されており、後述する「知行改」をした上で山口掃部介に土地を一貫四〇〇文分宛行うとしている。しかし、土地を提供した側はこれに相応する替地を付与された場合もあることは想像に難くない。

第1表から読み取れる傾向としては、Aタイプの作人知行者は持高が一貫文を越えているという点である（第1表4〜）。特に三貫文から四貫文に集中することがわかる。それに対し、Bタイプは一貫文を切る例（第1表1・3）と、花岡織部のように一〇貫文を越える例（第1表17）と両極端である。おそらく花岡織部の場合は、先の玉泉寺や山浦土佐守・新兵衛と同様に、自らの知行地の内から一部が他の給人へ加恩及び新恩として切り離された例とみるべきか

もしれない。特に先述の右肥之茂右衛門は霸子に四〇〇文のみの畑であり、自身の総高も七〇〇文だけである。このように知行地が一筆ほどの少なさである、表中の宮本与三兵衛以下（4～1）は、それまで作人のみの立場だった状態から新恩とし知行地があてがわれ、給人となった例と見た方が説明がつきやすい。この場合あてがわれた知行地には元からの作人がいたか、あるいは存在しなくて手作となっているというように分けて考えればよいだろう。

例えばAタイプの作人知行者としては持高の非常に少ないほ袮安右衛門（第1表2）が知行地をあてがわれている「柳淵」という地籍は他に樋口新三御老母の知行地（1～11）があるのみで、他に誰もいない。おそらくその内の一筆を作人なしであてがわれた状況が頭に浮かぶ。

坂口善左衛門以下は庄村七左衛門・花岡織部を除いて全てAタイプである。おそらく知行地の一部が他の給人に宛がわれたものと推定される。Bタイプの花岡織部については先に触れたが、庄村七左衛門（第1表14）の場合はやや複雑である。自らBタイプの作人知行者でありながら、Aタイプの作人知行者である宮下小左衛門（第1表15）にとっては知行者なのである。庄村七左衛門が作人となっているのは、村山彦兵衛という持高が庄村七左衛門の二倍もある給人の二筆に限られる。その二筆の内一つは天白城と真田本城に近い天白という地籍で、六九筆もの田畑が集中し、総高二一貫九八〇文である。もう一つは田中という地籍で、田畑は二五筆ながら総高二四貫八六〇文という生産性の高い土地である。庄村七左衛門が作人知行者を使っている土地のうち一筆は大沢で一五筆の田畑、総高五貫六二〇文、もう一つの大石田は二筆のみの田畑という場所である。ここでやはり持高九貫八二〇文の村山彦兵衛と持高四貫二〇〇文代の庄村七右衛門や宮下小左衛門との力関係を示しているのかもしれない。

もう一点、作人知行者について注意しておかなければならないのが、作地に占める御料所の割合の高さである。表で示した九七筆の作人知行者の作地の内三分の一は京之御前様御料所か御北様御料所である。この場合は給人の知行地での作人知行者とは少し事情が異なるのかもしれない。もちろん旧来から所持していた土地が御料所に組み込まれた場合もあるだろうが、給人でも御料所の作人として奉公している可能性を視野にいれる必要があるのではないだろうか。

作人知行者の実態は他の領主の例も含めてまだまだ突き詰めていかなければならないが、兵農未分離の状況をまざまざと示してくれるよい事例であると考える。

註

(1)「所蔵不知」(『信濃史料』第一五巻四七三頁)。

(2)「長國寺殿御事蹟稿」一三(『信濃史料』第一七巻四七〇～四七一)。

総括

ここで取り上げた『真田氏給人知行地検地帳』は小県郡統一・上田城築城以前の真田氏本領の実態を示す史料である。時代は織田信長の全国統一目前という天正年間の前半であるが、京をはじめ近江や尾張といった先進地域とは異なる地方小領主(国衆と呼ばれる以前)の在地は、戦争さえなければ百姓はもちろんのこと、その知行地の貫高の多寡に関係なく、武士たちも農業を営んでいたのどかな光景が頭に浮かんできそうである。もちろん住む屋敷には違いはあるだろうが、まさに中世的農村風景である。

しかし、彼らは常に臨戦態勢を意識していなくてはならなかった。第2図は原之郷を含めた周辺の山城分布図である(1)。南に真田氏館がありそれを取り巻くように矢沢城・戸石城・本城・天白城・横尾城といった要塞が林立している。やはり時は戦国時代なのだ。そして給人たちはやはり最終的には戦うことを本業としている。ここに一地方の兵農未分離の状態と、戦国の世という点に何となくギャップを感じてしまうのは自分だけだろうか。しかし最近では百姓が逃げ込む城の存在や百姓の武装という、戦う百姓像に目が向けられている（藤木一九九五）。筆者もかつて、長野県塩尻市西条・北小野地区に目立って存在する「洞」地名について、民衆の戦時の結合単位と考えたことがある（宮島二〇〇七）。『給人検地帳』にみられた「作人」達も戦時には何らかの形で武装したり、緊急避難場所が確保されていたものと推定される。

ここまでは小県郡の原之郷という真田氏の在地の様子をできるだけ在地の視点から実態把握することを試みた。しかし『給人検地帳』という限られた史料での考察であり、給人層や百姓自身の史料がないため、生の実態というには十分でない。今後の史料の発見が所望される。

次章は真田氏の立場から、在地をどのように掌握し、領主としての経営を行ってきたのかについて考察したい。

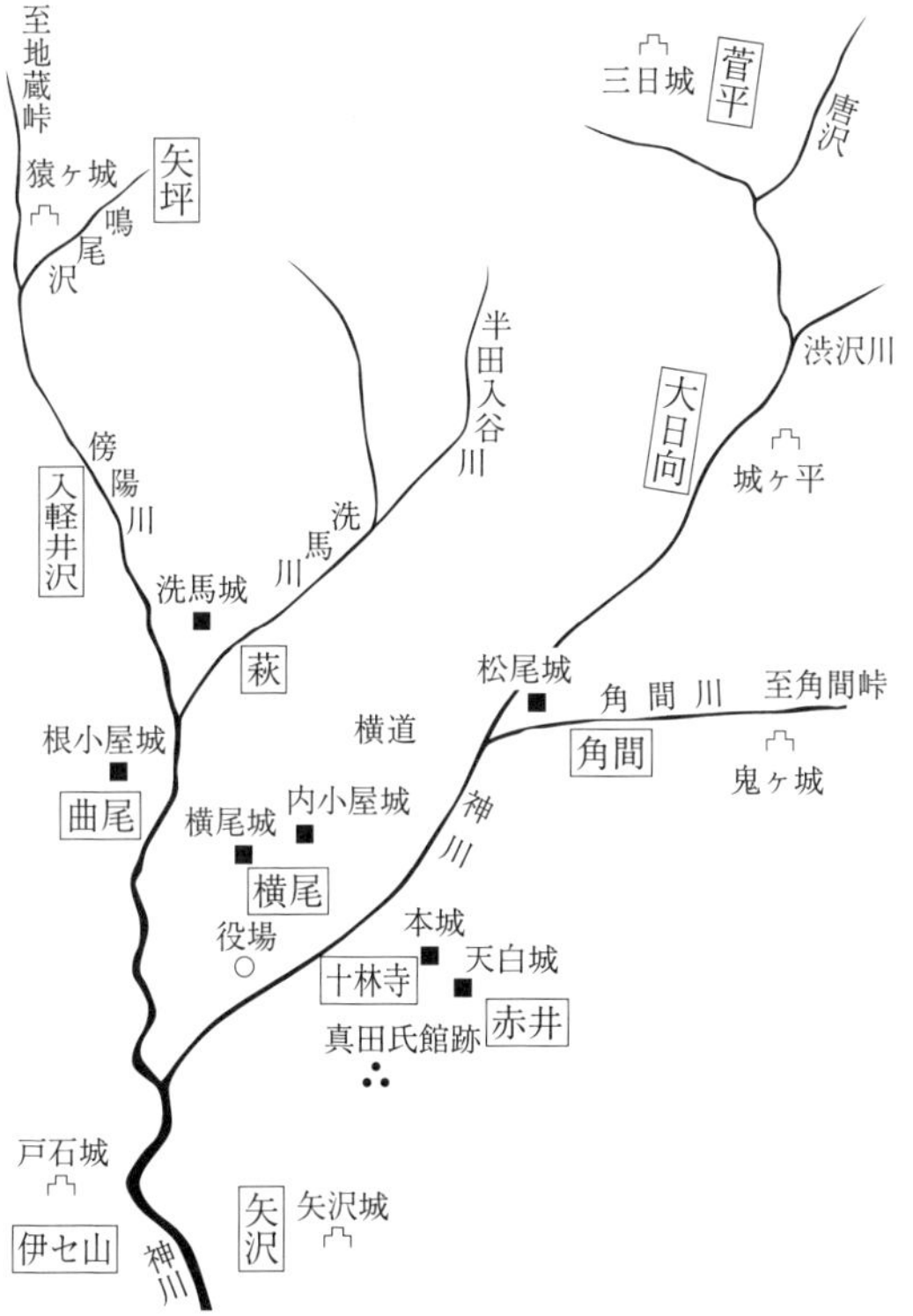

第２図　原之郷周辺の山城分布

註

（1）真田町教育委員会『真田氏城跡群』（一九八二）その歴史と調査の概要より引用させていただいた。

第二章　真田氏の在地掌握

まず、真田氏という土豪クラスの一族が、本領の原之郷以外にどのような経過でその領地を獲得していったかについて、若干触れておくこととする。

天文十八年（一五四一）に武田氏と諏訪・村上の連合軍による小県地方への侵攻が行われる。いわゆる海野平定作戦である。

〈史料一〉「高白斎記[1]」

天文十辛丑年、五月小丁亥廿五日、海野平破、村上義清・諏訪頼重両将出陣、

これによって敗れた海野氏当主海野棟綱は上野へ逃れ、古くからの豪族海野一族は事実上の滅亡となる。当時真田氏の当主であった真田幸隆も同族とされる海野氏の敗北とは無縁ではなく、上野国箕輪城主長野業正を頼った。その後しばらく彼の動きを示す史料はない。ところが、天文十八年（一五四九）の『高白斎記』に武田の家臣として登場する[2]。さらに翌天文十九年には次のような宛行状が出されている。

〈史料二〉武田晴信宛行状[3]

（包紙）

「信玄公御判物

十八年類焼の節水入ニ御成申候」

享保十八年類焼の節水入、

其方年來之忠信、祝着候、然者於本意之上、諏訪方参百貫並横田遺跡上條、つぎ都合千貫文之処進之候、恐々
謹言、
天文十九年庚戌
七月六日　　晴信（花押）
眞田弾正忠殿

これはいわゆる約束手形である。諏訪形は上田市にある地名だが、横田遺跡「上條」は不明である。またこの都合千貫文の領地が実際にあてがわれたかどうかもわからない。しかし『高白斎記』天文二十一年（一五五二）の条に以下の文章がある。

〈史料三〉『高白斎記』(4)

八月十日眞田子（真田昌幸）在府ニ付テハ、秋和三百五十貫ノ地眞田（真田幸隆）方へ被遣、（後略）

息子の昌幸を府中に送る代償として小県郡の秋和に三五〇貫の知行地が与えられている。後述するが、秋和には真田氏の直轄領があり、その礎になったのがこの知行地といえるだろう。もし前述の約束手形通りに領地があてがわれていたという前提に立つと、真田幸隆は、本領原之郷一帯の他に小県郡内で一三五〇貫文の領地を所有したことになる。

天正二年（一五七二）に幸隆が卒し、長男の真田信綱が領地を継承する。しかし長篠の戦いにおいて次男昌輝と共に戦死したため、晴信（信玄）の小姓として武藤喜兵衛を称していた三男の真田昌幸が相続することになる。以後、昌幸は武田勝頼の下で上野国の沼田地方の攻略を行うが、その間に吾妻郡から沼田にかけての独自の基盤形成も進んでいったものと推定される。

天正十年（一五八二）に武田氏が滅亡した後、昌幸は前述の通り織田・後北条・徳川・上杉・豊臣と相次いで「同盟関係」を結ぶがその間に小県郡の統一は、浦野氏・小泉氏・室賀氏等多く土豪との間の戦いや和議によって進行し、

その支配を強化させていった。

さてここから本題に入っていこう。真田領のみが特別ではなく、戦国領主の支配域は領主もしくはその親族の領地、一般的に言うと「直轄領」と給人に与えた領地、すなわち「知行地」に大きく分かれている。知行地内には田や畑などの生産域があり、そこから徴収する年貢等の収入は当然のごとく知行者が得ることができる。逆の見方をすれば、知行者に収入がなくては領主に対する軍役をはじめとする「役等」の義務を果たすことができない。よって戦国領主にとって知行者の持つ領地を安堵したり、加恩として新たな知行地を与えることからの得分は領主のものとなって帰ってくることになると言える。

だからといって領主自体にも領地からの年貢等の収入がなければ自分自身や一族を活かしていくことができない。そのために存在するのが直轄領であるわけだが、この直轄領と知行地にはある意味密接な関係がある。本章ではまず真田氏の直轄領の掌握の様子を捉え、さらに家臣の知行地に対してはどのような把握を行っていたかを考察し、知行者に対する役の賦課の状況や百姓に対する、いわゆる年貢の徴収の状況をみていくこととする。そして最後に「給人検地帳」のみにみられる「役」の賦課状況やその性格を考えてみたい。

註

（1）『信濃史料』第一一巻、一六一頁。

（2）「三月大辛未二日節、十四日土用、七百貫文。御朱印望月源三郎方被下候、真田渡之（後略）」の記事がみられ、真田幸隆が武田晴信発給文書の伝達役を行うまでになっていた様子が窺える。

（3）米山一政編『真田家文書』（長野県発行、信毎書籍印刷）。なお、この文書については笹本正治が花押の不自然さや紙の質などの問題点を挙げ、「この文書自体が後世に作られた可能性がある。」と指摘している（笹本二〇〇九）。

（4）『信濃史料』第一一巻、五八〇頁。

第一節　直轄領の掌握

はじめに

真田氏の直轄領の様子を知ることができるのは、『真田氏給人知行地検地帳』と文禄三年（一五九四）に出された『秋和之御料所午御見地帳』（以下、『秋和見地帳』）である。もうすでにお分かりと思うが第一章でも扱った『給人検地帳』でも同じであったように、真田一族の直轄領は「御料所」と呼ばれるものを主とする。しかしそれがどれほどあったのかについては分かっておらず、現在はこの二つの検地帳に頼らざるを得ない。

1　『給人検地帳』にみる御料所掌握

まず、『給人検地帳』の中で登場する御料所を確認しておこう。大きく分けると「御北様御料所」「京之御前様御料所」「若殿さま御料所」に分けることができる。それぞれを『給人検地帳』の記載から確認しておこう。

御北様御料所　「御北様」は真田昌幸の長兄である信綱の室であることは前にふれた。その記載状況は次の通りである。

①御北様御知行　小吏　平林弥さへもん（144～149）
②御北分　亦村讃岐　知行（315～327）
③御北之分　澤入市左衛門　知行（582～591）
④御北様之御料所　小使　蔵嶋（611～642）

⑤御北様御料所　小吏　曲尾与五右衛門（643〜672）
⑥御北様之御料所　小使　坂下治郎右衛門（673〜685）
⑦北様御料所　小使　権介（714〜722）
⑧御北分　大見山藤左衛門　地行（知行）（735〜739）
⑨御北様御料所　宮下源六知行（830・831）
⑩御北御料所　坂口与助　知行（832〜841）
⑪御きたさま分　林慶　知行（842）
⑫御きた様分　小吏　宮島弐右衛門（843〜852）
⑬御きたさま分　長谷寺　祈心（860〜868）
⑭御北さま御料所　坂口与助　知行（869〜876）

以上一四項目（坂口与助は二項目あるが、⑩は天白の十筆の畑に限定されている。）が確認できる。その呼称は「御北様御知行」「御北様分」と「御北様御料所」に分けられる。また、各項目にみられる、その御料所を統括すると思われる人物がおり、「小使・小吏」と「知行」に分けることができる。なお、⑬の「長谷寺　祈心」はおそらく真田幸隆の菩提寺である長谷寺に寄進したものだろう。

同様に昌幸の室である京之御前の御料所をみてみよう。
①京之御前御料所　小吏　たき澤よすけ（136〜140）
②京之御前御料所　但滝沢新右衛門分　小吏　すけ兵へ（251〜254）
③京之御前様御料所　小使御散吏　矢野儀へもん新九郎（379〜430）
④京之御前様御料所　小吏　小金縫右衛門（959〜966）

⑤京之御前様御料所　勘三良分　小吏　甚五右衛門（1007～1061）
⑥京之御前様御料所　矢野分（1062～1065）

この場合は全てが「御料所」である。そして⑥を除いて残りの五項目全てに「小使・小吏」がいる。しかし御料所でありながら「滝沢新左衛門分」「矢野分」というようにおそらく給人と思われる人物の持ち分のように書かれているものがある。

最後は若殿様であるが、二項目のみで、「若殿様御料所　小吏　小林七郎右衛門」（168・169）と記されている。

ここで少し整理してみよう。京之御前と若殿の領地は全て「御料所」であり、基本的に「小使・小吏」が存在する。御北料所・京之御前料所の「小使・小吏」は全て『給人検地帳』の中では他に知行地を持たない。この点で彼らは専属の管理者といえるだろう。ただし若殿の小吏小林七郎右衛門は総高一二貫二五〇文の給人である（170）。若殿の後見人といったところだろうか。

なお、御北の料所小吏や知行と記されている者は他に知行地をもたない（②③⑧⑨⑩⑪⑭）。さらに京之御前の料所で「滝沢新右衛門分（②）」「矢野分（⑥）」「勘三郎分（⑤）」とされている三人も他に知行地をもたない。よって料所に関わる「小使・小吏」「知行」「分」の人々は料所の中のみで活動していたことになる。この三者の違いは何だろうか。「小使・小吏」は役職として料所を統括していた存在と思えるが、いわゆる給人とは異なる存在だろう。中には作人を兼ねている者もいる。おそらく原之郷内の中から料所の管理者として選定された人物と考えられる。年貢は当然領主の取り分になるので、「小使・小吏」の得分がどこにあったかは今の所はっきりしたことは分からないが、無給であるはずはなく、年貢等の徴収を請負う中で得分があったものと推定される。とするとあたかも名主のようであるが、規模が小さすぎる。特に料所の特徴としては、④御北様御料所　小吏蔵嶋の項目で、実に三〇筆の田畑がありながら、各筆の貫高が非常に少なく、多くて一貫五〇〇文の田はあるものの、畑は少ないものでは五〇文などという場合もある。また、⑩の御北様御料所坂口与助知行は一〇筆の畑のみで天正検地前は八〇文をこえるものがなかった、というような状況である。同じ傾向は京之御前の料所にもみられる。

料所で「知行」となっている者たちについてはどのように考えればよいのだろうか。真田昌幸によって料所を知行地として与えられた場合はすでに料所ではないので、知行者の名が書かれるはずである。彼らは料所以外の場所に知行地を持たないことは先に述べた。とすると昌幸直属の給人ではない可能性も出てくる。御北御料所自体がどのようにして発生したかが問題になるが、御北は真田幸隆の長子信綱の室であることから、信綱の料所をそのまま継承した可能性も考えられる。その際料所の小吏などであった者たちが、御北自身の裁量で知行を与えたと捉えることもできるが、実際のところを明らかにすることはできない。

「分」とされている所は直接には小吏が管理しているが、その料所の取り分を与えられる存在と考えることができるだろう。ただ、京之御前の⑤「勘三郎分」は錯綜している。田畑の筆各一筆の作人の下に貼紙がなされており、「かん三良□（分）」「御前様御料」「新井新知行」「御刀者分」「知行」「土佐分」「矢野」「是ハ御北様分」など、検地後の情報が加筆され、各田畑一筆ごとの取り分を明記している。作人の下に「知行」と記される例が多く、作人自体がその田畑の知行者と推定されるような状況になっている。この場合は名請人と呼ぶ方がふさわしいのかもしれない。いずれにしても『給人検地帳』が作成された際の検地は非常に事細かに行われている様子が窺える。

さらに御料所といっても田役の賦課の対象になっている。④御北様御料所小使蔵嶋では四筆の田に合計四八〇文の田役が、⑤御北様御料所小吏曲尾与五右衛門では六筆の田に七二〇文の役、⑤京之御前様御料所勘三郎分小吏甚五右衛門では七筆の田に八四〇文の役、④京之御前様御料所小使小金縫右衛門の田一筆に一二〇文の役が課されていることからもわかるように、知行地同様の扱いを受けている。真田氏はこの天正の検地でかなり詳細な掌握を進めていたといっていいだろう。ただ、役が課されるのは「小使・小吏」の管理下の料所に限られている。

2　秋和の料所の掌握

まず文禄三年に成立した「秋和御料所午御見地帳[1]」の内容をみてみよう。

〈史料一〉

□斗三升蒔	弐貫八拾文	からうす	半右衛門
□□升蒔	壱貫八拾文	□□さ田	同人
□□蒔	七百拾文	半納田	同人
□田五升蒔	壱貫弐百五拾文	いい嶋田	同人
□五升蒔	壱貫弐百三十文	同所田	同人
□田壱斗八升蒔	三貫七百五十文	かきの木田	半右衛門
□畑弐升五合蒔	百三拾文	馬よけ	同人
□升五合蒔	弐百文	町屋敷	同人
□升蒔	百九十文	ふるのかり	同人
□□九升蒔	五百四十文	ふるやしき	同人
壱升八合蒔	百文	若ミや	同人

合拾壱貫弐百六拾文半右衛門ひかい、以上

以上が書き出しの部分であるが、上が欠けているため全貌はわからない。得られる情報はまず「蒔高」が書かれていること、次に貫高、そして字名、作人の順で記載が終わっているということである。右に掲げた耕地が一単位で最後に「ひかい」として半右衛門の名が記されている。ここで注意されるのは各耕地は全て「ひかい」である半右衛門が作人となっている点、また『給人検地帳』と異なるのは畑に対しても「蒔」で面積を表示していることである。ここにあげた一単位は田畑一一筆で、作人は全て半右衛門、作地はそれぞれ異なるが、これらを「ひかい」として半右衛門が管理を任されているとみることができるだろう。

また次の例を見てみよう。

〈史料二〉

□升弐合蒔　五十文　からうす　助三
□五升蒔　弐百四十文　おちはし　同人
□五升五合蒔　九百九拾文　柳内　同人
□斗蒔　壱貫七百文　うしろ田　同人
□升蒔　壱貫六十弐文　池のしり　同人
□田九百七拾文　からうす　同人
□田録百六十四文　山ミち　同人
□畑四升蒔　百文　馬よけ　助三
小作弥蔵
□畑七升蒔　弐百文　たつしよ畑同人
小作同人
□升蒔　百八拾文　應在家　同人
小作雅樂丞
□弐升蒔　百文　同所　同人

小作源助

□四升蒔　百六拾文　同所　同人

小作次左門

□田三升蒔　百廿文　同所　同人

小作新三郎

□三升蒔　百文　同所　同人

小作善光

□升蒔　弐百弐拾文　同所　同人

小作次左衛門

□田参升蒔　百廿文　同所　同人

小作新三郎

□三升蒔　百文　同所　同人

小作善光

□升蒔　弐百弐拾文　同所　同人

小作作右衛門

田六貫三百五拾文河原田　助三

田六百弐拾文　生塚畑　同人

畑参百弐拾文　やしき　助蔵

合拾四貫百四十六文　助三ひかい、以上

一八筆の田畑が一単位で、作人は助三「ひかい」も助三である。しかしここには「小作」の名が記されていて、一筆単位で小作人の存在が確認できる。この段階では本百姓（高持百姓）とその下で耕作する小作人の分化が成立しており、「秋和見地帳」はそこまで把握している。「ひかい」はやはり本百姓で一単位の全ての田畑の名請人である人物（助三）が行っている。このような状態の御料所は本見地帳では三四単位あるが、その内の一単位の一筆のみに別の作人が現れるのみで、他三三単位は全て「ひかい」となる作人の管理地になっている。筆者はこれらの「ひかい」を御料所に組み込まれた田畑耕作者の「控人」という職として捉えられると考える。『給人検地帳』の「小使・小吏」にほぼ相当する立場と推定されるが、秋和の場合はほぼすべてがいわゆる「手作」になる。なお、御料所には次のような単位が二つある。

〈史料三〉

壱貫六百七拾文　ちう田　神之丞
壱貫三百文　いとしり　善心
百六拾文　ほり之内　同人
百六十文　同所　源助
三百文　あらや　弐惣左衛門
中畑弐百八十文　同所　惣助
　しおちりの
四十文　ミやはら　惣助
三百三十文　ミや原　治部
合四貫三百四拾文　ち□（り）地、以上

この単位は「ひかい」が置かれていたものと違って田畑九筆に対し七人の作人が存在する。この単位を「ちり地（散地）」としている。管理者にあたる「ひかい」は存在しないが、各田畑の検地を行い、貫高を把握している。なお、このちり地の「あらやの惣助」の部分に「中畑」とみえ、この検地においても田畑に等級がつけられていたことが分かる。御料所であるから当然領主への年貢負担等はあったはずだが、「ちり地」という単位がどのように管理されていたかは不明である。

「ひかい」「ちり地」の次に「おおゆきふん」という項目がある。

〈史料四〉

大ゆきふん

□百文	河原田	文の丞
□貫文	同	文六
□壱貫文	同所	神右衛門
□拾文	同所	ふんのてし
□文	河原田	ふんのてし
□田壱貫四百三拾文	同所	与七郎
□貫文	同所	や七郎
□百弐拾文	同所	善右衛門」

合八貫五百八十文

右ノ内弐貫五百弐拾文見出

「河原田」のみに存在する「おおゆき分」の「大ゆき」は『給人検地帳』に現れた大知行者の大熊靫負尉と推定され

る。全ての筆に作人が記されており、大熊に対して給付された知行地と考えることができるだろう。
そしてこの検地帳の後半部は「智行方（知行方）」となる。その冒頭をみてみよう。

〈史料五〉

□六百四十文　からうす　専助知行
□五百文　柳内　同人知行
□貫百文　きやうてん　同人知行
□貫二百三十文　おや田　同人知行
□百五十文　さかい　同人知行
□貫弐百三十文　はたけ田　同人知行
□四十五文　すハへ　同人知行
□畑弐百文　下はら　同人知行
□百弐十文　おや田　同分善五郎
合七貫三百拾五文　専助知行、以上

九筆の田畑についてその地字と「専助知行」と記され、最後の一筆だけ「同分善五郎」とある。これは前掲史料四の「大ゆきふん」と明らかに記載方法が異なる。すなわち『給人検地帳』とも記載様式が異なるのだ。『給人検地帳』は「大ゆきふん」と同じで給人の名が記され、知行と付され、下は作人の名前が並んでいる。しかしこの『秋和見地帳』は一筆ずつ「〇〇知行」と記され、作人と思われる人物の記載は基本的に無い。そして最後に総高と「〇〇知行」で結ばれている。これは、下に「知行」がつかないだけで、「ひかい人」の記載方式と同じである。ただ次の部分がヒントを与えてくれる。

〈史料六〉

□　柳内　本田知行

小作新助

□五十文　きやてん　同分

小作三郎三衛門

□　同所　同分

小作同人

□　柳内　同分

かち

□　はん次郎町　同分

かち

与右衛門」

□　なかの町　同分　同分

小作三郎左衛門

□　深町　同分

小作善右衛門

□　窪田　同分

小作小七郎

□　けんきゃう　同分

小作文右衛門
□百八十文　たしま　同分
小作新助
□八文　清水尻　本田分
小作七右衛門
□文　應在家　同分
手作
□文　すなもち田　同分
手作
□　山なし　同分
小作三右衛門
□　こふく澤　同分
小作喜左右衛門
□　ミやはら　同分
小作二右衛門
□　應やしき四間　同分
手作
□　ミすミ田　同分
小作新七郎

┌┐　かくい　　同分　　小作文之丞
└┘　同所　　同分　　小作惣三
　　合拾貫三百七十三文、本田知行
　　　右之内三百七十三文見出也、

以上が「本田知行分」である。全ての末尾に本田知行であることが示され、ここでは小作人の名が記されるとともに「手作」の箇所がみられる。この知行地の有り方から考えて、他の知行地の作人は知行者自身であったものと考えられる。また「見出分」の記載があることから、過去にも検地が行われていたことは確かである。『秋和見地帳』では料所・大ゆき分・知行方全てに対し、小作人の名まで捉えるほどの詳細な検地が行なわれていた状況がみてとれる。

3　料所の存在意義

料所は本来領主直属の領地である。真田氏の場合原之郷においては「小使・小吏」が管理し、基本的に年貢徴収を行っていたものと考えられる。また他の知行地同様に「役」を賦課される田も料所内には存在していた、『秋和見地帳』は「ひかい」と呼ばれる人物が通常の場合ほとんどの田畑に対して手作を行いながら管理をしていた。また小作人を使用している場合もあり、天正期の『給人検地帳』とは明らかに異なり、百姓の階層分化が進行している様子が窺える。秋和においては「大ゆき（大熊靫負尉）」は別格の存在である。河内八郎は「御料所の代官」とみており、料所の構造図を提示している。(2) 筆者も同様な構造を想定し、次のような構造図を考えてみた（第3図）。ただ、「智行方」

の存在が気になる。知行地を持っている以上は真田氏の給人であり、当然諸役を果たす者たちと考えられるが、前述のように「ひかい」の分の記載に知行をつければ、「智行方」と全く同じ内容になる。すなわちこれらの給人たちは秋和において「ひかい」から「智行方」に格上げになった者たちではないかと推定されるのだ。それは知行者のほとんどに姓がないことからも窺える。傳助・佐内・九左衛門・久右衛門・新七郎・弥助といった名がみられ、姓名があるのは赤羽次平という者ぐらいである。しかし『給人検地帳』にみられたような、極端に低い持高の者はみあたらず、史料六で取り上げた「本田知行」は一〇貫文を越えている。この『秋和見地帳』からは、ひかい人という管理者から給人に上ると推定される者たちと、小作という自分の名請地を持たないと考えられる完全に耕作専属の者たちの両極端の存在があるようにみてとれる。徐々に兵農分離が進行しつつありそうだ。それでは領主真田昌幸は料所に対してどのような捉え方をしていたのだろうか。

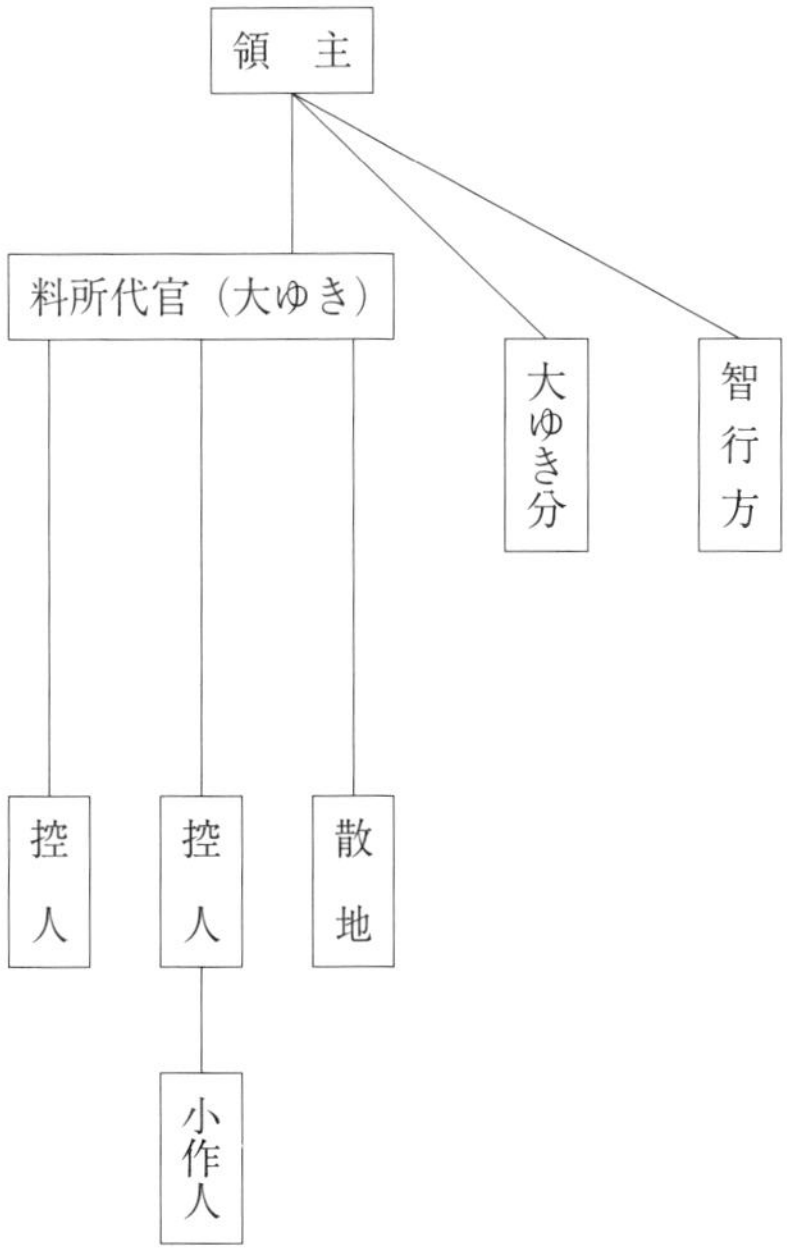

第３図　秋和の料所構造図

〈史料七〉[3]

此中在詰、可致奉公之由、誠ニ身辺無比類候、
因竝先爲重恩五貫文出置候、尚料所改之上、相
當可令加恩候也、仍如件

天正廿辰　　　　（真田昌幸）
　九月廿四日　　御朱印
　　水沢
　　　甚□

「料所改」をすることによってさらに加恩をすると書かれている。料所改とはすなわち直轄領の検地

であり、そこから見出される土地や散地を知行地として新たに与えるという約束手形と言えよう。ここで重要なのは、料所が知行あてがいの根本になっていることである。これを河内は「プール」と呼ぶ[4]。興味を引くのは加恩などで新たに知行地が与えられる場合は、史料七の例でも分かるように「五貫文」と全く半端の無い数字である。例えば史料六で扱った本田知行の場合、内訳は不明であるが、持高合計が「十貫三百七十三文」で見出が「三百七十三文」となっている。ということはこの前の検地において、本田の持高は「十貫文」ピタリであったことになる。おそらく、秋和における「散地」はこのように給人に新恩・加恩を行う際に数字をピタリと合わせてあてがう、まさに恩地のプールであったといえるだろう。おそらく原之郷の料所も同じ役割を担っていたに違いない。この中世最終末期において も働きに応じて給人に知行地を与えていく以上は、「料所改」を繰り返して行い、見出分の把握や闕所地の掌握に努めていたと考えられる。小さな畑や田は端数の出ないようにあてがうための、いわば将来の知行地候補とも言えるのではないだろうか。そのため料所改めは厳しく行われたものと推定される。

『秋和見地帳』中、散地は五〇筆で、合計貫高は一四貫七九文分が把握されている。端数が出るほどの詳細な検地であった様子が窺える。

料所は重要な真田氏の収入源であるとともに家臣に対する知行地あてがいによってその支配を安定させるための重要な基盤であったことがわかる。

註

（1）『信濃史料』第一八巻、一四〜三〇頁。以後も続くものであるが欠いており、御料所全体の規模は不明である。

（2）河内八郎「信州真田氏の領国形成過程―昌幸時代を中心として―」（『日本社会経済史研究』近世編、吉川弘文館、一九六七）。

（3）「長國寺殿御事蹟稿」一三（『信濃史料』第一七巻、四七〇頁）。
（4）前掲（2）に同じ。

第二節　在地の掌握

はじめに

給人は今まで見てきたように自分の知行地を安堵され、あるいは働きに応じた加恩などもあり、自らの経済基盤を持っていた。知行地での生産物については年貢という形で自己の収入となる代わりに領主真田氏に対しては軍役などのいわゆる「奉公」を行う身分であった。ただ、その給人の収入体系を示す史料は皆無といってよく、未解明である。真田氏は給人知行地にも検地を行い、その実態の把握を行っていたことは、これまでみた二つの検地帳からも明らかである。その結果、ほとんどの場合「見出分」が把握される。これは前記したが、自己が抱えている知行地の作人とともに自らも農業を行っていたであろうと推定される給人たちが生産者としていかに余剰生産を上げようとしたかの努力の成果であると筆者は考えている。

本節では真田氏の給人掌握の状況と年貢収入の実態に少しでも迫れればと考えている。

1　知行改

「見出分」というのは、検地の結果、前回検地の際に把握された知行地の総高以上に検出された分で、いわゆる「検地増分」に相当する。すなわち、給人に与えた知行高を越える部分であり、それをどのように処理していくかが給人掌握の重要なポイントとなる。ここで武田氏の例をみてみよう。

〈史料一〉武田勝頼宛行状[1]

定

其方知行之内増分爲出来者、爲重恩被下置、軍役可有御加増旨　被仰出者也　仍如件

（天正二年）
甲戌
十月晦日　　跡部大炊助
奉之
本間源右衛門尉殿

検地増分は「重恩」として与えられている。しかし代わりに軍役が加増されることが明記されている。村上直は武田氏に限らず、後北条氏の場合も「増分」を告知した者には恩賞を与えることを指摘している。それには武田氏のように軍役加増が伴うことがあり、戦国大名の検地の意図はここにあったとしている。[2]それでは真田氏の場合をみてみよう。

真田昌幸の長男真田信之は上野国沼田周辺の支配を委任されるが、これに際し天正一八年（一五九〇）に領内の知行改・寺社領改を実施している。その史料をみてみよう。

〈史料二〉真田信之朱印状[3]

今度知行御改候處、本五貫仁百五十文の所、九貫八百九拾文ニ雖令検吏候、年來奉公之間、如前〃出置候、弥向後可抽戦功者也、　仍如件。

天正十八庚刁　　北能登守
奉之
（真田信幸）
十二月廿日（朱印）

田村雅樂丞殿

知行改の結果、四貫六四〇文の増分がある。本貫が五貫二五〇であったことを考えると、九割近い増加となる。それにも関わらず「如前〃」とそのまま知行として与えている。これは決して特別な例ではない。次のような二例がある。

〈史料三〉(4)

今度知行御改之處、五貫文相拘之由候、近年長野原無他事奉公之間、如前〃出置候、弥向後無疎略可走廻者也、仍如件、

天正十八庚刁　北能登守

（真田信幸）　奉之

十二月廿一日（朱印）

儀見齋

〈史料四〉(5)

已上

今度知行改候處、其方同心給本百三十五貫文之所、百七拾六貫三百八十文に検吏雖令検吏候、年來奉公候之間、役等之儀如前〃ニ出置候、弥向後可抽戦功者也、仍如件、

天正十八庚刁　北能登守

（真田信幸）　奉之

十二月廿一日（朱印）

湯本三郎右衛門尉同心

三十壱人

史料三は儀見斎の知行地についておそらく五貫文が増分として把握されたと推定されるが、やはり知行分として認められている。また史料四は湯本三郎右衛門尉の同心三一人に対する給分に対しても知行改めが入っており、四〇貫を越える増分が把握されているが「役などの儀は前々のごとく」としており、ここに「役」という言葉が出てくる。これは後に触れる田役とは異なり、給人が領主のために負担する軍役等を示すものと考えられる。ここで興味深いのはこれらの同心を抱える湯本三郎右衛門に対する知行改である。

〈史料五〉(6)

以上

今度其方知行就改、本百廿五貫文之所、百八拾仁貫五十文ニ令撿吏候、右之外草津百貫文、合仁百八拾仁貫五十文、如此出置候、雖然、向後役等之儀者、弐百三十五貫文分　可被相勤候、尚依戦功可令重恩者也、

仍如件、

天正十八庚刁　　　十二月廿一日　　　信幸（花押）

湯本三郎右衛門尉殿

湯本三郎右衛門尉の知行地は知行改めの結果、約五七貫文の検地増分が把握された。さらに草津に百貫文の知行地を加恩され、持高は二八二貫五〇文という非常に高いものになった。しかし、彼の場合は「向後役等の儀は二三五貫文分相勤むべくそうろう」と役の負担を重くされているようである。

ところでこの二三五貫文という数字はどこから出てきたのだろうか。ここで単純に今回の知行改によって確定した

湯本三郎右衛門尉の総高二八二貫五〇文で、役負担の基準額二三五貫文を割ってみよう。二三五〇〇〇文÷二八二〇五〇文は〇・八三三、要するに持高の約八割は役を務める対象になる分、ということになる。さて湯本は今回の知行改以前の持高は一二五貫文として把握されていた。もし、この時点で役負担の割合が八割だったらどうだろうか。一二五〇〇〇×〇・八はずばり一〇〇貫文である。持高一二五貫文はおそらく湯本が最初に知行地を与えられた時の端数のない数値であったのだろう。あるいは当初は一〇〇貫文で五割程度の負担であったのかもしれない。見出や加恩によって知行高が増え、役の割合も増えていった可能性も考えられる。何年後かは分からないが、天正十八年の知行改めでは一八二貫五〇文という中途半端な数値になり、草津には一〇〇貫文という端数の無い知行地をもらっている。これを足して二八二貫五〇文のおよそ八割で半端の無い数は二三〇貫文となる。これは推定であるが、湯本は上野国において持高の八割を軍役対象の数値とする給人として一二五貫文の知行地を与えられた可能性がある。

だからと言って他の給人も同じ割合であったというのは早計だろう。例えば、史料四の湯本同心三一人の本貫高は一三五貫文であった。ちなみにこの八割は一〇八貫文という端数が出て掌握がしづらくなる。しかも複数であれば、同心給は分割されていたものと考えられる。それらを一括りにした検地結果と推定されるので、個々人の持高は把握できない。加えて後に出てくる湯本三拾郎同心のように、「乗馬衆」「足軽衆」といった、役割の違いがあることを考慮すべきだろう。よってこのように同心給一括に対する役の割合は、個人に対するそれと区別する必要があるかもしれない。例えば、総高一三五貫文から把握しやすい数値として二割の二七貫文、四割の五四貫文と無理に考えられないでもないが、役という性質上、三一名での按分はおよそ適当ではないだろう。同心個々においては掌握しやすい貫高で分担されている可能性は高い。

このように役を課する対象となる貫高は、知行者が最初にあてがわれる端数のない貫高に応じた、把握しやすい単位で与えられたものと考えられる。そして負担割合は持高に見合ったものを給人それぞれに設定されたか、真田氏が前もって負担率を決めておいたものとも考えられる。しかし知行改を行うたびに貫高の数値は割りきれない端数を帯びてくる。ここから貫高制の矛盾が生じてくるのかもしれない。

2　知行役

ここまでみてきたことから給人は、当初あてがわれたりあるいは安堵された知行地に対して知行改が行われ、結果、増分（見出）を掌握されていたことがわかった。そして史料の限りでは、その増分は没収されることなく、「年来の奉公のあいだ、前々のごとく出し置き候」という形で知行高の一部に組み込まれている。この知行地の総高のうち、ある一定割合を基準にして、「役等」が賦課されていたことが明らかになった。それでは「役等」とはどのようなものなのだろうか。まず次の史料を見てみよう。

〈史料六〉真田昌幸朱印状(7)

未之知行役之内京判金壱兩三朱、此籾四拾弐俵一斗六升請取処、如件

（慶長元年）
申
十一月廿四日（朱印）（真田昌幸）

池田甚三郎
石井喜左衛門
宮下田兵衛殿

「知行役」である。「未之知行役」と記されていることから前年の知行役のうち、京判金で支払うところを籾で代物納している様子がわかる。「知行役」とは記されていないが同様の史料を掲げておく。

〈史料七〉真田昌幸朱印状(8)

未之納之内壱分壱朱之中請取指上候、此籾拾弐俵一斗六升也、仍如件

申

極月四日（朱印）

石井喜左衛門奉之

関口角左衛門殿

第三章で触れるが、戦国末期において領主は貨幣の収入を志向する。しかし思うようにはいかず、史料で示した代物納が多かったようである。両史料とも前年の知行役の一部を支払っている様子が窺われ、これで完済したかどうかについては不明である。よって知行役全体の金額は分からない。しかしその賦課基準は前述した知行地の総高に対して設定された「役等」を賦課される基準高によるものと考えられる。

3　軍役

次に戦時出兵という給人にとっては最も重要な「役＝軍役」について検討してみよう。

真田昌幸は天正十六年四月十六日に上野国八幡山城の番役衆を定めている。それが「八幡山番帳」として残っている。

〈史料八[9]〉

八幡山番帳（朱印）

一番　　　二番

弓　狩野右馬之助　　鉄砲　折田雅樂之助

鉄砲　同又左衛門
鑓　唐澤平左衛門
鉄砲　田村雅樂之丞※
同　上原弥次郎
同　関　勘解由
弓　冨澤源右衛門
鑓　小菅六郎三郎
同　嶋村市之助
同　田村助五郎
同　彦右衛門
同　かねこ
同　狩野志摩守
同　折田内蔵助
鉄砲　こみや七郎右衛門
同　割田与兵衛
鑓　九郎左衛門
同　太郎左衛門
鉄砲　関又右衛門
同　桑原大蔵

同　冨澤善内
鑓　甚左衛門
同　番才新左衛門
鉄砲　安原市右衛門
鑓　たたみさし代
同　新井藤右衛門
鉄砲　戸塚源右衛門
鑓　七郎左衛門
同　助五郎
同　専助
鉄砲　釼持喜左衛門
同　森田半右衛門
鑓　九郎右衛門
鉄砲　大畑與右衛門
同　青木孫左衛門
同　長井彦右衛門
同　神田左門太
同　横澤源助
鑓　丸山新左衛門

鑓　小野田市助
鉄砲　志ほ津守之丞
同　今井左近
槍　細野三郎右衛門
鑓　おのた新三郎
同　市助
鉄砲　唐澤二兵衛
同　山口織部
同　細田孫左衛門
鑓　蟻川源四郎
以上

同　関口助三
鉄砲　伊与久左京
鑓　角屋弥兵衛
同　小林九郎右衛門
同　河原田新六
鉄砲　勅使河原清十郎
同　十左衛門
同　青木太郎左衛門
鑓　新四郎
同　藤右衛門
同　大塚孫右衛門
同　渡又左衛門
以上

右之衆、番請取候、慥ニ銘〃、其上番普請儀、兵伕以下無油断可相勤者也、仍如件

天正十六年　能登守
子ノ　奉之
卯月廿六日
富澤豊前守殿

狩野志摩守殿※
同右馬之助殿
折田軍兵衛殿

これは上野国吾妻郡横尾八幡山において、砦の守備に当らせたものである[10]。配属されたのは二組合計六四名で、内訳は弓二名・鑓三二名・槍一名・鉄砲二九名である。戦闘時に受け持つ分担が決められているようであり、自身の武器をもって戦闘に参加する、すなわち軍役を行うのである。それではここに配属されているのはどの程度の給人たちだろうか。一番目の※田村雅樂尉は天正十八年に知行改を受け、その文書が残っている（史料二）。「本五貫二五〇文」とあり、天正十八年の知行改以前に把握されていた持高はこの数値であった。ちなみに前述の役の割合の方式に当てはめると、四割負担で二貫一〇〇文となるが、やや半端である。おそらく、もともと給付された知行高は五貫文であったものと推定される。とすると四割で二貫文という半端のない数値となる。五貫二五〇文のうち二五〇文分は「見出」である可能性が高く、このクラスの持高と推定される五貫文程度の給人は軍役として鉄砲を所持し、戦いに赴く義務を有していたことがわかる。この「八幡山番」の統率を託されたとみられるのは富澤豊前守・狩野志摩守・狩野右馬助・折田軍兵衛の四名であるが、幸いなことに折田軍兵衛に関する史料が残っている。

〈史料九[11]〉

追而、小野子之内ニ而貳拾貫文可出候、以上
別而奉公候条、尻高領横尾之内におゐて、一七貫所出置候、猶依戦功一所可相渡者也、
仍如件、
天正十年壬午
十月十九日　　昌幸（花押）

折田軍兵衛殿

以上は加恩とみられ、惣都合三七貫文も知行地として与えられている。おそらく折田軍兵衛の総知行高はこれより多いと推定される。よって鉄砲方の田村雅樂尉とは同じ給人でも少し格が違う。おそらく数十貫から一〇〇貫文に近い持高ではなかったか。このように軍役は、持高に応じて負担率が変わる累進課税のような方式をとっていたのではないだろうか。よって武器を持って実戦に備える給人たちは持高五貫文以下あるいは未満の者、八幡山の番を任された四人は持高数一〇〇貫前後と折田並みの給人となるのだろう。二番目の※狩野志摩守に関しては一番の鑓手の中に名前が見られ（史料八）、この点にやや疑問が残る。

次に軍役を果たす役割としての「同心」の有り方をみてみよう。「同心」は『給人検地帳』にも河原同心かひやうえ・河原同心新蔵・河原同心七郎へもん・河原同心の蔵嶋忠さへもんという者たちがいるが、全て給人として知行地を持っている。また、彼らは、河原左衛門尉という給人との関係が深いものと理解される。史料四では湯本三郎右衛門の同心三一名分の「同心給」に対する知行改が行われている。

同心の有り方については次のような史料がある。

〈史料一〇〉真田昌幸朱印状(12)

乗馬衆

嶋　甚九郎

同　半之丞

吉沢源兵衛

南条弥左衛門尉

海瀬文之丞

足軽衆　東松本
林　勘左衛門
同　藤二郎
坂本与三左衛門尉
たはさま与助
松澤彦次郎
上原勘右衛門尉
長沼又右衛門尉
塩入甚三
内河十左衛門尉
竹鼻六右衛門
伊藤半之丞
平井源之丞
右之衆同心に申付候間、向後催人衆、一手役奉公可爲肝要者也、
仍如件

天正十三乙酉
六月廿一日　（朱印）
矢澤三拾郎殿

矢澤三拾郎に対して乗馬衆五人と東松本（上田市塩田）から足軽衆一二人をあてがっている。この時点で一七名の給

人は、湯本三拾郎の「同心衆」として、戦闘時にいわば一つのチームとして行動することになる。「人衆を催され、一手役奉公」の「役」が、まさに軍役を示していることは明白であろう。当然、乗馬衆と足軽衆には知行高の相違はあるわけだが、矢澤同心として行動することになる。

軍役が実行され、役の内容も給人の知行高に応じて変わってゆくことは理解できたものと思う。

4　百姓普請役

これは一見百姓が負担する役のよう思えるが、やはり給人が係ってくる。次の対となる史料を見てみよう。

〈史料一一〉(13)

當表行之砌存寄、度〃令袋陳事、誠以神妙之至候、依之武石之内拾貫文、於佐久郡岩村田之内四拾貫文、右如斯出置候、猶依戦　功可加重恩者也、依而如件、

天正十四年戌

正月廿五日　　昌幸

塚本肥前守殿

〈史料一二〉(14)

當地江別而節〃召寄候条、其方知行之内百姓普請役、向後赦免候也、

戌

正月廿五日　　昌幸

塚本肥前守殿

塚本肥前守に知行地をあてがい（やはり端数の無い五〇貫文ピタリ）、即日「百姓普請役」を赦免している。このタイ

ミングにも留意しなくてはならないが、まず内容的に考えてみよう。「普請」という言葉が使用されていることから、その内容は、川・水路・道・石垣などの補修工事などが頭に浮かぶ。

しかしここで疑問に思うことは、塚本肥前守という知行者に対して百姓普請役を免除するということは、その知行地のみに適応することであり、例えば隣り合っていても、別の知行者であれば、そこは百姓普請役を免除されないことになる。今まで見てきたように、知行地は複雑に入り組んでいるのだ。普請役について、例えば武田氏に関する史料をみてみよう。

〈史料一三〉武田家朱印状⑮

従当甲戌正月至丙子十二月、諸普請役御免許候条、相当之川除無疎略可相勤、若令無沙汰者可被加成敗者也、仍如件、

天正二年甲戌　　土屋右衛門尉

正月十一日（龍朱印）　奉之

山神郷

山神郷に水害が起き、その川除け普請のため天正二年（一五七二）正月より天正四年十二月まで「諸普請役」を免除するというものである。ここで重要になるのが、朱印状の宛先が「山神郷」という実際に川除普請をする郷村に対してであること。また、そのために免除される「諸普請役」という役が普段は恒常的に課されていたことである。これが、真田における「百姓普請役」に該当すると推定される。文書の宛所が山神郷という郷村であり、郷村内の特定の個人ではないことから考えると、郷村は自治が成立していたものと思われる。この点に関して次の史料を提示してみたい。

〈史料一四〉武田穴山信君判物⑯

依山之神村水損、其方手前の人足、百姓役之用所普請等令免許候、弥川除之儀無油断可有再興者也、仍如件、

天正八年辰

三月九日　信君（花押）

河西五郎右衛門尉殿

窪田兵部右衛門尉殿

三井右衛門尉殿

これについて西川公平は、発給者の穴山信君を山之神郷の「年貢・公事・夫役等を負担すべき地頭」とみなし、宛所である三名のうち、特に三井右衛門尉について考察を行い、彼を「山之神郷の村落指導者層に位置する」者と捉えている。それは池上裕子が指摘した「地下の侍」（池上一九九四）及び湯浅治久のいう「村の侍」であり、甲斐国では「地下人」と呼ばれた存在に当るとしている。[17] 地下人の基本的な立場は名主層であり、同時に武田家の軍役衆でもある。郷村の地頭とは主従関係を持たないが、川除普請等の際に百姓を動員する村落指導者層であったとされる。

このように百姓普請役は武田の場合、領主より郷村へ、あるいは地頭より郷村内の地下人へ指示または免除が下され、その郷村内に各種存在しているだろう知行地の枠とは無関係になされる様子が窺える。それでは真田氏の場合はどうだろうか。史料が少ない中で一つの手がかりになるものがある。

〈史料一五〉真田昌幸朱印状[18]

吉田郷之日損に付而、百姓ちんりん之由候条、百性役半役ニ申付者也、

（文禄三年）

午

卯月廿日　（朱印）

土居右近殿

これは「百姓役」という言葉を使用しているため、その内容が普請に関わる役かどうかは分からないが、「半役」に免除していることから、計算上で出せる数値的なものか人数的な役であった可能性がある。

史料一二の場合は、直接知行者に対して「其の方の知行の内百姓普請役」の赦免を命じていることから、この役は知行者に対して課されるものであることがわかる。おそらく普請にかかる費用や労働力は知行者の責任で負担されたのであろう。ここが「諸普請役」の免除を領主から郷村に申し渡している武田領とは異なる点である。

ところが史料一五でみられる百姓役は「吉田郷」が対象とされている。直接の宛所は土屋右近尉。今まで見てきたように、知行地というのは散在しているのが普通である。当然、吉田郷の中にも様々な給人の知行地が集合していたはずである。これは先の百姓普請役とは状況が異なる。すなわち史料一二における赦免は知行者に対する赦免であるのに対し、資料一五は「百姓ちんりん（沈淪）のよし」と断り書きがある点で、百姓の負担を軽くする措置であったと判断できる。原因は日損（干害等）であり、これは知行地単位で起こる災害ではない。ここでは「郷」を対象としている。さらにこの吉田郷を統括するとみられる土居右近という人物が存在することが分かる。土居右近が吉田郷の地頭であるのかなどの点については史料が残っていないため不明である。しかし郷村内の百姓役を徴収する、あるいは人を動員する立場であることは容易に想定される。例えば『秋和見地帳』に登場した大熊靫負尉も同様な立場であったとも考えられる。しかし大熊は明らかに真田氏の給人であることから、やはり給人との連絡関係が強かった点が認められ、それが真田氏の在地把握方式であったことが推定される。

しかし諏訪造宮関係の文書を見ると地下人（乙名敷者）の存在が知れる。

〈史料一六〉武田家朱印状(19)

就于諏訪造宮之儀、可有御尋旨候、郷中乙名敷者五六輩、六月十八・十九・廿日三日之内ニ甲府江可致参上之趣、
被仰出者也、仍如件、

五月廿七日（勝頼龍之丸）　奉之
山宮右馬助
ほうひの郷
洗馬
曲尾
横尾

ほうひの郷は傍陽《そえひ》のことであり、続く洗馬・曲尾・横尾は全て現上田市真田町の地名である。文書の年代は不詳であるが、武田勝頼によるものなので天正年間と推定される。すなわちここは真田領なのである。この四郷の乙名敷者（地下人）に対し、諏訪造宮に関しての「先例」を聞き正したのだろうか。このように真田領の郷村にも地下人の存在が確認できたが、それが真田氏による支配とどのように関わっていたかについては、郷中に宛てた文書が残っていないため今後の課題としたい。

さて、ここまでは真田氏が知行者に課した「知行役」「軍役」「百姓普請役」について検討してきた。本節最後は百姓役すなわち年貢の徴収状況に若干触れてみたい。

5　百姓役

先に「若干」と述べたのは戦国期における真田領の年貢徴収の実態を語ってくれる史料が皆無に等しいからである。まず戦国期において「年貢」について触れている、知行地内の実態を垣間見せてくれる史料を提示してみよう。書き

込みが多く、記述しづらいため、概要を紹介していく。国宝八角三重塔で有名な上田市別所安楽寺の史料である〈史料一七〉[20]。天正十八年（一五九〇）のもので、中身は「寺家分」「院内」「臂湯」に分かれ、最初に貫高が示されその持ち主、各地字が記されており、持ち主の上には合点がついている、その名前と合計貫高だけを示していくと次のようになる。

一貫六百九十文　清隠庵
百文　門前屋敷
全正　八百五十文
与助　一貫百廿五文
能心　一貫七百五十文
百文　蓮華
与四郎　一貫七百文
新二郎　一貫二百九十文
藤七　一貫九百廿文
門作□　(二)貫三百文
新衛門尉　一貫四百文
院内六百文　宗永三百文　安右衛門尉二百文　イトヤ孫右衛門百文
臂湯　二貫三十文
本
寺家分十三貫九百三十文

本

院内　一貫二百文

本

臂湯　三貫八百三十文

という内容であり、最後に「惣都合拾□貫九百六十文」「右之年貢之外五百文清隠庵一貫文門前五人やしき分寺内門前之手作場」と年貢に含まれない部分が書かれている。初めて「年貢」という言葉が出てくる。すなわちこれが百姓役である。安楽寺領は「寺家分」「院内」「臂湯」の三ヶ所から構成されており、それぞれの「本」貫高が年貢額になる。ただし「寺家分」の中身が複雑で、「十三貫九百文」になっているが、どう計算しても「十三貫九十文」にしかならない点に問題が残る。これは安楽寺の領帳であるため、年貢は安楽寺の収入になると考えるのが自然であろう。年貢（百姓役）が貫高で示され、特に籾等の代物に関しての記述はない。

この安楽寺領には年代は不詳だが、次のような興味深い史料がある。

〈史料一八〉[21]

院内

六百文　宗永　三百文　安衛門

二百文　孫右衛門　百文　源之条

以上一貫二百文

臂湯

二貫三十文　豊後分

三百五十文　三（蔵）

六百五十文　蔵之助
弐百文　道心
貮百文　善衛門
四百文　浄心
以上三貫八百三拾文
寺家分
二貫八百文　造宮免
一貫七百文　蓮華
三百文　宮道
五百文　横まくり
二百文　末無木
惣都合拾貫五百三十文
□代官宗ニ渡日記ノ分也
「手前之日記」
院内之分
五百文　百文引　宗永屋敷
百七十文同三十文　孫衛門同
貳百五十文同五十文　安衛門同
八十文同二十文　源之丞同

貮百五十文同五拾文　門作同
一貫四百文同三百文　彦市
　　　蓮華
　　以上二貫六百五十文
　　　大塚田推開二百文引

臂湯之分

一貫八百三十文　豊後守
三百文五十文、引舞臺畠屋敷　三蔵
五百文、五十文引、屋敷推開田　蔵之助
百八十文五十文引推開　道心
四百文横まくり、百文引　道心
百五十文末無木、五十文引　道心
百八十文屋敷、廿文引　善衛門
三百五十文峯畑推開、五十文引　浄心
貮貫参百文五百文引　造宮免
　以上八貫貮百九十文、此外
　ヒキメ一貫六百七十文

これを「代官衆に渡す日記の分」と「手前の日記」に分けてみると第2表のようになる。「代官衆」の部分は三つに分けて報告している。そのうち「院内」は一貫二百文、「臂湯」は三貫八三〇文で、この部分に関しては史料一九

第2表　安楽寺領帳

	代官衆ニ渡日記ノ分		手前之日記			
院内	600	宗永	500	宗永屋敷	100 文引	
	300	安右衛門	250	安衛門屋敷	50 文引	
	200	孫右衛門	170	孫衛門屋敷	30 文引	
	100	源之丞	80	源之丞屋敷	20 文引	
			250	門作屋敷	50 文引	
			1,400	彦市	300 文引き　蓮華	
	1,200		2,650			
臂湯	2,030	豊後守	1,830	豊後守	200 文引	大塚田推開畑
	350	三蔵	300	三蔵	50 文引	引舞台畑屋敷
	650	蔵之助	500	蔵之助	50（150）文引	屋敷推開田
	200	道心	180	道心	50（20）文引	推開
			400	道心	100 文引	横まくり
			150	道心	50 文引	末無木
	200	善衛門	180	善衛門	20 文引	屋敷
	400	浄心	350	浄心	50 文引	峯畑推開
	3,830					
寺家分	2,800	造宮免	2,300	造宮免	500 文引	
	1,700	蓮華				
	300	宮堂				
	500	横まくり				
	200	末無木				
	5,500					
	10,530		8,290		ヒキメ 1670	

の数値と同じである。おそらくこれが年貢高と考えてよいだろう。つまりそれに「寺家分」の五貫五〇〇文を加えた「惣都合拾貫五百三十文」が安楽寺領の年貢高を示している。加えて注目されるのは「手前の日記」で、代官に提出したものには載っていない部分が記されていることだ。まず、「院内」で彦市という人物の一貫四〇〇文分（実際は後述するように引分があるため一貫七〇〇文になる）の貫高すなわち年貢高が代官衆に伝えられておらず、年貢に含まれないこと。また「手前の日記」では臂湯と

寺家分が区別されていない。そして最も違うことは、全て「引分」を差し引いた高で記されている点である。それぞれの引分が記されていて、最後に「ヒキメ一貫六百七十文」と引分の合計が示されているが、計算は合っていない（実際は一貫六九〇文）。手前分で示された本高の合計は八貫二九〇文で実際作人が負担した総額はこの数値だと推定される。ちなみにヒキメ総額の一貫六九〇文は史料一七の清隠庵分にあたり、史料一八には清隠庵は見当たらない。これは偶然の一致ではないと考える。おそらく引目は清隠庵分であり、各作人の引目分となって領帳には姿を現さないのではないだろうか。

いずれにしても史料一八の年の安楽寺の実際の年貢額は八貫二九〇文で、「代官衆」への報告内容とは異なることになる。これは寺領であるので他の知行地とはやや事情が異なるかもしれないが、これが戦国期の百姓役の実態の一部を示している。年貢は安楽寺の知行地であるため寺の収入になると考えるのが普通である。「引目」はいわゆる「引き分」とみられ、これを差し引いた貫高が実際の年貢となる。代官衆にはその引目を引かない年貢高を報告している。しかも「院内」には彦市一四〇〇文分の未報告の土地（言ってみれば隠田）があり、それもやはり安楽寺の収入となったはずである。

ところで「代官衆」というのは何を示しているのだろうか。ここで考えられることは、安楽寺領を含む郷を統括する存在で、各知行地の年貢収納高をチェックしたり、郷単位で諸役を賦課する場合の統括する機能が働いていたということである。すなわち前述の吉田郷を統括したとみられる土屋右近に該当する役職と推定される。

この「安楽寺領帳」を代官衆による知行改と考えることも可能であるが、見出分も蒔高も記載されていない。おそらく知行役や百姓普請役等を課すための基準となる数値の把握が目的であったのだろう。これに関しては別に触れたい。

しかし引分を除いていない、実際よりは高い年貢高を報告していることに疑問が残る。このように在地に対しては掌握しきれていなかった部分もある例といえよう。
さてここで参考のため近世初頭の年貢徴収の状況をみておこう。
〈史料一九〉深井郷御指出[22]
深井郷指出
高辻
百四拾五貫九六五文
此内給人之知行散々に御座候
此内　仁拾貫七百七十五文　永不作
給人方共に肝煎免
同　三貫四百五十文　せぎ免
給人方共ニ宮めん
同　五拾壱貫七百九拾二文　入下
給人方共ニ
残る
六拾九貫四百九拾文
給人方共ニ
物成の籾
四百拾七俵二升六合　酉之元納
但シ給人方共ニ

元和七年（一六二一）
拾壱月五日　太郎左衛門㊞
作右衛門　㊞
御奉行様

これは真田信幸が松代藩に移封される前年の小県郡深井郷の指出である。すなわち指出検地に近いものと考えてよいだろう。「給人方共ニ」という記載から、料所と知行地を合わせて指出しているのだろうか。「高辻」は深井郷の総生産量と考えられ、ここから各種引き分を差し引き、最後に残った部分を貫高で示しその「物成」として籾の料が算出されている。これが年貢高と推定される。

戦国期は料所・知行地単位で貫高を把握していたが、近世のこの段階では「郷」を単位としており、その内訳は不明である。そして年貢高（物成）は六九貫四九〇文でこれを籾四八七表二升六合に換算している。この換算方法であるが、永禄九年（一五六六）に武田信玄が海野之分に課した諏訪大社上社の大宮御門の造宮料[23]は五〇俵の籾或いは米であり、天正六年の『上諏訪造宮帳[24]』の同様の負担は「拾貫文」となっている。これは武田氏が一〇貫文を五〇俵に換算していたことになり、一貫文は五俵の計算になる。海野之分の内訳をみていくと、一俵は二斗であることがわかり、これが武田氏の貫高と石高の換算率であったことがわかる。もし一俵を二斗で換算すると、深井郷の物成は九七四斗二升六合になり、一貫文あたり約七俵となる。

この一貫文あたり七俵の籾を徴収することについて平沢清人は古くからの真田氏の年貢徴収方法として捉えている[25]。しかし史料としてこのことを示すものは存在しない。これも含めて貫高の問題は第四章で取り上げることにする。

註

（1）「本間文書」『静岡県史料』第四輯、三二七頁。
（2）村上　直「戦国期における検地『増分』について―武田・徳川領国支配の変遷を中心に―」（『信濃』第一五巻第一号、一九六五）。
（3）「田村文書」『信濃史料』第一七巻、二二九頁。
（4）「浦野文書」『信濃史料』第一七巻、二三〇頁。
（5）「熊谷文書」『信濃史料』第一七巻、二三一〜二三二頁。
（6）「熊谷文書」（『信濃史料』第一七巻、二三二頁）。
（7）「長国寺殿御事蹟稿」一三（『信濃史料』第一八巻、八五頁）。
（8）関口清造氏所蔵文書『信濃史料』第一八巻、一七七頁。
（9）「折田文書」（『信濃史料』第一六巻五三六〜五四〇頁）。
（10）「真田氏時代」（『上田小県誌』歴史編下、第一章第二節）。
（11）「折田文書」（『信濃史料』第一五巻、四八八頁）。
（12）「矢澤文書」（『信濃史料』第一六巻、三二八〜三二九頁）。
（13）「長國寺殿御事蹟稿」一三（『信濃史料』第一六巻、三九七〜三九八頁）。
（14）「長國寺殿事蹟稿」一三（『信濃史料』第一六巻、三九八頁）。
（15）『山梨県史』資料編4、一三二八号文書。
（16）『山梨県史』資料編4、一三二九号文書。
（17）笹本正治は『戦国大名武田氏の研究』（思文閣史学叢書、一九九三）において地下人に関わる史料を分析し、彼らが名主層に位置していたことを指摘している。また平山　優は地下人（郷中乙名衆）は大名権力などに郷村の「先例」を提示し、郷村の意志を代表して争う主導的役割を担い、郷村の意志の体現者として活動していたと同時に郷村の武力の中心的な担い手であったとしている（平山一九九九）。

(18)「成沢文書」『信濃史料』一七巻五六一頁。
(19)「君山合偏　二四」『山梨県史』資料編5　一七三八号文書。
(20)「安楽寺文書」『信濃史料』第一七巻二四四～二四六頁。
(21)「安楽寺文書」『信濃史料』第一七巻二七六～二四八頁。
(22)『長野県史』近世史料編第一巻、第冊三二二頁。
(23)『信濃史料』第一二巻、二七九頁。
(24)『信濃史料』第一二巻、四一二頁。
(25)平沢清人「真田昌幸時代信州上田領の貫文制と秀吉の検地」『近世村落への移行と兵農分離』校倉書房、一九七三)。

第三節　真田領における田役

はじめに

戦国領主は、料所からの収入以外に、主に貨幣での納入を原則とする「役」を徴収する場合が多かった。特に守護の一国平均役であった、段銭・棟別銭は多くの大名が徴収したところである。しかし武田氏は守護出身の戦国大名でありながら、収入の多くを棟別銭中心とし、守護公銭である段銭を徴収した史料が皆無に等しい[1]という状況の中で、「田地役・田役」と呼ばれる税を賦課していたことは、段銭との関係において注目され古くから研究がなされてきた。

最近の論稿としては宇田川徳哉「武田氏領国の「田役」賦課」（宇田川二〇〇一）、鈴木将典の「戦国大名武田氏の田役と段銭」（鈴木二〇一二）がある。宇田川は地頭が徴収する「田役」の存在を史料から再確認し、最終的には武田氏の財政基盤になっていたと結論付けた。鈴木は「武田氏の田役は段銭と同一あるいは守護段銭を踏襲したものでなく、天文十一年六月の武田晴信の家督相続を契機として新たに創出された役であった。」と推定した。そして田役に関わる記述のある史料を表として提示している。これによると天文十一年（一五四二）に初めて「田地之夫」という言葉が見える。注目されるのは永禄八年（一五六五）十一月一日の文言に「近年田役取候」と記されており、諏訪大社神事再興の資金源としても田役が徴収されている点である。いずれにしても田役は守護公権によって当初から武田氏が徴収した役ではないことを示している。しかし宇田川は「段銭」としての含みを残している。確かに鈴木の表には「上諏訪造宮帳」が史料として載せられており、「平井弖四十町之田一反ニ二百文宛、田役を取集立候」と見え、反別に徴収されているので、段銭とも思われる部分もある。しかしここでは武田氏の大名収入となる田役と諏訪社復興のために設定し、上納する田役とは区別して考えたほうが良いと思われる。一方、宇田川は、甲斐では田役の賦課基準が定納貫高であることを解明している。このことから武田氏の田役とは甲斐国を中心として、貫高を賦課基準とした独特の税制と考えることができる。

そしてこれと同じ性格を持つと考えられる「役」が真田領に存在していたのである。

1　『給人検地帳』にみられる「役」

舞台は再び天正期前半の原之郷にもどる。

鈴木は「田役賦課の踏襲」として『真田氏給人知行地検地帳』の一部を例に、戦国期において真田氏が賦課した田に対する課税である田役に触れ、武田氏のそれを踏襲したものと理解している。また、真田氏の田役は面積と関係なく一律に賦課されているとし、真田氏がどのような基準で田役を賦課していたかは不明とされていた。しかし最近の論稿において、後述する『給人検地帳』における壱本鋒源右衛門の項（686〜692）の「壱反役ひへ五升」の記述から、真田領の田役は「一反役」で、一反＝一二〇文の割合で賦課されているとした（鈴木二〇一三）。すなわち田役は面積に対して賦課されるという結論である。しかし、このひへの役は『給人検地帳』においては一本鋒に限り、もうひとつは畑に対して賦課されている。真田領では文禄以降畑も蒔高で表示されていることから、反別に賦課された役とは考えにくい。

この『給人検地帳』については第一章第二節で紹介したがもう一度確認しておこう。

記載内容は知行者ごとに田畑の場所とそれに対する、上・中・下といった等級評価があり、田については「〇升蒔」という蒔高によって面積が付記されている。以下、田畑の貫高、検地後に明らかになった「見出」、いわゆる検地増分の貫高・後述するように役・名請人（作人）の名が記されている。一覧の知行地の記載の最後に知行地全体の本貫高（旧来の貫高・役・見出）、そしてそれらの合計貫高が記載されている。言うまでもなく本節で検討するのはこれらの中の「役」についてである。これは果たしてどのような性格を持つのだろうか。

『給人検地帳』での役の賦課の様子から疑問に思う点は例えば、「樋口新三老母知行（1〜11）」については、本二貫五十文・見出四百五十文・合二貫五百文と末尾に記されているが、「山岸新五右衛門尉知行（16〜26）」をみると、本六貫九百文・役四百八十文・見出一貫五百十文・合八貫五百三十文というように、こちらには「役」が課されている点である。実は真田領の役は平均役ではなく、課されている知行者と課されていない知行者がいるのだ。本節においては『給人検地帳』全体の中で「役」を賦課されている給人に関しての検討を加えていく。それではまず史料を提示してみる。

庄村七左衛門尉　知行（150〜156）

大沢
下　弐百文○　ミ出　二十文○　こさへもん
たかむろ
下　弐百文○　ミ出　二十文○　手作
かま田七升五合まき
中　壱貫四百文○　ミ出　百五十文○　手さく
　百弐拾文やく○
たかむろはた
下　弐百文○　ミ出　弐十文○　郷さへもん
同所はた
下　七百文○　ミ出　六拾文○　手さく
大石田四升五合蒔
中　八百文○　見出　百文○　縫右衛門
同所
下　百廿文○　見出　十五文○　小左衛門
大沢
下　弐百文○　見出三十文○　忠左衛門
本　三貫八百弐拾文　役　百弐拾文
見出　三百拾六文

合　四貫弐百五拾五文

合計にやや誤差はあるが、これが役を賦課されている知行地の内訳の一例である。蒔高で面積が付されているのは「かま田」と「大石田」の二例で双方とも田であることがわかる。そして役が賦課されているのは「かま田」で、役は田に対して賦課されている。これは他の例を見ても同じである。しかし同じ知行の中でも「大石田」に役は賦課されていない。よってこの場合は庄村七左衛門尉手作の中田七升五合蒔で貫高一貫四〇〇文という限定された田のみに役が賦課されていることを示す。そして重要なのは末尾の合計額である。本三貫八二〇文で見出が三一六文なのでそれを合計すると四貫一三六文である。しかし合計の貫高は四貫二五五文で差が生じる。そこで本高と見出分に役一二〇文をたすと四貫二五六文となり、一文の誤差はあるが合計高と同じ数値になる。

そして実際この役が賦課されていたのは庄村七左衛門尉手作の鎌田であることから、その本貫高一貫四〇〇文・見出一五〇文に役一二〇文をたすとこの田の検地後の総貫高になる。すなわち「役一二〇文」は他の貫高とは別に設定されていることになる。つまり外見上では庄村は、一貫四百文分の田と役分一二〇文の田を手作しているように捉えられる。これは他の知行地も同じで役高は本貫高の中に含まれていない。すなわち本貫高から引かれる税ではないのだ。

他にこの検地帳から引き出せる役の性格のひとつは、花岡織部知行にある次の記載から導き出せる。

本　八貫八百五拾文
米仁升百廿文積ニ
役　八百四十文
見出　壱貫百三十文
合　拾貫八百廿文

すなわち役は米二升を一二〇文に、つまり一升を六〇文に換算して設定されていることがわかる。

以上のことから役は田の面積ではなく、役高分の田が当初から役負担の作人の耕地に設定されていたことが推定される。つまり「役」を負担する田を所有していたものと考えられる。この「役」を負担するための田をここでは「役田」と呼んでおこう。

以上の特徴を踏まえて、役が賦課された知行者を本高の少ない順に作成したのが第3表である。なお、貫高は計算の都合上すべて文の単位で表記している。

役が賦課されている田の等級をみてみると上田・中田が圧倒的に多いが、下田にも賦課されている。役は最大が三六〇文で最少が三〇文である。一二〇文が特に目立つが、京之御前様御料所勘三郎分　小吏甚五右衛門の滝沢六衛門の田（1044）のみの役が二〇〇文である以外はすべて「二升百二十文積」に該当する、六〇文の倍数もしくは約数となる。ここに統一性がみられるが、役田を含む各筆の貫高に占める役の割合を示してみた。この表では小数点以下を四捨五入して示している。ただしパーセンテージが同じ役田は、小数点以下まで全く一致している。最大は宮下藤次郎手作の三三％で最少は新井新左衛門の二％である。宮下藤次郎の本高は一八〇文であるのに対し、新井新左衛門の本高は一四三〇文（一貫四三〇文）で、宮下の約八倍であるのに負担割合は二％にすぎない。すなわち「役」は高額者が高いという一般的に考えそうな法則とは異なっていることが分かる。ではどのような仕組みになっていたのだろうか。以下に示すグラフと比較しながら考察してみたい（第4図）。

2　役の賦課に見られる傾向性

第4図のグラフは折れ線が本高すなわち古検地の際の貫高と役高の合計を示し、低い順に並べてある。それに対応する貫高に占める役の割合を棒グラフで示した。これは数値を四捨五入せず実数でグラフ化したものである。貫高が

第3表　田役の徴収状況

知行者	役負担者	田の等級	蒔高	役	本高	役＋本高	役の割合	見出し	1升60文換算
宮下藤次郎	手作	中	1.0	60	120	180	33%	340	1.0
花岡織部	二良右衛門尉	中	1.5	60	300	360	17%	0	1.0
蓮華院	小七良	中	2.0	30	400	430	7%	40	0.5
河原同心かひょうへ	神すけ	下	3.5	60	400	460	13%	200	1.0
高橋内記	甚左衛門	中	2.5	60	400	460	13%	70	1.0
花岡織部	弥三良	上	2.0	60	400	460	13%	0	1.0
宮下小さへもん	手作	中	2.4	60	400	460	13%	30	1.0
宮下作平	四良左衛門	中	2.0	60	400	460	13%	30	1.0
松井源六	手作	上	7.0	120	400	520	23%	280	2.0
坂口善三	安右衛門	下	3.0	60	500	560	11%	40	1.0
宮前六助	弥二良	中	3.0	60	500	560	11%	40	1.0
御北様御料所　小吏　蔵嶋	主林芸六助	中	7.0	120	500	620	19%	20	2.0
山浦藤兵衛	善五良	下	3.0	120	500	620	19%	100	2.0
木村渡右衛門	源四良	上	3.0	60	600	660	9%	140	1.0
坂口助三	手作	中	3.5	60	600	660	9%	120	1.0
諏訪部善丞	与七郎	中	3.5	60	600	660	9%	130	1.0
宮前六助	九蔵	中	3.0	60	600	660	9%	50	1.0
悪沢又右衛門尉	手作	中	3.0	60	600	660	9%	80	1.0
大熊靫負尉	和泉守	中	3.5	60	700	760	8%	100	1.0
松井善九郎	貮右衛門尉	下	3.5	60	700	760	8%	110	1.0
窪新七良	源介	上	9.0	180	600	780	23%	400	3.0
鎌原	半右衛門	中	3.5	120	700	820	15%	150	2.0
河原左衛門尉	木嶋	上	4.0	120	700	820	15%	170	2.0
小林七郎右衛門尉	清右衛門尉	上	12.0	120	700	820	15%	900	2.0
竹内甚三	四良右衛門	中	4.0	120	700	820	15%	100	2.0
花岡織部	次良右衛門	上	3.5	120	700	820	15%	0	2.0
松井忠助	助右衛門	中	4.0	120	700	820	15%	400	2.0
丸山新左衛門	道善	中	4.0	120	700	820	15%	80	2.0
宮下新吉	清二良	中	5.0	120	700	820	15%	200	2.0
山とうか甚四郎	手作	中	4.5	120	700	820	15%	120	2.0
樋口新三御老母	手作	上	4.0	120	740	860	14%	120	2.0
常田同行	助右衛門	中	5.0	60	800	860	7%	300	1.0
松井善九郎	手作	上	4.0	60	800	860	7%	150	1.0
諏訪部善丞	すわへ与七郎	上	4.5	60	840	900	7%	220	1.0
御北様御料所　小吏　曲尾	新右衛門	下	5.0	120	800	920	13%	180	2.0
河原左衛門尉	孫右衛門	中	5.0	120	800	920	13%	80	2.0
木村渡右衛門	市丞	中	5.0	120	800	920	13%	180	2.0
京之御前様御料所　勘三良分 小吏甚五右衛門	安右衛門	上	6.0	120	800	920	13%	400	2.0
京之御前様御料所　勘三良分 小吏甚五右衛門	新五良	上	4.0	120	800	920	13%	120	2.0
京之御前様御料所　勘三良分 小吏甚五右衛門	小七良	上	4.0	120	800	920	13%	200	2.0
斉藤左馬助	きじま	上	4.0	120	800	920	13%	100	2.0

知行者	役負担者	田の等級	蒔高	役	本高	役＋本高	役の割合	見出し	1升60文換算
坂口助三	手作	中	5.0	120	800	920	13%	220	2.0
坂口助三	市右衛門	上	4.5	120	800	920	13%	170	2.0
真田源八郎	太郎左衛門	中	4.0	120	800	920	13%	20	2.0
関口角左衛門	五良左衛門尉	上	4.0	120	800	920	13%	100	2.0
関口角左衛門	六左衛門尉	上	4.0	120	800	920	13%	80	2.0
関口角左衛門	新四良	中	4.0	120	800	920	13%	120	2.0
竹内甚三	又右衛門	中	4.0	120	800	920	13%	0	2.0
常田同行	神右衛門	上	5.0	120	800	920	13%	350	2.0
平林源左衛門尉	手作	中	4.0	120	800	920	13%	50	2.0
細田対馬	手作	中	4.0	120	800	920	13%	30	2.0
丸山新左衛門	弥三良	上	4.0	120	800	920	13%	150	2.0
宮崎志摩	次右衛門	中	4.0	120	800	920	13%	80	2.0
宮下小さへもん	手作	中	4.0	120	800	920	13%	100	2.0
京之御前様御料所　矢野分	ぬいさへもん	中	4.5	120	850	970	12%	150	2.0
御北様御料所　小吏　蔵嶋	善兵衛	中	6.5	120	900	1,020	12%	300	2.0
木村渡右衛門	七右衛門	上	5.0	120	900	1,020	12%	230	2.0
小林七郎右衛門尉	清治良	中	3.5	120	900	1,020	12%	100	2.0
花岡織部	当主市兵衛	上	5.0	120	900	1,020	12%	200	2.0
関口角左衛門	三左衛門尉	中	5.0	60	1,000	1,060	6%	100	1.0
御北様御料所　小吏　蔵嶋	六左衛門	中	7.0	120	1,000	1,120	11%	350	2.0
御北様御料所　小吏　曲尾	甚六	中	7.5	120	1,000	1,120	11%	300	2.0
御北様御料所　小吏　曲尾	藤五良	中	6.0	120	1,000	1,120	11%	230	2.0
河原左衛門尉	木嶋	上	4.5	120	1,000	1,120	11%	70	2.0
河原同心新蔵	源さへもん	上中	6.0	120	1,000	1,120	11%	200	2.0
木村渡右衛門	助三良	中	7.5	120	1,000	1,120	11%	400	2.0
京之御前様御料所　勘三良分 小吏甚五右衛門	善左衛門	中	7.0	120	1,000	1,120	11%	400	2.0
御前様御料所　小吏甚五右衛門	かん三良ふん四良右衛門尉	上	6.0	120	1,000	1,120	11%	250	2.0
小林源左衛門	手作	上	6.0	120	1,000	1,120	11%	300	2.0
小林七郎右衛門尉	甚六	上	7.0	120	1,000	1,120	11%	600	2.0
坂口惣左衛門	手作	中	5.0	120	1,000	1,120	11%	70	2.0
真田源八郎	助さへもん	中	6.0	120	1,000	1,120	11%	180	2.0
高橋内記	三良左衛門尉	中	6.0	120	1,000	1,120	11%	200	2.0
竹内甚三	仁右衛門	上	5.0	120	1,000	1,120	11%	80	2.0
花岡織部	弥三良	中	5.5	120	1,000	1,120	11%	100	2.0
花岡織部	当主助之丞	上	5.0	120	1,000	1,120	11%	100	2.0
丸山新左衛門	道善	中	9.0	120	1,000	1,120	11%	30	2.0
山とうか甚四郎	手作	中	5.5	120	1,000	1,120	11%	120	2.0
悪沢又右衛門尉	文六	上	6.0	120	1,000	1,120	11%	280	2.0
松井忠助	甚右衛門	中	8.0	120	1,100	1,220	10%	400	2.0
宮前六助	縫助	上	6.0	120	1,100	1,220	10%	250	2.0
十輪寺	助右衛門	上	5.5	60	1,200	1,260	5%	140	1.0
壱本鋒源右衛門	三右衛門	上	6.0	120	1,200	1,320	9%	250	2.0
御北様御料所　小吏　曲尾	与五衛門	下	8.0	120	1,200	1,320	9%	280	2.0
御北様御料所　小吏　曲尾	源左衛門	中	8.0	120	1,200	1,320	9%	300	2.0

知行者	役負担者	田の等級	蒔高	役	本高	役＋本高	役の割合	見出し	1升60文換算
御北様御料所　小吏　曲尾	助右衛門	中	8.0	120	1,200	1,320	9%	300	2.0
小林七郎右衛門尉	勘さへもん	中	8.0	120	1,200	1,320	9%	300	2.0
小林七郎右衛門尉	太良左衛門	上	5.0	120	1,200	1,320	9%	50	2.0
坂口善三	手作	上	6.0	120	1,200	1,320	9%	100	2.0
二つ蔵田左衛門	手作	上	5.5	120	1,200	1,320	9%	100	2.0
や古原田左衛門	源へもん	上	6.0	120	1,200	1,320	9%	200	2.0
木村渡右衛門	失跡　彦次良	上	6.0	180	1,200	1,380	13%	300	3.0
御北様御料所　小吏　蔵嶋	同人知行勘作衛門	中	7.5	120	1,300	1,420	8%	50	2.0
御小人　藤右衛門	新助	中	6.0	120	1,300	1,420	8%	100	2.0
細田対馬	手作	上	6.5	120	1,300	1,420	8%	120	2.0
新井新左衛門	手作	中	7.0	30	1,400	1,430	2%	140	0.5
河原同心の蔵嶋忠さへもん	手作	中	7.0	240	1,200	1,440	17%	80	4.0
京之御前様御料所　勘三良分　小吏甚五右衛門	三良右衛門尉	上	7.0	120	1,400	1,520	8%	230	2.0
斉藤左馬助	まち田清へもん	上	7.0	120	1,400	1,520	8%	200	2.0
庄村七左衛門	手作	中	7.5	120	1,400	1,520	8%	150	2.0
河原左衛門尉	木嶋	上	6.0	180	1,400	1,580	11%	50	3.0
小金弥右衛門尉	手作	上	7.0	240	1,400	1,640	15%	180	4.0
花岡織部	左衛門尉三良	上	7.0	240	1,400	1,640	15%	0	4.0
真田之細工出雲	源六	下	9.0	120	1,600	1,720	7%	50	2.0
村山彦兵衛	丸山三右衛門	上	8.0	120	1,600	1,720	7%	250	2.0
唐沢田左衛門	助右衛門	上	7.5	240	1,500	1,740	14%	100	4.0
宮下新吉	新次良	中	13.0	240	1,500	1,740	14%	100	4.0
村山彦兵衛	庄村七左衛門	上	6.5	180	1,600	1,780	10%	100	3.0
京之御前様御料所　勘三良分　小吏甚五右衛門	甚四良	上	9.5	120	1,700	1,820	7%	450	2.0
斉藤左馬助	五良へもん	中	10.0	240	1,600	1,840	13%	200	4.0
京之御前様御料所　小吏小金縫右衛門	三良右衛門尉	上	10.0	120	1,900	2,020	6%	450	2.0
常田同行	清右衛門尉	中	10.0	240	1,800	2,040	12%	160	4.0
樋口新三御老母	源右衛門	上	9.0	240	1,800	2,040	12%	100	4.0
大窪与助	市之丞	中		120	2,000	2,120	6%	0	2.0
樋口新三御老母	手作	中	12.5	120	2,000	2,120	6%	400	2.0
京之御前様御料所　勘三良分　小吏甚五右衛門	滝沢六右衛門　小作七右衛門尉	上	10.0	200	1,940	2,140	9%	250	3.3
木村渡右衛門	新次良　失跡	上	9.0	240	2,000	2,240	11%	100	4.0
竹内甚三	源四良　新助　九兵衛	中	11.0	240	2,100	2,340	10%	130	4.0
清水善兵衛	手作	上	11.0	120	2,300	2,420	5%	250	2.0
河原同心七郎へもん	手作	下	15.0	180	2,400	2,580	7%	250	3.0
常田同行	手作	中	20.0	360	4,000	4,360	8%	600	6.0
小林七郎右衛門尉	手作	上	17.0	360	4,300	4,660	8%	0	6.0

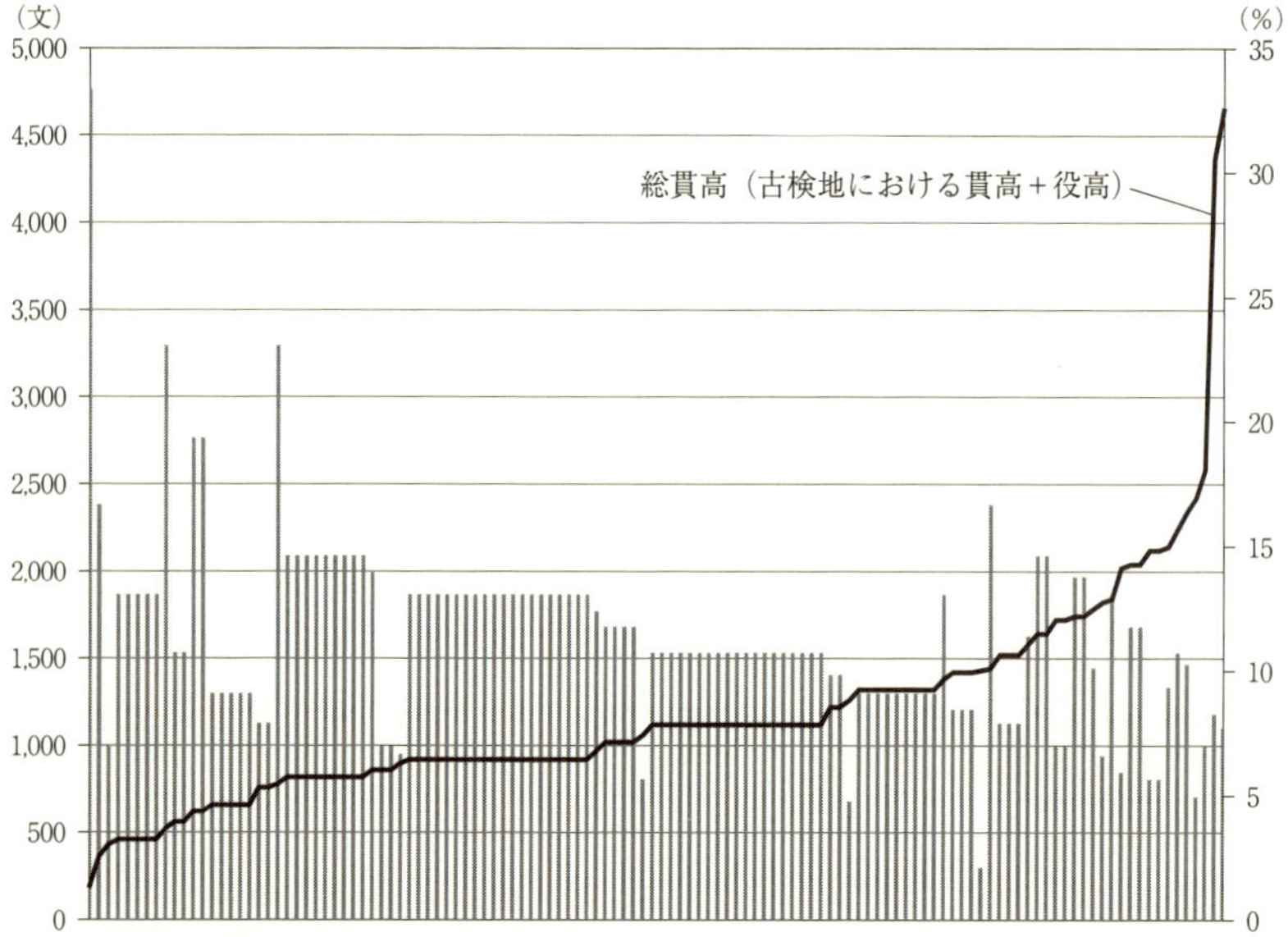

第４図　総貫高と役高に占める割合

右肩上がりになっていくのは当然だが、貫高に占める役の割合が横ばいを示しながらも右肩下がりになっていく状況が読みとれる。グラフが示す数値を詳しく見ていくこととする。

貫高に占める役の割合には実は一定の法則がある。それは同じ貫高の田では役負担の割合も同じになることである。グラフを左から見ていくと、まず四六〇文の五筆が一三%、五六〇文の二筆が一一%、六二〇文の二筆が一九%、六六〇文の五筆が九%、七六〇文の二筆が八%、八二〇文の九筆が一五%、九二〇文の二〇筆が一三%、一〇二〇文の四筆が一二%、一一二〇文の一九筆が一一%、一三二〇文の九筆が九%、一五二〇文の三筆が八%、一六四〇文の二筆が十五%、一七二〇文の二筆が七%、一七四〇文の二筆が一四%、二〇四〇文の二筆が一二%、二一二〇文の二筆が六%となる。ただし八六〇文の三筆のみがそろわない。しかしこれはかなり意図が働いた割合設定といえるだろう。なおこの同率の役高も含めて、貫高に対する役の割合は低い者ほど高め、高い者ほど低めという傾向がこの図からはっきりする。これが役田の実態である。

3　役に関する考察

『給人検地帳』にみられる「役」は、知行地内の特定の作人が役の対象となる田（役田）を含む田の耕作を行い、その額、あるいは六〇文につき一升の米を供出する仕組みになっていたことが分かった。知行者はそれをまとめて領主（真田氏）に納めるのである。ここでは役をまとめる機能が必要となり、ここにも郷の統率者の存在が示唆される。

今までみてきたようにこれは段銭とは全く異なる課税方式であり、武田氏の田役が貫高に対して課した点では同様の方法といえる。しかし真田の場合は役を支払うための田である「役田」が存在していた可能性が高い。ただ「役田」といっても一筆の田として存在していたわけではなく、本高とは別のくくりとして田の中に内包されていたと思われる。それは、役の項目には蒔高が記されておらず、見出がその後に記入されていることからもわかる。役高が付記されている田自体を役田と呼ぶのがやはりふさわしいだろう。

検地はこの役田も含めて行われる。この天正の検地後に役が改められたかどうかはわからない。しかし先述したように貫高に占める役の割合が筆毎にかなり一定しているので、見出の掌握によって総高が増えたと仮定すると、負担額が上がって行く可能性はある。しかしこの役は『給人検地帳』にしか見られず、小県郡一帯および西上野で賦課されていた形跡はない。おそらくこれはもともとの真田本領に古くから賦課されていたものなのではないだろうか。

もしこの役に名をつけるならば、やはり鈴木の述べているように「田役」とするのが妥当であろう。しかし彼の指摘した「一律に賦課されている」ものではない。特徴的なことはまず、田役が賦課されていない知行者がいる点である。例えば大熊靫負尉という真田氏の家臣の中でも有力な給人は、多くの田畑を知行し、原の郷におけるその本貫高は二四貫三八〇文。見出四貫五〇〇文という高さであった。さらに彼は秋和にも知行地を持っていたことは第一節で触れた通りであるが、田役は一切賦課されていない。しかしそれよりはるかに少ない給人には賦課されているのである。また田役を賦課された給人は知行地内全ての田ではなく、特定の田に対してその負担をさせていること、総貫高に対する役の占める割合がある程度一定し、しかも総貫高が高くなればその割合は下降していく傾向がある点で、武田氏の田役とはかなり異なった性格のものではないかと推定される。中には「手作」と記されているように知行者自らが耕作する田が役田となっている場合があり、いかにも兵農分離以前の状況を示しており興味深い。

それでは田役はなぜ、前述のような負担割合になるのだろうか。もしここで想定するとすれば、田役以外に領主から課される「役等」に目を向けなければならない。知行役・軍役・百姓普請役といった役は知行者のもつ貫高の高さに比例して負担率が高くなることは先にみた。例えば軍役が総貫高の八割の数値に賦課され、知行高が高いほど様々な役が賦課される。よってこの田役はその負担の高さの解消とまでは遠く及ばないが、それに配慮した、逆の課税措置ではないかと推定される。

むすび

真田氏がどのような財政政策をもって領地を治め、収入を得ていたかについては、「真田氏の貫高制」といわれる武田氏の影響を受けた独自な制度があるものの、その実態はよく分かっていない。史料の少なさが最大の要因だが、最近はこの戦国時代にそれほど数理的に明快に設定された財政制度が果たしてあったのかどうかを疑問に思うようになっていた。筆者はかつて『小県郡御図帳』を史料としてこの田役の考察をしたことがあるが、その中に秘められているだろう一定の法則を見出すことはできず、むしろ疑問だらけであった。例えば、上田、中田双方六升蒔の田に一二〇文の田役が賦課され、下田と中田双方八升蒔の田にも同様に一二〇文が賦課されている例（第3表）など、どうしても整合性がとれていないのである。「人間の行うことだから必ず一定のメカニズムはある」との恩師の言葉を信じて、粘り強く分析を進めていこうと思っていたが、如何ともしがたい状況であった。そのような中で『真田氏給人知行地検地帳』に出会えたのはまさに僥倖であったといえるだろう。

最後に『給人検地帳』にみられる特別な例を挙げておく。それは鈴木も指摘した壱本鋒源右衛門の知行地のみにみられる(686〜692)。彼は別府に六升蒔の田を持ち、本高が一貫二百文で役が一二〇文、念仏塚の四升五合蒔の田も役田で一二〇文であるが、最後の役の総額が四八〇文になっている。そこで他の知行地をみてみると大ふけに「畑田直し」五〇〇文があり、「壱反役ひへ五升」と付記されている。同様に大ふけの畑五五〇文に「役ひへ五升」と記されている。さらに最後に「役四百八十文　其内ひへ半表出役二百四十文ニ」と書かれている。明らかに畑から役を徴収している。「ひへ」は稗だと推定されるが、「畑田直し」は「一反」という反別の面積表示を使っている。さらに五升ずつを合わせて「半表」としていることから、すなわち一俵の半分は十升＝一斗であることがわかる。つまり真田領でも武田氏同様、一俵は二斗であったことがこれで判明する。さらに稗一斗は米二四〇文に等しい価値を持つことがわかる。

総　括

「真田日本一の兵」と呼ばれるほど真田軍は強かったというのが定説化している。故郷の戦国領主がそのように言われることは悪い気がしない。しかし筆者には常に、真田氏がこのように賛美される内側にはどのような政策があったのか、特に在地の人々はどのようにその真田軍を支えていたのかについて興味を抱いていた。そして史料の少ない中ではあるが真田氏の直轄領や在地の掌握の状況を論じてみた。その結果、真田氏が在地に対する政策において特に高度な技を使ってきたわけではないことが分かった。とにかく地道に検地を行い、料所改・知行改を行うこと。各給人に対して知行地をこまめにあてがい、時には検地見出分を知行のうちに認めてやるといった統治の王道を忠実に実行していたというのが、世間でスーパーマンのように捉えられている真田の実像であった。

　実際の戦争における戦法などには全く知識がないため、この方面での真田のすごさは語れないが、筆者の観点から伝えるならば、それは領主として行うべき政策を着実に行い、家臣や民衆をきちんと掌握していたということに尽きるのではないか。その基盤の安定こそが真田の強味であり、秀吉も三成も家康も認めるところとなったのではないかと考える。

　ところで、本章中でみてきたように真田氏の在地支配の史料は、知行地に対するものに偏っている。そのため第二節で登場した吉田郷の、百姓役半役の部分における「郷」という単位について十分な考察ができなかった。例えば百姓役の史料として提示した「深井郷御指出（第二節史料一九）」には郷全体の高辻を示したあと、「この内給人の知行地散々に御座候」とある。それは秋和でも同じであった。おそらく「給人検地帳」の名称も「〇〇郷検地帳」だったに違いない。そこには古代から続く郷もあれば中世的な郷もある。荘園であった場所もあれば国衙領もある。[1]それでは真田領にあった郷[2]が古来どのような単位であり、どのように変化してきたのか、郷と村の違いは何なのか。筆者はこの点を捉えていきたいと思う。

　現在は戦国期の村の有り方や習俗、戦争との関わりについて論じた著書が増えていて大変勉強になる。[3]この問題を解決せずに在地を論じることはできない。知行地は村の中でどのような存在形態だったのか、同じ村の中でも別々の知行者の耕地で作人をしている百姓たちはどのように村として結合していたのか。非常に好奇心が湧く。真田領に限らず、この部分では史料的に恵まれない信濃を含めた東国の村を追求していきたいものだ。

註

（1）池上裕子は、大乗院尋尊が『大乗院寺社雑寺記』文明九年十二月十日の条で、荘園領主の立場として将軍の下知に従わず年貢も上納しなくなった国を列挙しているが、その中には駿河・甲斐・信濃・越後とそれ以東の国々と安芸以西、九州が入っていないことから、これらの国々は応仁の乱以降領主との縁が薄くなったとし、かつ戦国期に荘園や荘園領主の規定性がないかきわめて小さかった地域とみることができると述べている。「大名領国制と荘園制」（『講座日本荘園史』4荘園の解体、吉川弘文館、一九九九）。

（2）「上田・小県地方の中世郷村推移一覧表」（『上田小県誌』歴史編上（二）古代・中世、九〇五〜九一二頁）。

（3）藤木久志『戦国史を見る目』（校倉書房、一九九五）、藤木久志『村と領主の戦国世界』（東京大学出版会、一九九七）、坂田聡・榎原雅治・稲葉継陽「日本の中世一二」（『村の戦争と平和』中央公論新社、二〇〇二）、平山優『戦国大名領国の基礎構造』（校倉書房、一九九九）。

第三章　戦国期における在地の躍動

戦国時代は当然のことながら戦国大名の動向が第一の研究対象となってきた。豊臣秀吉が天下を統一するまでの各地の大名に関する研究は、その権力構造論などを中心としていかに領国経営を行っていたかという視点で進められ、特に史料の豊富な後北条・今川・武田・織田・徳川といった大規模な領地をもつ「大名」に関する論稿が多い。そのような中で、東国の地域権力に目を向けた研究も目立つようになってきた。例えば市村高男の結城氏・佐竹氏といった領主の研究、中でも領主の結合形態としての「洞《うつろ》」の考察（市村一九九四）などは目を引く。また、柴辻俊六氏の、武田氏に包摂されながらも領主制を確立していった真田氏・仁科氏についての研究（柴辻二〇〇一）、さらには西国においても宮島敬一の、六角氏の権力の特質を対象とした研究（宮島二〇〇八）などは特筆される。

さて、筆者はかねてから躍動する戦国領主たちを縁の下で支える、いわゆる「在地」のありかたに視点を据えて研究をしてきた。その在地（郷村などの民衆の結合単位）の様子は史料的に豊富な近畿周辺の地域の研究が主流であり、史料が少ない信濃国を含めた東国の研究は立ち遅れているといわざるを得ない。

では東国の戦国領主下の在地とはどのような単位で機能していたのだろうか。例えば則竹雄一は著書『戦国大名領国の権力構造』の中で「後北条氏の発給文書には「―郷」と表現されることから、本章（第四章大名領国下の年貢収受と村落）では後北条氏領国下での村落を郷村と表現する」としている（則竹二〇〇五）。この郷こそが現在の筆者の最大の研究課題と言っていい。真田領でも「郷」という単位が史料の中で見受けられ、様々な給人の知行地が入り混じった郷とはどのような仕組みで統制されていたのだろうか。本章では引き続き郷村という言葉を引き合いに考えてみたい。

郷村の人々は戦国大名の領国経営にどのように関わって、どのように生きていたのか。暮らしを支え、年貢や諸役[1]を負担するためだけに労働して日々やり過ごしていたわけではあるまい。ここに本章の突き詰めるべきものがあるのだが、給人や領主と同様、なかなか浮き彫りにすることはできないでいる。

戦国領主たちが領地拡大を目指し戦いを繰り広げるためには、兵隊はもちろん武器（戦国後期では鉄砲や弾薬）を装備するための「軍事費」が必要であったことは言うまでもない。そのために彼らは様々な方法をもって在地から銭貨を徴収することに力を入れた。その根本政策として採用されてきたのが、主に東国の大名領にみられる貫高制である。永原慶二の定義[2]に従えば貫高とは、「戦国大名が、年貢・諸役量と軍役量を算定するための基準数値」であり、「農民支配と軍事力編成を同時的に実現するしくみ」が貫高制である。この貫高に基づいて軍役・知行役・百姓役さらには諸役が課されるわけであるが、大名は役のすべてを現金収入として得ていたわけではない。ただ段銭・棟別銭といった銭納を原則とする役を賦課している場合があるが、それらも徹底的なものではなく、悪銭を納入されたり、代物納であったりする場合もあった。この点については後述する。

大名たちが貨幣収入を得るために必要なことは何か、それはまず銭納制の諸役の整備であり、現物納の米・麦その他の物品などを売却することである。そのためには、領国内に構築された売却システムの存在が前提となる。市場体制の確立であり、民衆にまで及ぶ貨幣経済の浸透が急務だったと言えるだろう。つまりは常時臨戦態勢の状況に即応できる物資調達・精銭確保の流通機構を創出することでもあるのだ。それには商人の力が必要であり、規制の少ない市場の存在とシステムが要求される。つまり中世における一部の独占的な古い商業構造からの脱却が必要になる。そこに、戦国大名の楽市および新宿（新市）取り立て政策が展開される。かつて若かりし頃、長野県の佐久地域の農村のバス停で目にした「新宿」の名称に違和感を覚えたが、今になれば納得がいく。

また、市が活況を呈するためには、市場で売買されるもの、生活での消費量以上の余剰分が必要であり、民衆もこの市場体制の中に参入し、最終的には銭納が可能になるような仕組みを整えていかなければならない。すなわち「ゆとり」が必要となるのだ。

本章では戦国時代の特に後期を対象に、市場体制のシステム化志向の時期と位置付け、在地の有り方に目を向けていきたい。

註

（1）柴辻俊六「戦国期武田氏領の諸役体制について」（『戦国大名武田氏の役と家臣』、二〇一一）。武田氏の場合、諸役は「棟別賦課を基本にして、原則的には領国一律の賦課対象者の職能に応じた役として銭納されており、併せて棟別内部の人別までを対象とし普請役も夫役として負担していた」としている。

（2）永原慶二「大名領国制下の貫高制―東国大名を中心として―」（『戦国時代』吉川弘文館、一九七八）。

第一節　戦国期大領主の場合

はじめに

本節では後北条氏と武田氏を対象とする。双方とも東国を代表する大領国圏を形成した戦国大名である。当然本拠地とする都市は存在するが、ここでは戦国大名の国衆と言われる支城を中心として発展する郷村や町に目を当てたい。こういったいわゆる在地における経済的なシステムの集合体が領国経済を支えると考えるからである。ただ史料に恵まれないという難点があるため、先学の研究を参考にしながら論を進めていきたい。

1　後北条氏の場合

豊田　武は『増訂中世日本商業史の研究』（岩波書店、一九五二）において、「大名領国の形成と商品流通」という章を設け、定期市場網の確立について論じている。対象となるのは後北条氏の支配領域である。これを参考に武蔵・相模の状況をみていくこととする。

関東を制圧した後北条氏にしても貨幣収入の道はなかなか困難なものであったようだ。その検地によって明らかにされているのは田地一反あたり五〇〇文・畠地一反あたり一六五文という貫高の設定であり、日本の貫高制においては最も整備されたものともみられる。この貫高が軍役をはじめとする諸税の算定基準となってくるわけである。ところが実際は銭納を原則とした諸役においても次の史料のように代物納が行われていたことを示すものがある。

〈史料一〉武蔵比企郡井草村牛村氏文書(1)

井草郷午之銭納所之事

五貫文　　　代物にて納

仁貫四百七十文　籾大豆麥にて納

五貫文　　田口外記御給分に引之

右之所納検地之上　拾仁貫四百七十文之分御書出之辻田口外記為取次皆納之所實正也　仍如件

（元亀元年）
庚午　　　　　　　　　　　　行　　憲（花押）

十二月廿八日

井草百姓中

井草郷という郷村の検地の結果、午の年（元亀元年）の銭納分が一二貫四七〇文になったわけだが、それを五貫文分は「代物納」とあるが、それが実際何かは分からない。

また二貫四七〇文分は「籾・大豆・麦」で支払う。さらに五貫文分は「田口外記御給分にこれを引く」となっているので、気の毒なことに、田口外記という人物は自分の「給分」という収入から五貫文引かれたこととみられる。「午の銭納」がどのような役を示すか分からない。銭納が原則であることから段銭かもしれない。ここで注目されるのはこの役が郷の単位で徴収されている点であり、文書の宛所も「井草百姓中」になっている点である。発給者の行憲は、前章における西川公平氏の説に従えば地頭で、田口外記は井草郷を統括する「地下の侍」「村の侍」ということになりそうである。彼はあくまでも「井草百姓」でありながら、「給分（知行地か）」という収入のある特別な存在であることは明らかである。

なお、年貢の徴収に関して後北条氏は永禄三年に徳政令を発布し「来秋御年貢半分、米成ニ定められおわんぬ」「御年貢銭の半分、代物を納めるべし、」（「北条家印判状」『戦国遺文』六二三）などの文言がみえる。完全な物納には至っていないようである。

また、棟別銭・段銭および後北条氏特有の懸銭も銭納を前提としたが、前述の永禄三年（一五六〇）の徳政令の発布以降、元亀年間にかけて物納への転換が進められた（藤木一九七四）。これはやはり貨幣の供給（特に精銭＝永楽銭）が需要に伴わず、民衆も貨幣経済から遮断されていたことに帰結するものと思われる。それでは後北条氏は貨幣経済を促進する市場のシステムをどのようにして確立していったのだろうか。

豊田は「年貢の収納と売却の組織が次第に整ってきた結果、領主が現物のまま納めた年貢を領主の計算において市場で販売するようになったためと考えられる」とし、「殊に戦国末期になると、田畑租以外の付加税、その他夫役等の雑税は銭納を本位とするようになったのであるから、農民の市場に立ち入ることもますます多くなったに相違ない」と述べている（豊田一九五二）。

これに対して藤木久志は、後北条氏の収取体系について、「永禄・元亀の交（一五七〇年頃）を画期として銭納から米穀納に転換をとげる。」と全く逆のことを述べている。理由は、「天正期の統一戦への軍事的緊張の強化から戦闘形態も長期にわたる包囲・籠城戦へと変化し、それを支えたものが兵糧米の吸収確保であり、市場のシステムの整備は農民から収奪した全主穀生産物を商品として農民に再投下するための経済政策だったといえる。」としている。再投下とはすなわち、百姓から一〇〇文あたり三斗五升の割合で、貢租として吸収した主穀を一〇〇文あたり二斗五升に値上げして売ることを百姓に強制したものであった（藤木一九七四）。いわゆる円高ではなく米高政策というところだろうか。ただ、当初銭納を原則としてきた後北条氏が、精銭確保のため撰銭令を発布しながらもそれが実現できなかった状況の中で、当納した主穀を高値で再投下された農民はそれに対応できたのだろうか。それが成立していたとなると、天正期を中心とした当時、在地は経済的活気に満ちていたとみるべきだろう。農民は購入するだけでなく、自らの収入のための販売を商人に委託できる余力すら持っていたのではないかということである。いわば統一戦に向けて高まる気運の特需とでも言えようか。

後北条氏は関東を制覇した後各地に属城を設置し、周囲には宿駅が発達することによって物資供給機関である市場が形成されるようになった。『武州文書』・『相州古文書』によれば、確かに天正を中心として宿駅などに市場が開催されている。古くは多摩の関戸郷に永禄七年（一五六四）以前の例がある。足立の浦和宿は天正十八年（一五九〇）から、三月二日・五月二日・七月十一日・十二月二十七日に市を開き、穀類や木綿の布を供給している。荏原の世田谷宿は天正六年から楽市を開催し、同様に新座の白子宿は天正十五年、相模愛甲の荻野村は天正十三年より楽市を開催している。これを史料で確認しておこう。

〈史料二〉北条氏印判状[2]

関戸郷自前々市之日定之事
一ヶ月　三日　九日　十三日　十九日　廿三日　廿九日
一、伝馬之事一日ニ三疋定畢。御出馬之砌八十疋立之。但自当年来年中如此。自寅年如前々可致之事
一、濁酒役　並塩あい物役　御赦免之事
已上
右定如件　奉之
甲子（永禄七）　（虎朱印）　岩本　九月廿日

〈史料三〉北条氏印判状(3)

掟
一、市之日　一ヶ月
一日　六日　十一日　十六日　廿一日　廿六日
一、押買狼藉堅令停止事
一、国質・郷質不可取之事
一、喧嘩口論令停止事
一、諸役一切不可有之事
已上
右為楽市定置如件
奉之
天正六年戊寅　（虎朱印）　山角上野介

九月廿九日

世田谷

新　宿

〈史料四〉北条氏印判状④

定市之法度

二日　七日　十二日　十七日　廿二日　廿七日

一、押買狼藉喧嘩口論堅令停止事

一、国質・郷質不可取事

付市之日借銭・借米不可催促事

一、為新宿一切可為不入。但他郷前々役致来者、其所を明、当宿へ来而有之者、不可置。若置候者　可勤其役事

已上

右定如件

天正十一年癸未　　奉之

山角上野介

〈史料五〉北条氏印判状⑤

改被仰出条々

一、当郷田畑指置他郷寸歩之処不可出作事

一、不作之田畠、五年荒野・七年荒野に代官一札を以可相聞

一、当仰儀者、自先代不入之儀、至当代猶不入御証文、従御公儀、可申請間、新宿見立毎度六度楽市を可取立事
一、白子郷百姓何方に令居住共、任御国法代官百姓に申理。急度可召返事
一、御大途御証文併此方証文、無之、誰人用所申付共、不走廻事
右の条々違反之輩有之付而注交名可遂披露者也
仍如件。
天正十五年丁亥　　代官
四月三日
白子郷
百姓中

市場の設立に関する後北条氏の史料をみてきたが、注目されるのは史料三の世田谷が「掟」として、史料四の高萩が「法度」として市の日を指定され、禁制がしかれていること、史料五の白子郷は郷内の改めの条文の中に六度楽市を立てることを命令されているのに対し、関戸郷は「前々より市日これ定まること」と自然発生的に六斎市が開かれていた形跡があり、この市に関しては特に禁制はしかれず、役が赦免されている点である。明らかに「掟」によって成立した市場とは性質が異なる。このように在地の活力によって市が発生する場合もあることは重要な視点として捉えなくてはならない。逆に言えばこのような各所の市場の成立がなくては、殊に北条氏のような広い領域を支配する場合、領国内の物資を賄うことは不可能である。本来的には在地の活力によって市場が形成され、流通が活発化することが理想であり、そこには無理ない金銭獲得の仕組みができるものと思われる。しかし、現実は領国内でいくつかの要所に市を成立させるというのが実態であったようだ。

以上のように戦国末期には六斎市が広く登場してくるが、注目されるのは後北条領の支城である鉢形領に属する秩

父盆地には次のような六斎市の存在形態がみられる点である。[6]

秩父大宮市	一日	六日	十一日	十六日	二十一日	二十六日
贄川市	二日	七日	十二日	十七日	二十二日	二十七日
吉田市	三日	八日	十三日	十八日	二十三日	二十八日
大野原市	四日	九日	十四日	十九日	二十四日	二十九日
上小鹿野市	五日	十日	十五日	二十日	二十五日	三十日

これらは秩父盆地の中でほぼ六キロメートルの距離で一ヶ月のうち、どこかの市が開催されている状態となる。これを六斎市の一ユニットと認識しよう。このようなシステムが戦国期に成立していたのは画期的なことといえるだろう。これによりユニット内の民衆たちは余剰生産物を市に出荷し、それなりの現金収入を得る素地が出来上がってきたわけである。それは生産意欲の高まりにつながり、ひいては領主が目指す貨幣獲得の好機にもなったことは言うまでもない。さらに重要なのは市場を仕切る存在である。豊田は相模国当麻宿の開発者である関山氏を例にあげ、「北条早雲が関東に入国する際に被官となって活躍した地侍的名主に問屋や市場の開設をする権利を許され、市場に集まる商人もこの市場の開設者に対して場銭を納めるのが常であり、これを「升取」という」と述べている。当然のことながら、この升取や、かつての問丸の後身ともいえる問屋に対しても、例えば問屋役といったような役が賦課され貨幣を取り立てたものと思われる。

2　武田氏の場合

武田氏にとって最も主要な税収入は棟別役であったことは「甲州法度之次第」で確認できる。

〈史料六〉甲州法度之次第[7]

一　棟別法度事、既以日記、其郷中へ相渡之上者、雖為或逐電、或死去、於其郷中、速可致辦償、為其不改新屋也

一　其身或捨家、或買家、國中徘徊者、何方迄も追而、可取棟別錢、雖然其身無一銭料簡者、其屋敷拘人可濟之、但、屋敷於武百疋之内者随其分量可有其沙汰、自餘者郷中令一統、可償之、縦雖為他人之屋敷同家、屋敷就相拘者、不及是非歟

一　他郷へ有移屋人者、追而可執棟役錢事

一　棟別詑言一向停止訖、但或逐電、或死去者就有数多、及棟別錢一倍者、可披露糺實否、以寛宥之儀、随其分限、可令免許、

棟別銭徴収の法度が出た以上は必ず徴収するという強い姿勢がみられる。対象が「郷中」となっており、在地である郷村を徴収の対象としている。その中から逐電者や死者がでた場合も郷中で弁償すること・他の郷へ移った者も追って徴収すること・国中を徘徊している者の棟別銭も郷中で償うことなど、主体は「郷中」であり、個人に対する措置については触れていない。藤木久志は「本屋」を軸として村が安定することを望んでいたことから「郷中」が協力して棟別役等の弁償をした、と述べている（藤木二〇一〇）。なお弁済額はその倍額だったとされている（西戸二〇一二）。ここに登場する郷村の「本屋」が郷村の統括者であり、「地の侍」「村の侍」であったものと推定される。

また武田氏は「田役」を徴収している。この税は前章で取り上げたものだが、鈴木将典の研究によって、武田氏の田役については次のことが明らかにされている（鈴木二〇一二）。田役は棟別役と同じく郷村・町などの住民が負担する「郷次諸役」であり、役銭（田地銭）と夫役（普請役）の両方が存在したこと。田役は田地に対して、年貢とは別に賦課された役であったこと。田役は給人が徴収し、武田氏に納入されたこと（直轄領では武田氏が徴収）。軍役衆には軍役奉公の代償として棟別役と同様に免許されることがあったこと（この点は前章で取り上げた真田領の田役負担の規制

に通じるものがある）。給人に対する田役の免許は郷村から徴収された給人の収入になることを意味していたこと。以上である。これによって鈴木は田役を武田氏が棟別役と並ぶ主要な公事のひとつとみなしていた、と述べている。

なお次の史料から分かるように、武田氏は駿河に対してのみ段銭を徴収していた。

〈史料七〉[8]

駿州段銭事、従旧規存知之事候之条、岡部次郎右衛門尉・大井孫三郎・玉木与四郎・高井次郎右衛門尉談合、如前々相調、可被致進納之由、被仰出者也、仍如件、

元亀四年辛酉　　跡部美作守奉之

九月三日（竜朱印）

朝比奈彦右衛門尉殿

〈史料八〉[9]

定

一、駿州段銭之事、御代官被仰付候条、従当秋如旧規令催促、（可）有進納之事

一、被載先御判形、為私領被下置候段銭之儀者、不及催促歟、御判形之外者、無疎略被相改、可被納御蔵之事、

一、為始御料所、雖為何之人、被相拘知行之段銭、催促之上為難渋者、可被致披露、被聞召届、可被加御下知之事、

右具在前、

元亀四辛酉　　跡部美作守

奉之

九月廿一日（竜朱印）

朝比奈彦右衛門尉殿

「駿州段銭」に限っての文書であり、「旧規のごとく」という表現で前々から駿河国で行われていた規則通りに段銭を徴収することを謳っている。このことから逆にかつての守護であった武田氏は、一国平均役としての段銭を甲斐国では徴収していなかったことがわかり、田役を段銭と結びつけることは困難であると思われる。

棟別役・田役ともに銭納を原則としており、郷村の住民たちはどのようにして貨幣を入手していたのだろうか。

笹本正治は著書『戦国大名武田氏の研究』において「戦国時代の商人」について触れている。その中で在地の商業を知る上において興味深いのは、甲斐国巨摩郡西郡筋の「原七郷の商人」である。甲府などの都市において店を構える商人とは異なり、いわゆる行商を行う者たちである。その本拠は農村であり、戦国時代には確実に行商を行っていたようだ。すなわち自分たちが作った農作物を売って現金収入を得るという形で自然発生的に成立した商業である。

甲斐国内の市場等については平山 優の研究がある（平山一九九一）。その中で本項において特に注目されるのは市川大門宿である。平塩寺の門前に成立した宿村が起源とされる。芦川の氾濫原開発の際に現在の市河門前に中心が移され、周辺の村落の住人によって開発の拠点として開かれた典型的な「新宿」と述べられている。

武田氏の国衆や土豪のレベルにおいても活発に市場の運営がなされていた。それは自己の領地からの税収入である米などを換金する必要性があったためであり、また日常生活に必要な物品、場合によっては奢侈な品物を購入する欲求を満たすこともあったであろう。輸入陶磁器である青磁・白磁などはその最たるもののようで、中世の特に居館跡や山城跡から出土することがある。これは単純に考えれば、郷村内の市場単位では賄えない物で、当時の広域な物品流通に関しての勉強をしていかなくてはならない。

信濃に目を向けてみると、例えば諏訪氏の場合、上原の諏訪氏の館を中心に上原町・十日町・五日町・大町・小町屋などの町宿が集中しており（平山二〇〇八）、おそらく六斎市のユニットも成立していたのではないかと考えられる。

また安曇郡の仁科氏も次の史料から市の支配の様子が窺える。

〈史料九〉仁科盛信書状[10]

来札披見、仍不動山衆番替、□日被仰付候間、弥御番普請、聊不可油断之旨、可被申越候、随而馬町毎年雖下知候、町人詫言故無一着候、然則者、於今度者領中之馬幷大町・真々部市の儀、此砌穂高へ被引可然候、猶替儀重而可被申超候、恐々謹言、

（天正八年）

八月朔日　盛信（花押）

等々力次右衛門尉殿

仁科氏の支配下に馬町・大町・真々部市があった。いずれも市場を構えていたと思われるとともに、大町と仁科氏館周辺には、五日町・堀六日町・八日町・九日町・十日町の地名がみられ、ここにも六斎市ユニットが成立していたことが推定される。ただ、諏訪・大町双方とも十日町と五日町があり、六斎市としては重なってしまうようにも思われる。もう一例みてみよう。

〈史料一〇〉屋代政国証文[11]

追而、桑原ます七升入拾八俵也、以上、

すハ上宮祈進之地之事、爰元さかいめ故、年々俵物ニ相定候、然者年くに相定候内ハ、毎年桑原之市中のますをもつて、拾八俵の分ニ相定候、此由神長殿よりの社人のかたへも、すくさまことわり、相すまされへき者也、謹言、

えいろく二年

八月三日　政国（花押）

　　　諏方宮内左衛門尉殿

諏訪上社へ上納するのは俵物（おそらく米）に定めたため、桑原の市場の升一八俵分とすることが記されており、屋代氏と桑原市との関係が読み取れる文書である。ここで注目したいのが、笹本が前掲書で全文を掲げている「分国商売之諸役免許書出」である。笹本は「表題通りに解釈すると武田氏が商人にあてた分国内における諸役免許状を集めたものである」としている。その中に仁科氏と屋代氏が登場する。

〈史料一二〉分国商売之諸役免許之分（抜粋）

(16) 一就越国筋往還、自由者」一月ニ馬五疋分之内、諸」役令免許者也

　　奏者　今井越前守

　六月廿五日

　　　仁科民部入道殿

(23) 一従當年六月至于来十」二月一日ニ馬五疋分諸」役令免許者也

　　奏者　原弥

　　永禄元年戊午

　六月朔日　屋代殿

この二名は武田領国内（甲斐・信濃）で商業を営む際の諸役（馬五疋分）を免除されるという特権を与えられている。屋代氏は「當年（永禄二年）六月より来十二月一日」と期間が限られているが、仁科氏は「越国の往還に就いては自由者」とされ、商業のためには自由に分国間を往来する権限が与えられている。両者は自己の所領内に市場を設ける

とともに、甲斐国の中の市場での商業活動も行っていたのである。

信濃の土豪の事例を見てきたが、土豪層は自己の領地からの貢租のみが収入源であり、棟別銭・田役といった現金収入が可能な役は大領主武田氏の収入となってしまう。よって彼らの中には貨幣を入手するために市場と大きな関わりを持ち、それを運営し、市場のシステムを作り出す者もいた。さらに自らが商業活動を営む者もいたのである。また郷村から発生した市場も存在し、農民が自己の生産物を換金する場を作り出そうとしていく意欲がみてとれる。こうした中でいわゆる武田の国衆として所領を安堵され、武田氏滅亡後も数々の大名に与しながら独自の所領経営を行っていた地方小領主真田氏の事例をみてみよう。

註

（1）豊田　武「第一章定期市場の確立」（『増訂中世日本商業史の研究』岩波書店、一九五二）。代物納を徳政とし、この時点から次第に銭納が行われなくなったとしている。後北条氏の徳政令は、則竹雄一「第二部第一章　後北条領下の徳政問題」（『戦国大名領国の権力構造』吉川弘文館、二〇〇五）の史料に、「御年貢銭納之内半分、可納代物」等の文言がみられる。

（2）前掲（1）三一八頁。

（3）杉山　博「六斎市」（『講座日本風俗史別巻八　商業風俗』二六二頁、一九六〇、関戸村　源左衛門所蔵）。

（4）前掲（3）二六三頁（世田ヶ谷大場信続氏所蔵）。

（5）前掲（3）二六四頁（高萩　高萩院所蔵）。

（6）『新編武蔵風土記』新座郡巻六。

（7）『中世法制史料集』第三巻、武家法Ⅰ。

（8）『戦国遺文』武田氏編、二一六一。

（9）『戦国遺文』武田氏編、二一七九。
（10）『戦国遺文』武田氏編、三三九一。
（11）『戦国遺文』武田氏編、六六九。

第二節　戦国期小領主真田氏の場合

はじめに

上田城を築いたのは本来真田を本拠としていた真田昌幸であるため、上田城＝真田氏というイメージが固定化している。前述のように戦国時代ブームの担い手は真田と言っても過言ではないくらいであり、筆者が子供の頃遊んでいた上田公園には現在多くの戦国ファンが集結している。のみならず、土豪真田氏の本領であった真田（現上田市真田）にもファンが押し寄せている。言うまでもなく真田氏はその武勲で有名であり、徳川の大軍を上田城において二度も撃退した話は有名である。さらに真田幸村（信繁）の大阪の陣での活躍は彼を戦国のヒーローに押し上げている。

しかし実際の真田氏は武田・上杉・織田・徳川などのその時期の勢力者と同盟関係を結ぶことによって領国を維持していた小領主、いわゆる信濃の国衆にすぎない。そのような一小領主がいかにして戦国期において武功を立てたのかが非常に疑問であった筆者は、真田氏の在地支配の様子を探ろうと自身の卒業論文のテーマとした。真田氏は武田氏に影響されながらも独自の貫高制をしいている。その貫高設定のシステムは、面積を一般的な「反」ではなく、独自の「蒔」で表記しているためいまだ判明していない。しかし旧真田町が『真田町誌』を編纂する過程で原之郷を天正年間に検地した台帳が発見された。それまでの真田氏の検地の根本史料は「小県郡御図帳」であったが、これは新しく発見された検地帳の写しであることが判明した。この新史料は『真田氏給人知行地検地帳』と名付けられている。

第三章で考察した真田領の田役は、各給人知行地内において特定の作人の田地を役田として掌握し、それに対して賦課される「役」であり、課税の対象となるのは田地の面積ではなく役田内に設定された貫高であることから段銭とは異なる性格のものである。役高も低い者は一筆三〇文、高い者は三百六〇文と開きはあるが、それほど大きな課税ではない。ここでも貨幣収入への志向がみられるが中に「米自仁升百廿文積ニ」という断り書きがみられる。すなわち米一升を六〇文に換算していることがわかり、この田役も銭納を貫徹できず米での支払いも行われていたことを示唆する。

天正十年（一五八二）真田昌幸は小県郡を統一する。昌幸はどのような貨幣収得システムを作り上げ、「真田日本一の兵」と呼ばれるほどの軍事力を形成していったのだろうか。

1　小県郡北半部の市場システム

大石慎三郎は著書『日本近世社会の市場構造』において信州上田の近世における市場の存在形態と、それに対する大名仙石氏・藤井松平氏の商業および職人統制について考察している。上田・小県地方における近世以前の市場の存在形態について「上田藩村明細帳」(1)に見られる記載をもとに、小県郡の北半部の中に五つの六斎市が存在し、それらが距離的にも開市日においても整然と整備されていたことを指摘している点が注目される。その根本史料は左記の通りである。

〈史料一〉「上田藩村明細帳より」

一、海野町市場ニ而御座候

市日　朔日　六日　十一日　十六日　廿一日　廿六日

一、原町市場ニ而御座候

市日　五日　　十日　十五日　廿日　廿五日　　晦日

一、当村（馬越村）市場ニ而御座候、四日・九日・十四日・十九日・廿四日・廿九日に立申候、但当村之儀。上田両町へ罷出売買仕候、海野町へ弐里廿八丁原町へ弐里廿五丁

一、当村（保野村）市場ニ而、三日・八日。十三日・十八日・廿三日・廿八日立申候処、当所百姓不身上ニ罷成候故、いつつふれ申共なく、只今は立不申候、

一、両村（東西前山村）先規は市場ニ而御座候、二日・七日・（十二日）・十七日・廿二日・廿七日、一ヶ月六日宛、唯今者市立不申候、市神は未御座候、

以上は宝永三年（一七〇六）に松平忠周が仙石氏に代わって入部した際の上田藩領内の市場に関する記述である。ここで原町・海野町に関しては、寛永年間以前、城下町の整備がそれほど進んでおらず、両町は成立していなかったと推察している。よって当初の上田藩領には戦国期からのままそれぞれ海野郷・原之郷として在地（郷村）に市場が存在していたものと考えたいのだがひとつ問題がある。現上田市真田の原に付近に残る小字は「四日市」である。『真田町誌』ではかつて四日、十四日、二十四日の三斎市が存在したと推定している。「上田藩村明細帳」が記載する原町の市日と矛盾する点があるが、原之郷一帯は真田氏がまだ戦国的な土豪であった段階に居館を構えていたことから地域の市町であったことは確かと思われる。しかし、「上田藩村明細帳」の市日と異なることについて、大石は言及していない。六斎市になって市日が変わったのかもしれないが、ここでは大石の解釈に従って続けていきたい。

また、海野郷は、真田氏の元の氏族となる海野氏の居館町であったことから、やはり諸職人が多数居住する市町であったと考えられる。前山村は戦国時代に村上氏が代官を置いて治める小県の中心地であったこと、馬越は小県と松本をつなぐ保福寺峠道の要地かつ在地の土豪浦野氏の根拠地であったこと、保野は塩田平の入口に位置する要地であったことから、それぞれが市町として成立しうる要因を携えていた。以上からおそらく新しくても戦国時代以降、そ

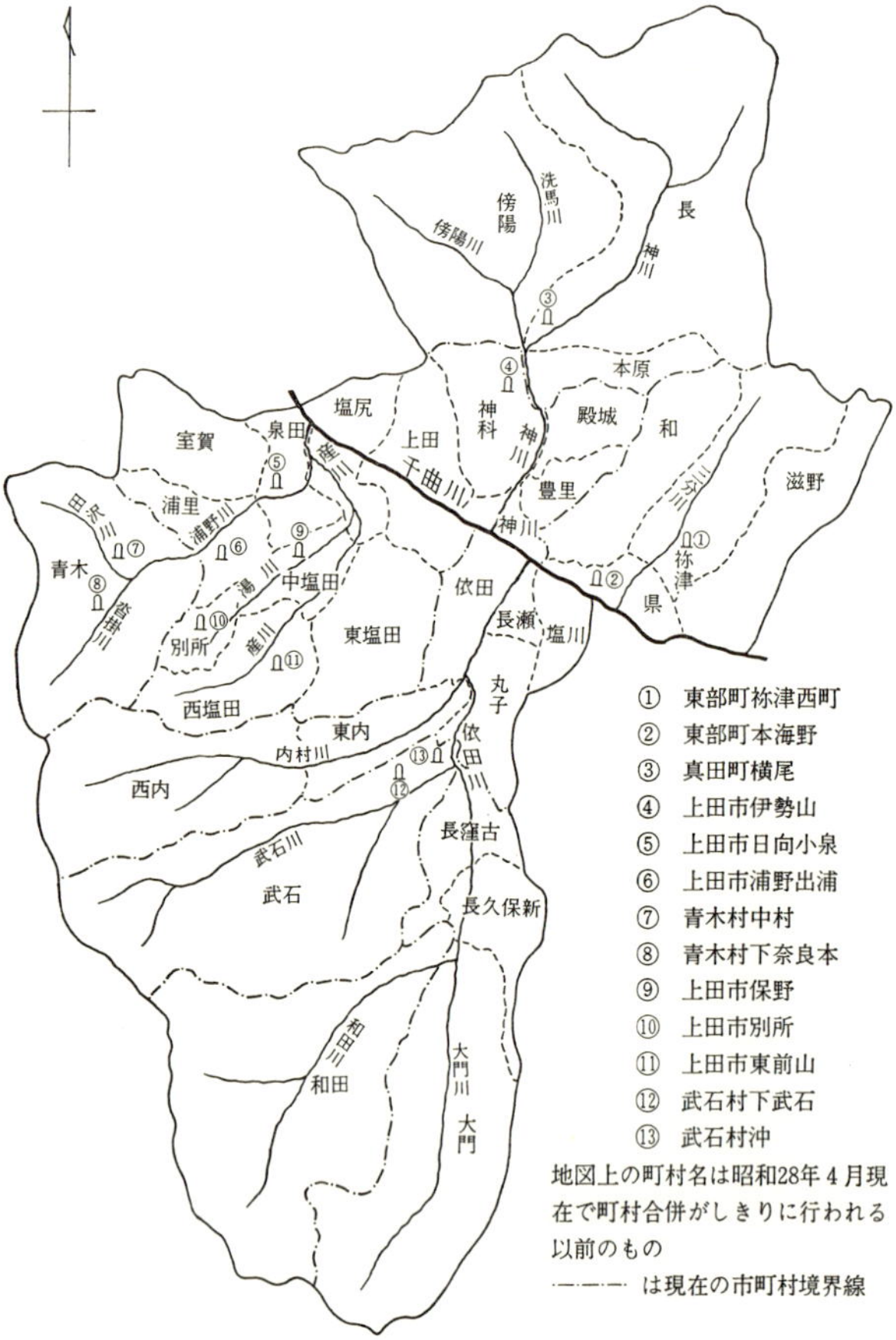

第5図　上田・小県地方の市神の分布

の地方の経済的中心地となり、市場として各々の機能を果たしていただろう、というのが大石の見解である。

小県郡北半分では市日は、左記のように一月のうちいつでもどこかで開かれていた。

海野市　一日　六日　十一日　十六日　二十一日　二十六日

前山市　二日　七日　十二日　十七日　二十二日　二十七日

保野市　三日　八日　十三日　十八日　二十三日　二十八日

馬越市　四日　九日　十四日　十九日　二十四日　二十九日

原市　五日　十日　十五日　二十日　二十五日　三十日

これら市場が存在する村を中心に半径六キロメートルの円を描けば、真田氏統治下の小県郡北半部の村々は全てこの範囲に入り、六キロメートルほど歩けばその日に開かれているいずれかの市場に到達できる。大石氏は「これら五つの市町が全体として有機的に結合した一つの経済単位を形成していたとみることができる」としている。

確かに第5図[2]に示されたように、中世に遡るとされる「市神」と人々が呼ぶ石碑や祠は小県郡北半部に集中する傾向がみられ、古くから市場が成立していたことを物語る。これらのうち②の東部町（現東御市）本海野、⑨上田市保野、⑪上田市東前山は、前述のユニットに属する市場である。

2　小県郡南半部の市場システムの試論

近世に入り真田氏は小県郡一円を上田藩として安堵されるが、元和元年（一六一五）に松代藩に移封となり、代わって仙石氏が入封してくるわけである。その際、小県郡の南半部が武石村を除いて天領となる。すなわち依田川流域を中心とする地域が上田藩から切り離されるわけであるが、戦国期においてはこの依田川流域地方の市場構造はどのような状態であったのだろうか。これを解明する鍵となる史料を左に示す。

〈史料二〉「信州小県郡の辰口村明細帳」

一、当村は古来市場ニ而御座候処、四拾ケ年以来自然と潰れ罷在候、（中略）市日は小諸同日ニ而候[3]

これは享保五年（一七二〇）のものであり、それから四〇年前ならば延宝八年（一六八〇）頃となる。かつては辰口も市町として栄えていた。そこで注目されるのが小諸の市日で、四日・九日・十四日・十九日・二十四日・二十九日の六斎市である。この市日と辰口の市日が同じということは、小県郡北半部の馬越とも同日になる。このことから考えて、依田川流域を主とする小県南半部にも辰口を含む商業ユニットが成立していた可能性がある。以下、その可能性を探ってみたい。

『上田小県誌』歴史編上において上田小県地方の中世の市場の存在について述べられている。その中に依田川流域

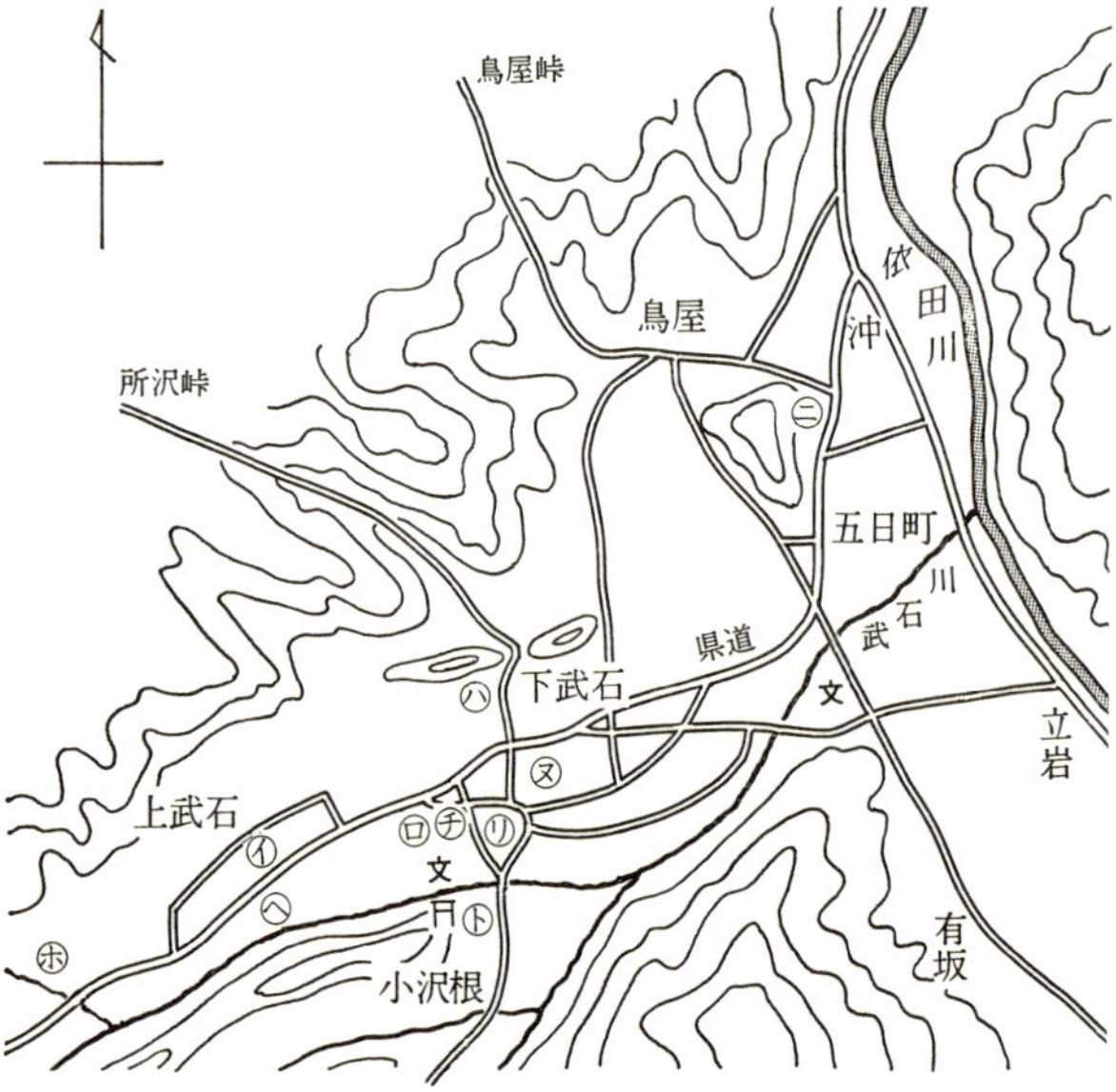

㋑堀ノ内　㋺大和守屋敷　㋩大宮諏訪神社（市神）　㊁荒宿（市神）　㋭市之瀬
㋬堀之内河原　㋣子檀嶺神社　㋠妙見寺　㋷信広寺　㋦正念寺

第6図　武石五日町付近概要図

の二つの市場に触れている。ひとつは慶安四年（一六五一）の「武石村田畑方検地帳」にみられる「五日町」である。小県郡武石村（現上田市武石）大字沖に小字五日町として残っている（第6図）[4]。武石には館跡が二ヶ所あり、ひとつは第6図中、上武石の㋑にあたる「堀ノ内」である。これを取り囲むように清水開戸・祝部開戸・開戸・前開戸といった「かいと（垣内）」の地名が存在している。もうひとつは下武石の㋺にあたる「大和守屋敷」である。屋敷跡東方には小路・町といった地名がみられる。いずれも市場が成立する要素を持ち、付近には市神㊁が存在していることからも考えても五日町は当初三斎市として成立し、館の移動に伴って動いた可能性がある。その市場が後に六斎市に発展したものと推定したい。

次に明治十八年（一八八五）の地字帳の旧上丸子（現上田市）分に「八日町」の地名が記録されており、現在も小字八日町が残っている（第7図）[5]。周囲にはサイトウヤシキ・タンバ屋敷・樋村屋敷・寺屋敷・開戸といった地名が見える。このうち小字寺屋敷と八日町との間には立科に続く幹線道路が通っており、佐久地方との交通の要所でもある。この道路沿いには「市坂前」「市坂」という地籍がある。なお八日町北側の長福寺は木曽義仲の開基ともいわれる。

ここも三斎市が開かれ、その後六斎市に発展したと考えたい。

残る二つの市場の候補を得るために次の史料を提示したい。

〈史料三〉真田昌幸請取状案(6)

長窪・和田之問屋役之金子、上田今判金壱兩、甲州判金壱兩、合京目弐兩慥請取者也

仍御朱印如件

（慶長三年）

いぬ　　　　（真田昌幸）

宮坂八右衛門　朱印

六月廿日　　　　　　　奉之

關口角左衛門殿

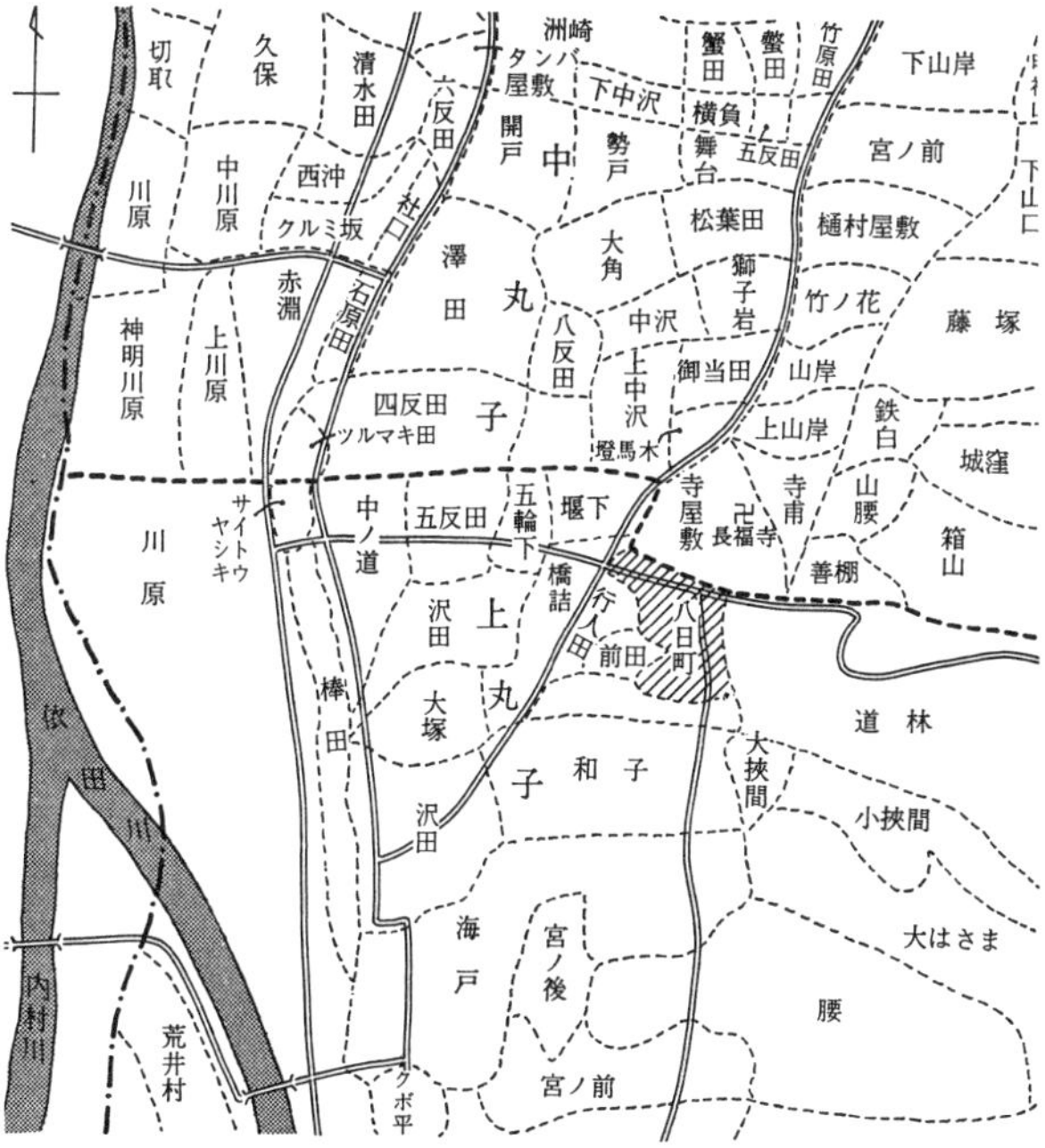

第７図　丸子八日町付近図

長窪も和田も中山道の宿場町である。宿場町として成立した年代を確定する史料はないが、右の史料から双方とも慶長三年（一五九八）には問屋が存在していたことは明らかである。問屋は問丸の後身として近世において特に発達したものといわれるが、戦国時代における領国経済の発達と交通量の増大によって交通の要路に問屋が居を構え、宿泊所と運送業の二つを兼業し、成長するようになったと言われる(7)。その経営者は自分の経営する宿泊所に滞在した

商人だけに自分のもつナワバリ（売り場）を提供していた。商人にとって売り場は不可欠のものであり、問屋の存在は大きなものであった。

信濃において古くは、安曇郡の仁科氏が天文六年（一五三七）に穂高の井口七郎右衛門に問屋の地位を安堵している。

〈史料四〉「井口文書」(8)

（花押）

一　きうふん（給分）の事

一　ろしあつかい（路次扱）

一　といや（問屋）いづれもおやたちいきときのさういあるましく候、依爲後日之一筆如件

天文六年ひのとゝり（一五三七）霜月吉日

いのくち

志ん四郎かたへ

文書の中身は平易なひらがな使いである。この段階の「といや」はなにか素朴な感じを受ける。「親たち生き時の相違あるまじく」として安堵されていることから、代々「といや」を行っていた可能性がある。本当に市場開設の初期の段階ではないだろうか。この時期の市場の様子を解明できればと思う。

ところが半世紀余り経過すると、「問屋」という存在に違いが出てくる。倉科七郎右衛門尉は天正年間に仁科氏の家臣でありながら問屋を安堵されており、武田氏滅亡後は小笠原貞慶に問屋職を安堵されている。

〈史料五〉倉科文書(9)

仁百貫文本領作次分、四貫百文同定照院分三貫文　横瀬之内、八貫五百文　曽山分正科、七貫五百文　同清水か

いと、三貫五百文　同散地、同問屋並於蔵納廿貫文之所出置候、右之趣者、今度妻子引連、無比類奉公之間如此候、弥於忠節者可加重恩者也、
仍如件
天正壬午年
拾月廿七日　　　貞慶（黒印）
倉科七郎右衛門との

問屋の安堵が給人に対する本領安堵や知行地のあてがいのような扱われ方になってきている。しかも武士が問屋役を行うのだ。

倉科は本領が二〇〇貫文とあり、相当な地位にあった給人と考えられる。その他加恩を受けているが、その中で「三貫五百文　同散地」と書かれている。この「散地」から知行を与えていることについては第二章第二節で触れた秋和之料所内の「散地」が想起され興味深い。そして「問屋並びに蔵納に於いて二十貫文」を安堵されているが、この二〇貫文は当然問屋役の対象となったのだろう。問屋を抱えることは領主にもかなりの得分があったのではないだろうか。その子の倉科半五郎は松本に移住を命じられた（平山二〇〇八）。

また筑摩郡の青柳の問屋は青柳加賀守であった。青柳の問屋については次の史料がある。

〈史料六〉青柳文書[10]
青柳之問屋、出置候、向後別而奉公油断なく可仕者也、仍如件、
天正十年壬午
霜月吉日　　　頼長（朱印）
青柳加賀守殿

やはり給人が問屋を勤めている。しかも恩賞とも受け取れる内容である。問屋にはかなりの利益があったことが推測され、一種の特権でもあった感がある。領主が安堵するのも、問屋の利権をめぐっての混乱をなくす必要があったのだろう。領主の名において安堵する必要性のある「知行」に、問屋は変化してきたものとみられる。なお、次の史料から「問屋役」の存在が確認できる。

〈史料七〉青柳文書(11)

といやゝく之銀子四十三匁預り申し候、上申御切手とりかえ可進候、為後日如此ニ候、以上、

慶長七年壬寅

ヲ

三月廿日

松村半兵衛（花押・黒印）

柳木といや

（青柳）

傳右衛門殿

真田氏はこのように問屋の職を安堵する見返りに問屋役を賦課していたようである。この点から考えて戦国末期には長窪と和田の宿駅にも市場が成立していたものと推定される。

小県郡南半部のいわゆる依田川流域における市場の痕跡は以上の五つのみであるが、これによって次のようなサイクルの市場システムが想定できる。

和田市	一日	六日	十一日	十六日	二十一日	二十六日
長窪市	二日	七日	十二日	十七日	二十二日	二十七日

八日町市　三日　八日　十三日　十八日　二十三日　二十八日
辰口市　　四日　九日　十四日　十九日　二十四日　二十九日
五日町市　五日　十日　十五日　二十日　二十五日　三十日

以上の考証から、小県郡北半部の五つの六斎市ユニットと同じシステムを描くことができる（第8図）[12]。図の南半では市場のユニットが東に傾いているが、西はいわゆる美ヶ原を構成する山地である。筆者はこの市場システムは小県郡を統一した真田氏が推進したものと考える。なぜなら小諸城主仙石氏が入封した際、小県郡南半部は武石村を除いて天領となってしまうことでこのシステムは稼動しなくなったと考えるからである。これに関しては次の史料がある。

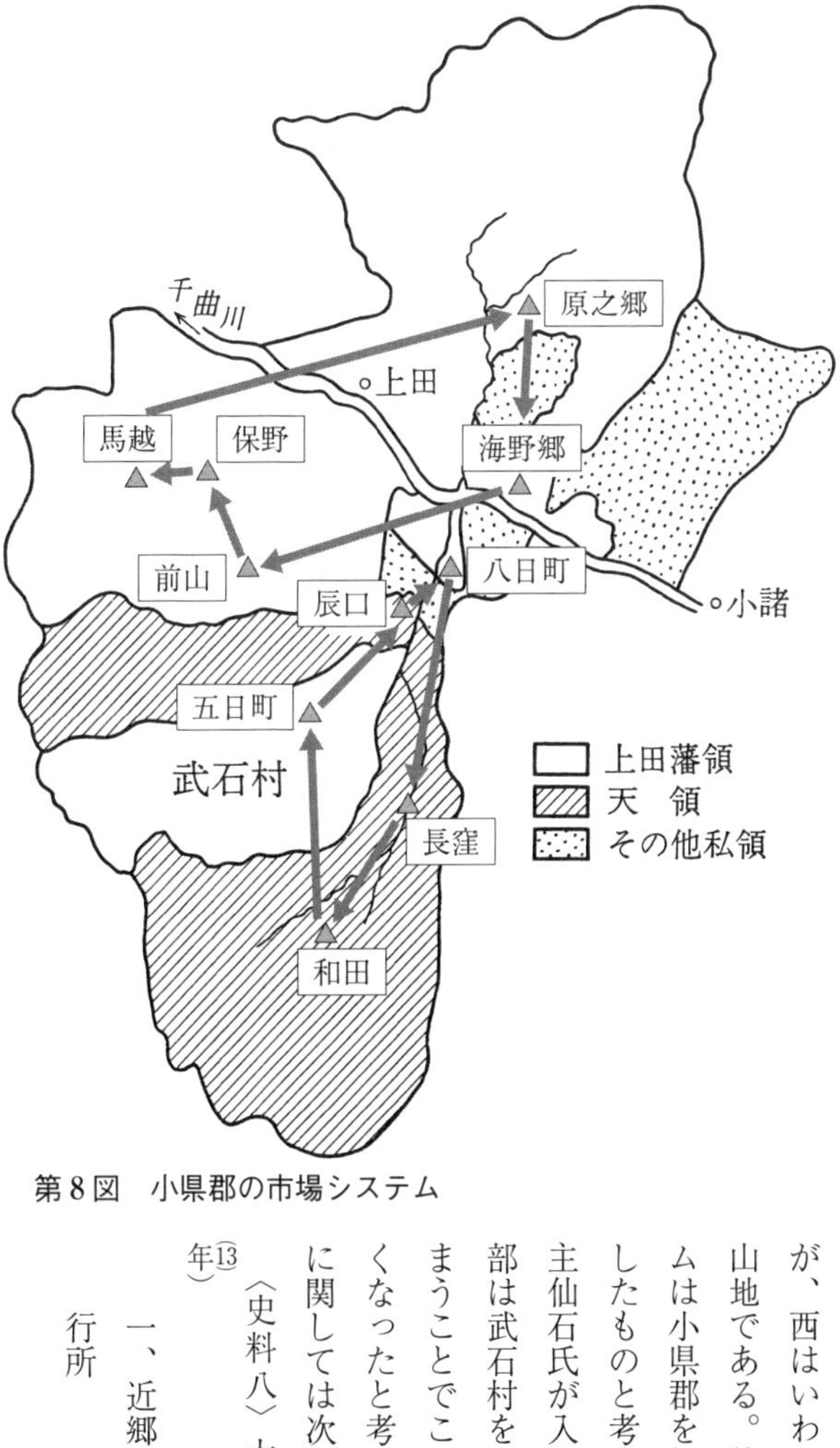

第8図　小県郡の市場システム

〈史料八〉大門村差出帳（享保五年）[13]

一、近郷市場　牧野周防守様知
行所
松平伊賀守様知

行所
但シ道法　上田六里半
小諸七里半

〈史料九〉荻窪村明細帳（享保十年）(14)

一、近郷之市場　松平伊賀守様御城下上田江四里余御座候
市日　三日　五日　八日　十日　十三日　十五日　十八日　廿日　廿三日　廿五日　廿八日　晦日
一、牧野内膳様御城下小諸市場へ六里余
市日　四日　九日　十四日　十九日　廿四日　廿九日
〆六才

大門村・荻窪村はともに依田川流域の幕府領であり、史料によれば、享保年間におけるこの村人たちは、上田藩領と小諸藩領の市場を利用しているだけである。幕府領内には市場がなかったと推される。辰口市が延宝年間までに亡びてしまったように、前述した推定市場システムは近世には機能を停止してしまったようである。注目すべきは上田の市日が月に十三日もあることだ。これは原之郷・海野之郷から上田城下に移住させて成立した原町・海野町が、活発な商業活動を行った結果であり、一極型市場の登場を示唆するものではないだろうか。

註

（1）『大日本近世史料』所収。
（2）『上田小県誌』歴史編上（二）古代・中世、九三九頁、第三一六図を引用。
（3）大石慎三郎『日本近世社会の市場構造』（岩波書店、一九七五）。他には「東内村誌」という古い地区誌に同様の明細帳が載せられている。

（4）前掲（2）九六〇頁、第三三八図を引用。
（5）前掲（2）九六二頁、第三四一図を引用。
（6）『長国寺殿御事蹟稿』
（7）豊田　武「第二章　隔地取引の発達」（『増訂中世日本商業史の研究』岩波書店、一九五二）。
（8）『信濃史料』第一一巻、一二六頁。
（9）『信濃史料』第一五巻、四九四頁。
（10）『信濃史料』第一五巻、五二六頁。
（11）『信濃史料』第一九巻所収。なお、青柳の問屋については、齋藤宣政「信濃国東筑摩郡青柳宿「問屋の一形態」」（『信濃』第六四巻第九号、二〇一二）を参照されたい。
（12）前掲（3）二七頁、第一図を編集。
（13）『長野県史』近世史料編東信編（一巻）所載。
（14）前掲（13）に同じ。

第三節　変わってきた戦国時代観

はじめに

中世においては首都や港湾都市以外の、いわゆる内陸部への流通を媒介する市場は、鎌倉・室町期から荘園内に登場する。例えば信濃国で言えば『一遍上人絵伝』に描かれた伴野庄市や『市河文書』に現れる麻続十日市などがこれにあてはまるだろう。それが戦国時代に入ると、各在地領主の本拠地（居館地）や地方において交通の要衝となる場所に市（市場）という形で三斎市が現れ、さらに発展して六斎市のシステムが成立してくる。
段銭・棟別銭・田役など銭納、特に精銭を要求された在地の人々は、代物納を許される場合もあったが、前提としてはやはり貨幣を要求されていた。しかし民衆（特に百姓）は金銭収入の機会が少なかったものと推定される。貨幣を獲得するためには何かを換金しなければならない。そこで必要となってくるのは換金できる商品となる物とそれを売る場である。

物としてまず考えられるのは、年貢分と自己消費分を引いた余剰生産物、副業としての商品（特産物など）である。これを商人に売る、あるいは市場に赴いて売るわけであるが、中でも注目されるのが後北条領の関戸郷、武田領の原七郷の商人である。これらは在地の庶民の開発によって開かれた市場であろう。要するに自己の生産物を自己の市場で売るという行為が発生する。それは戦国期に限られるわけではないが、それを取り込んで新宿が形成された。ここに当時の在地住民（百姓）の活力を窺い知ることができる。「市神」を祭る行為も各所にみられ、その市場に対する信仰も起こってくることを考えると、在地の人々にとって市場は必要不可欠なものとなっていたことが分かる。

さらに在地の土豪である。彼らも現金収入の手段はほとんど無かったはずであり、自分の領内からの年貢の一部を換金する場が市場であった。中には信州の仁科氏、屋代氏に代表されるような、自ら商業活動を率先して行う土豪の存在が明らかになった。武田領への自由な通行と商業が認められるとともに、自己の館や城を中心にして六斎市を開く場合もあった。土豪たちは商品を武田領で売り払い、自分の市で貨幣を獲得するための物を仕入れ、欲しい物を買い入れたりしたことが推定される。

さらに大名や地方の小領主は、楽市としての六斎市のユニットを形成して商業を活性化させようとした。そのためには需要と供給、つまり領主側の利害と市場に来る人々の利害がかみ合う必要がある。特に天正期を中心に構成される市場のシステムは、その利害関係の上に造られたものではないだろうか。おそらくこの時期においては需要と供給代は在地の活気が支えていたものといえる。以上が筆者の常に持ってきた戦国時代観であった。

1　揺らぐ戦国時代観

久留島典子の著書に『一揆と戦国大名』（久留島二〇〇一）があるが、これを読んで先に述べた筆者の戦国時代観が揺らいだ。それは「最近の気候変動研究によれば、中世後期、特に一六世紀以降は寒冷化が進んだといわれ、それが生産条件を悪化させ飢饉の頻発を招いたと指摘されている。」という一文である。この説は峰岸純夫の指摘がもとになっており（峰岸二〇〇一）、「温度変化の指標と飢饉記録」で示したデータと諸記録により中世後期（一五世紀後半〜一六世紀）を寒冷化の時期、生産条件の悪化、飢饉の頻発、荘園公領制の解体の時期と位置付けている。

かつて藤木久志は、銭納原則の段銭・棟別銭などが代物納になった原因を、領主への抵抗である「欠落」・「逃散」といった農民闘争の一形態にもとめた（藤木一九七四）。則竹雄一も後北条氏による精銭納強制による百姓層の窮乏化は、借銭・借米・田畠売買・年貢未進等を生み出し、窮乏化に拍車をかけたと述べ、このことが「永禄三年徳政令」の背景であったことを指摘している（則竹二〇〇五）。なお、後北条氏特有の懸銭については、「国中諸郡就退転」という状況下で展開した農民闘争に対応し、従来の雑多な万雑公事を整理・統一して、畠貫高の六％の税率で創設された恒常的で定量的な公事と捉えている。その懸銭も代物納化していくほどの農民闘争は、なぜそれほどまでに激しかったのだろうか。この点について則竹は永禄五・六年に後北条氏の検見関係史料が比較的集中している点を「永禄年間のはじめが永禄の大飢饉の吹き荒れた時期であることに注目するならば、検見史料が集中するのは飢饉による田畠の荒廃化などが原因として考えられよう。」としている。久留島も同様に捉えており、永禄三年（一五六〇）に上杉氏が越後府中の町人に対して諸役・地子の五ヶ年免除を行った例、永禄四年に越後上田荘等に徳政掟を発布した例なども指摘している。

この時期は断片的な史料が多く、実際に災害や飢饉を伝える文書類は少ない。その中で我々に情報を与えてくれる継続的な史料としては、陸奥国会津地方の『塔寺八幡長帳』『異本塔寺八幡長帳』[1]、甲斐国都留郡の『妙法寺記』（『勝山記』[2]）がある。原田信男はこれらの史料から災害関係の記事を抽出し、会津地方については一三世紀前半から一六世紀後半まで、都留郡については一四世紀後半から一六世紀後半までの表を作成している（原田二〇〇二）。この中で一六世紀に注目すると、会津地方では文亀元年（一五〇一）から天正十三年（一五八五）の八五年間中四二年に災害の記録がある。「天下大飢饉」「天下疫病」「日本大地震」といった記録も見え、日本全土に災害が起きている様子を伝えている。甲斐都留郡は文亀元年（一五〇一）から永禄六年（一五六三）の間に三七年の災害の記録がある。特に天文年間は二三年の中で一八年も地震・大風・飢饉といった記録があり、戦国期がいかに災害の多い時代であったかをうかがい知り、戦国時代観に大きな影響を与えられた。

2　災害の実際

一方、荒川善夫は「災害の多くは局地的で、一国全体に亘って被害を受ける災害・戦乱・飢饉は意外に少ないのではないか。」という見解を示している（荒川二〇一二）。その根拠として荒川は、科学研究費研究成果報告書『日本中世における民衆の戦争と平和』に記されている戦国期の東国地域の災害・戦乱・飢饉などに関する記事を抽出した一覧表を作成し、指摘している。

巨視的にみると中世後期は確かに災害の頻発した時期であるが、記録を厳密にみれば一六世紀中頃までの特徴である。ではそれに続く元亀年間・天正年間はどうだったのだろうか。荒川の前述の一覧を参考にすると、元亀三年下野那須の地震、天正六年陸奥北上の大洪水・武蔵三保谷の水損など天正十八年まで一六の事例を載せているが、「甲斐山之神村」「武蔵井草郷」というように確かに災害は起っているものの、やはり荒川のいうように「局地的」であり、長期間にわたって日本全土、あるいは東日本一帯が災害による飢饉にみまわれていたわけではない。もちろん記録の残らない例もあるだろう。信濃国の場合はほとんど記録がない。真田領の場合、前述した文禄三年の吉田郷が干害であるため百姓役を半役にするという史料がみられるだけである。これを氷山の一角と捉えることもできるが、天正六～七年ころの成立とされる『真田氏給人知行地検地帳』が示す通り、ほとんどの田畑で見出分が検出されている。打ち続く大災害の中で生産量を増すことは無理だろう。峰岸のデータを見ても天正年間における飢饉の記録はみられない。

3　天正年間の様相

今まで扱ってきた六斎市の成立のほとんどは元亀年間以降天正年間を中心とすることに注目しなくてはならない。そして、武田信玄が亡くなるのは天正元年（一五七三）、上杉謙信が亡くなるのが天正六年（一五七八）、さらに武田氏が滅亡するのは天正十年（一五八二）、織田信長が本能寺の変で自害するのも同じく天正十年である。六斎市の発生時期と戦国期のリーダーシップをとってきた大名が姿を消していく時期の奇妙な一致はなんだろうか。日本という国が統一に向けて大きく変わっていく気運が高まったのがまさにこの天正年間であると考えられる。それは領主階級はもちろんであるが在地の民衆にも実感されたのではないだろうか。特に飢饉の記録がみられないこの天正年間は、おそらく農業生産高も復活傾向となり、余剰生産も生まれてきたと推定される。そして領主側にとっては日本統一戦への気運に向けて軍備・兵糧を充実させる必要性がでてくる。

現在松本城管理事務所に保管されている通称「お祓くばり日記[3]」と呼ばれる伊勢の御師宇治七郎右衛門尉久家の旦

那めぐりをして配りものをするための覚書がある。様々な人や寺の名前、それぞれに配られる物のリストが載っており、戦国後期の在地の様子を知る貴重な史料である。この日記にも最初に出てくる「あいだ」は現松本市会田を示す。当時会田を中心とする一帯を治めていたのは岩下氏（会田岩下氏）という土豪であるが、この岩下氏を筆頭にして数々の人や寺院への配りもの一覧をみていると、天正九年（一五八一）という段階でどこに戦乱があるのかというほど、実に平和な雰囲気を筆者は感じてしまう。ところが、天正十年（一五八二）十一月には小笠原貞慶によって会田岩下氏は滅ぼされてしまうのである。奇しくも武田氏の滅亡、織田信長の死の年である。

このように村の平和と戦いは隣り合せであったことに改めて気づかされる。例えば天正十年二月に後北条軍と敵対した家康は、新たに味方に付いた小池・津金・小尾という三人の領域の村々に対して「一、両者共の妻子・被官、何方へ取り候とも返し付けべく候」「一、津金の郷、男女・牛馬いっさい取るべからず事」という、戦争に際し保障を与えている(4)。すなわち戦国期はこの頃まで敵方の村々から人・牛馬の略奪が行われていた。また、豊臣秀吉も真田昌幸に対して次のような書状を出している。

〈史料一〉豊臣秀吉書状(5)

「眞田安房守とのへ」

去廿四日書状、今日廿九披見候、箕輪城之儀羽賀信濃守追出、保科居残、城相渡ニ付て、羽柴孫四郎同前ニ請取之由尤候、小田　原之披取籠、干殺披仰付故、隣国城〃命之儀御詫言申上候、被成御助候城ハ、兵糧・鉄炮・玉薬其外武具悉城ニ相付渡し候、家財ハ少〃城主ニも披下候間、也其意、箕輪之儀も玉薬其外武具・兵糧以下少茂不相違　洋ニ入念可請取置候、次在〃所〃土民百姓　共還往之儀披仰出候、其許堅申触候、東國衆ニ女童部をとらへ、賣買仕続候者、後日成共披聞召付次第、可披加御成敗候、若撮之置輩在之者、早〃本在所へ可返置候、萬端不可有由断候、猶以此節之儀候条、辛労仕、弥可抽粉骨儀肝要候、委曲石田治部少輔可申也、

卯月廿九日（天正十八年）朱印

眞田安房守とのへ

天正十八年四月に上野松井田城を攻略後、箕輪城を攻めて羽賀信濃守を追い落として城を受け取ることを報じたことに対し、女子供の売買を禁止し、土民は本地へ還住させることを命じている。戦争に伴ってこのような悲惨な状況が日常茶飯事であったことが窺える。なお、藤木久志は中世後期（応永元年（一三九四）～天正二十年（一五九二））の中で死亡者は早春から初夏にかけて集中する傾向をつかみ、「春に飢える」という状況を導き出した。そして戦場はこのような春に「飢える人々」の稼ぎ場、すなわち「ながれの傭兵勤め」であったと指摘している（藤木一九九五）。戦国期の様相として、戦争と平和、飢えと豊かさが隣りあわせになる一面を認めなければならない。

各領主たちが天下統一に向かっての緊張感を高める中、六斎市の開催といった経済政策をとっている。真田氏も天正年間に小県郡を統一して、後に領内に六斎市のユニットを成立させる。その市場を支えていたのは、商人はもちろん、民衆（百姓や職人など）によって生産される物によるところが大きい。天下統一に向かう躍動期においてその屋台骨を支えたのは、「在地の人々」の飽くなき生への執着と向上心という活力であったと考えたい。

註

（1）会津坂下町誌編纂委員会『会津坂下町誌Ⅱ文化編』・『会津坂下町誌（4）歴史編』（一九七六）所収。

（2）都留市誌編纂委員会『都留市誌史料編古代・中世・近世Ⅰ』（一九九二）所収。

（3）松本市会田堀内家文書『信濃史料』第一五巻、六七～七九頁。

（4）『徳川家康文書の研究』上。

（5）『真田家文書』米山一政編、信毎書籍印刷。

総　括

本章は戦国期の表と裏を見た気がする。在地の躍動が表なのか、自然や戦争に脅かされる姿が表なのかは判断に窮するところである。

民衆に目を向ける歴史研究は、網野善彦氏の提唱した「社会史」から盛んになった。筆者がまだ大学生の頃である。当時から常に、歴史の表舞台にほとんど登場しない庶民は何を人生の糧として生活していたのか、生産活動を行っていたのか、ということを考えてきた。租税収入の対象としか捉えられてこなかった民衆は、教科書などでは「苦しい生活を送っていた」といった一面しか扱われない。しかし、どのような立場の人々も、人生における目的や夢を持って暮らしていたに違いないと思う。

『給人検地帳』の中の作人たち、『秋和見地帳』の小作人たちは、検地帳をみる限りでは農業に束縛されていた印象しか得ないが、動乱の時代における実像を浮き彫りにしたいという欲求を持ち始めてかなり時間が経ってしまった。今後は腰を落ち着けてこのテーマの追求をしていきたいと考えている。

本章は史料不足の感が拭えないため、先学の功績を後追いする形になってしまった。研究を進歩させるためには、戦国遺跡にも目を向けた考古学的な見地での考察も必要になるだろう。館跡・山城跡のみならず、集落遺跡の状況に目を据え、人々の活動の様子、ひいては大きな課題となっている「郷村」のあり方に注目しながら自分なりの、それにして明確な戦国時代の「在地観」を描いていきたいと思う。

第四章　真田氏の貫高制

戦国大名は自己の領地内において検地を実行し、田畑・山林および屋敷地などに貫高を設定した。そしてこれを基準にし、給人に対しては軍役等諸役賦課の、百姓に対しては年貢徴収の基準とした。所によっては段銭などの賦課基準にもなっており、戦国大名の収入体系・軍事力編成を貫徹させるための手段となったのが貫高制と言えよう。

この貫高制は殊に後北条・武田・今川・徳川・織田等に代表される、関東、東海地方において整備された形で施行され、それらに関しての研究も盛んに行われている。そして筆者だけが立ち遅れている状況である。

永原慶二は、「貫高制は、大名領国支配が個々に推進されていったため、貫高制はそれぞれの地域の社会的、経済的条件に規定されて、さまざまな偏差をもって展開している。そのため貫高制の研究はわれわれの考察の対象地域を確定しておく必要がある」と指摘している（永原一九九七）。全くその通りで、貫高制はそれを採用している領主あるいは地域性による個性が色濃く、一様ではないのだ。真田氏と地域的に近い後北条氏と武田氏に視点を定め、貫高制について先学の成果を振り返ってみたい。

第一節　後北条氏・武田氏の貫高制

1　後北条氏の貫高制

まず、後北条の貫高制については佐脇栄智の研究があげられる。佐脇は天文十九年（一五五〇）の税制改革において貫高制が整備されたことを指摘した（佐脇一九六二）。その内容は、田一反につき五〇〇文・畠一反につき一六五文という画一的な評価値の設定を郷別の検地によって行い、そこで得られた貫高の合計額を「検地高辻」として把握するというものであり、この「検地高辻」が諸役を課する基準となる。すなわち「検地高辻」から公事免・堤免などの引分を差し引き、基本的な年貢額である「定納高辻」を決定し、直轄領からは大名が、知行地からは知行者が年貢を徴収する体制をとっていた[1]。

また、確定された貫高に基づいて給人に対する知行地のあてがいが行われ、その知行地の貫高に相応した軍役が賦課された。後北条氏の軍役は「知行役」と「人数着到出銭」からなり[2]、「知行役」には引分が認められていた。

なお、後北条氏は段銭に加えて「懸銭」を課した。反銭は検地高辻一〇〇貫文につき六貫文、懸銭は同じく四貫文の割合で、直轄領・知行地双方に賦課され、銭によって納めることを原則とした。

この税制改革の根拠となった史料は「天文十九年四月朔日令[3]」であるが、池上裕子は、これを、諸公事を廃止して懸銭を創設した税制改革令であり、その語源は「百貫文地より六貫文懸」に由来し、検地によって確定された田畑合計貫高の六％の賦課であったとしている（池上一九八二）。則竹雄一も同様に懸銭を畠貫高六％の税率と捉え、畠は本来公事賦課の対象であったが、万雑公事を整理した代わりの懸銭が畠貫高を賦課基準とするのは当然の帰結と述べている（則竹二〇〇五）。

このように反銭、懸銭の賦課基準については佐脇氏の説に疑問が残るが、後北条氏の貫高制は非常に整備されたものであり、領内支配に対する強い志向とともに銭貨集積の欲求を強く感じられるものと言えよう。

2　武田氏の貫高制

武田氏の貫高制に関しては勝俣鎮夫が『恵林寺領検地帳』について詳細な研究をしている（勝俣一九七六）。勝俣は、武田氏の恵林寺に対する「充行状」に記されている貫高は、恵林寺の収入となる年貢定納分を示すものであり、これに対し武田氏が恵林寺領検地によって把握した貫高は、定納分に百姓赦免分を含めた総計額であることから、武田氏の検地目的はこの定納分の決定と同時に定納分に赦免分を加えた総計額の把握にあったとした。

これにより勝俣は、武田氏の貫高制においては「充行状」にみられる軍役基準となるべき高と、もう一方の高、すなわち後北条氏の場合の段銭等の賦課基準となる高が統一されず、二元的構成となっていることを指摘した。つまり石高制における石高に対置されるべき貫高制の貫高は後者であって、貫高とは単に年貢額を示すものではないと述べている。また、武田氏の検地施行原則について勝俣は、軍役衆と惣百姓の差異を指摘した。軍役衆は検地によって確認された「踏出分」を、例えば恵林寺領におけるのと同様に、一旦領地から没収され、領地とは無関係なものとして、大名との個人的な関係において恩賞的に再給付されるものとした。これに対し惣百姓の場合は本成方と公事諸役・踏出分の合計で名請高を表し、それに対する免除分は認められるが、その免除分も含めて土地の貫高を構成している。これについて「検地帳」における百姓は、検地以前は軍役衆と同様の名主でありながらも、検地による踏出分は非軍役衆であるがゆえに没収の対象となったとしている。なお、踏出分について勝俣は、すべてを隠田の摘発分と捉えることは量的に多すぎ、これを生産力の発展に帰することは不自然であるとし、恵林寺領検地帳における本成方と踏出分の比率が中世後期の荘園制下の本年貢と名主加地子得分の比率にほぼ相当するものと捉え、名田の内得である名主加地子得分が踏出分として把握されたと主張している。

これに対し安良城守昭は、今川氏が検地増分を通じて加地子得分を貫文制に包摂したとする基本的な史料的根拠である「神尾文書」を詳細に検討し、また武田氏の領国は「加地子」を媒介とする名主—作人関係の展開がきわめて未熟である点、『新編甲州古文書』等にみられる数多くの武田氏の安堵状のうちに「隠田」容認を安堵したものがあるのに対し、「加地子」容認などという明文をもった安堵状が一通も存在しない等を論拠として、検地増分はあくまでも「隠田」であり、武田氏に限らず戦国大名治下の「名田」保有は荘園制解体過程を通じて形成されてきた慣習法にもとづいた強固な保有権に到達しており、その反映として「本年貢」を負担する「名田」は、常に「課税上の」＝「名目上の」田積をかなり上回った広い内実を有していることを権力に黙認されていた。と勝俣の「検地踏出分」＝「名主加地子得分」説を鋭く批判した（安良城一九七六）、この後、安良城説の批判のために戦国大名政策へ研究は集中し、さらに加地子得分＝作合の位置づけへと収斂することになった。(4)

武田氏がその支配下に置いていた信濃国は名及び名主の位置づけが不明であり、例えば『真田氏給人知行地検地帳』をみると、知行者の水田・畠が全て「手作」となっている場合でも「見出」＝「検地増分」が表記されており、これを加地子得分とは到底考えられない例もある。これについては後述することになるだろう。

註

（1）佐脇栄智「後北条氏の税改革について」（『日本歴史』一六三号、一九六二）・「後北条氏の検地」（同一七七号、一九六三）、永原慶二「大名領国制の構造」（岩波講座『日本歴史』八中世4、一九八〇）。

（2）下村信博「戦国大名後北条氏の役に付いて―『小田原衆所領役帳』を中心に―」（『年報中世史研究』第二号）。「知行役」は普請役と考えられ、「人数着到出銭」と表現された軍役や反銭・懸銭・棟別銭賦課とは異なるものと指摘している。

（3）『神奈川県史』資料編3。

（4）則竹雄一「序章　戦国大名権力研究の成果と課題」（『戦国大名領国の権力構造』、二〇〇五）。

第二節　真田氏の貫高制に関する諸研究

はじめに

真田氏の貫高制、すなわち長野県上田小県地方の貫高制は江戸時代を通じて残存していくという奇妙な特徴がある。本書では史料準備の都合上、近世の上田藩そのものではなく、ベースとなる戦国期真田領の貫高制に焦点を当てる。周知のとおり、真田はかつて武田の属臣であったため、その影響を強く受けているというのが通説であるが、筆者は、真田昌幸統治期になってからは特に独自性を押し出していくという印象を持っている。貫高制においてもしかりである。戦国期の真田氏の貫高制は、その「分かりにくさ」から専論的研究例をほとんど見ないが、果敢にも解明を試みた先学の業績とそれに関する所見を述べてみたい。

1　『給人検地帳』発見以前の研究

河内八郎は、『秋和見地帳』と『小県郡御図帳』を史料として考察している（河内一九六七）。対象は蒔高と見出である。後北条氏のような対面積一律とは言い難い真田領の貫高は、「蒔高に関連付けた形で貫高が定められたと推定できる」としている。検地によって出された貫高には端数がない点をかなり恣意的なものと捉えているのである。ただ筆者にとっては、九〇文でも二〇文でも端数の類に思われる。さて、貫高が何を示すかに関しては、「検地の成果として見出分を合わせた形で得られた貫高の数字は収納高であるか収納高を定める基準となるものであった。」と述べているがこれは答えを導き出したことにはならない。実際に年貢高を示す史料を提示して考察すべきだろう。

平沢清人もやはり『小県郡御図帳』を史料としている（平沢一九七三）。「本貫も見出も役も合計して年貢として知行者に出している。」としているが、根拠は明確にされていない。貫高設定の方法は、百姓に問いただした蒔き高に応じて貫高を決める方法がとられたという考え方である。ただ、田畑は「名田地が主」としているが、何を指して「名」としているのかは不明である。また、真田氏の貫文制は武田氏を踏襲したという説に立ち、一俵が二斗であることもその根拠であるとしている。これに関しては本書でも実証済みであるが、参考資料として『当村地方取扱用事業下』等の幕末から明治初年に編集された近代に近い資料を引き合いに出すには、やや行き過ぎの感が否めない。

桜井松夫は勝俣鎮夫の論に言及している（桜井一九八〇）。各種の「免」と年貢定納との総計である「高辻」と「定納分」だけを表す場合、小県郡に対するあてがいも定納高と捉えてよいのではないかという立場に立っている。なお、近世初頭の史料「上田領並び川中島石高改帳」（元和元年（一六一二））には、「百貫文、高二百四十七石」と書かれていることから一貫文あたり二石四斗七升であるとし、翌年の「仙石忠政年貢定」を換算すると一貫文が一石四斗になるのは、前者が所領の高（高辻）であり、後者は年貢高（定納高）を示すものだからとしている。これがそのまま中世末期にあてはまるかは疑問である。二石四斗七升とはいかにも半端で掌握しづらく、あえて石高に換算する理由がみあたらない。

横山十四男は、上田・小県地方に貫高制が取り入れられたのは、武田信玄が村上義清を越後に追い払い、ここを領国下にしてからと推測し、「その方式は武田氏の貫高制の適用であったと思う」と述べている（横山一九九二）。基本的な史料は『小県郡御図帳』であるが、前述した『給人検地帳』にみられる「役」を「年貢課役を負担する土地という意味」に捉えたり、「知行地八貫五〇〇文というのはその軍役賦課の高でもあった」とされているが、その根拠が示されていない点に疑問が残る。

なけなしの史料の中での先人の奮闘には、『給人検地帳』の出現を待つしか無かったのだろう。

2 『給人検地帳』の分析を伴った研究

ここで『給人検地帳』の当地でまとめられた『真田町誌』（歴史編上）（桜井一九九八）をみてみよう。桜井は『給人検地帳』で見出のつかない本高を算定した「古検地」と新たに見出分を付け加えた「天正検地」とに分けている。そして天正検地の見出にまず注目している。全体的な傾向として、その検出率は屋敷が高く次が畑地・そして水田になると分析している。そして個々の見出の例をみていくと一律ではないことから、この天正検地は指出ではなく、実際に測定して見出し高をつけたものと推定している。また、貫高の高付けについては一升蒔きあたりの数値を算出した結果、古検地も天正検地もその基準値が六〇～三〇〇文までの、七〇～一〇〇を越える段階であることに疑問を呈している。そこで、水田三升蒔きで一反歩（三六〇歩）という仮説に則った場合、古検地での一反あたり平均五二五文に対し、天正検地では平均六二七文に引き上げられている。見出については、同じ所領でありながら従来の一・二八六倍となる引き上げに注目している。そして太閤検地や一般的な他領の検地の一・二から一・四倍の年貢を納めさせる仕組みを真田昌幸が創出したという結論に達している。この経済的基盤が真田氏の強さを産んだ一大要因であったと述べている。

面積が算定できたのは水田に限られているが、この推定計算で一反あたり平均六二七文という数値は確かに後北条氏の一反五〇〇文より高い換算率となる。桜井の着眼点は、古検地の総貫高に対し、天正検地では見出分を厳しく追及してその総高を引き上げ、そこにさらに六割強の高い利率の年貢を課することによって収入の増加を図ったとみている。以上が非常に雑駁ではあるが、その要旨である。

ここで中心となるのは年貢（百姓役）である。『真田町誌』で言っている年貢とは何を示しているのだろうか。年貢高の算出はあくまで推定であるが、給人の徴収する年貢と料所で徴収される年貢は同じ換算率で行われたのだろうか。

まず、貫高の設定は知行地を持つ給人が負担する「役等」の基準になるという前提に重きを置かなければならない。年貢高の引き上げは普通に考えると給人の収入が増加し、より高い「役等」を領主に対して負担できることになり、ひいてはそれが真田氏の軍事力増強につながるという仮説は魅力的である。しかし、天正検地の段階で「手作」が多かった給人の場合はどうなるのであろうか。また、作人たちの生活はどのように変わっていったのだろうか。ここに疑問が生じる。ただ桜井の分析で、真田氏の貫高制の研究は飛躍的に進んだといえる。しかし、『給人検地帳』をさらに分析していく必要があったのではないかという点である。以後、筆者による『給人検地帳』分析結果を述べていきたいと思う。

第三節　明らかになってきた田の評価

はじめに

貫高制の研究の一番の壁になるのが、貫高設定の基準である。後北条氏のように徹底して、田一反当り五〇〇文、畑一六五文と決めてあれば問題はないのだが、真田領の場合は蒔高が面積に採用されているため、一升蒔きあたりの貫高を計算しても一律の数字は出てこない。ここで少し『給人検地帳』の傾向をみてみよう。巻末の表から検地毎の上・中・下別平均値を出してみた。

上田　古検地　平均一貫五六文　　天正検地　平均一貫三一四文　一升蒔当たりの平均二四六文
中田　古検地　平均八一七・三文　天正検地　平均一貫五・六文　一升蒔あたりの平均二一六・五文
下田　古検地　平均六一九・三文　天正検地　平均八三四・三文　一升蒔あたりの平均一八七・一文

以上のように、評価どおりの平均値を示す。個々には、例外もある。総高の一升蒔きあたりの貫高で、上田の最高二八九・二文であるのに対し中田は三二〇文なのである。この田はなぜ上田にならなかったのだろうか。また、中田の最小が一五〇文であるのに対し、下田の最高は二五〇文である。この田はなぜ中田にならなかったのか、という疑問が湧いてくる。筆者は原之郷全体で統計をとることに問題があると考える。前述したように知行地は分散しており、知行がある土地の条件によって差が出てくるのではないだろうか。そこで字別に一升蒔きあたりの貫高をみていくことにしよう。

1　田の等級の決定条件

ここで無作為に田のある地字を選んでみよう。

例えば熊窪にある坂口善三の田（351）は天正検地で見出分がなく、八合蒔の本高が一〇〇文で等級は下、同地の十輪寺知行の田（543）は九合蒔きの総高一三〇文で下である。しかし同じ熊窪で十輪寺知行の田（546）は、七升蒔きで総高一貫四七〇文は中の評価である。

上原の中村専七良知行（560）では、四升蒔きの田で総高が八〇〇文、中である。さらに吉須の十輪寺知行の田（552）は蒔高五升五合の総高一貫四〇〇文で上の評価となっている。ここに一定の法則性はあるのだろうか。

『給人検地帳』では蒔高の記述がある田が三四八筆確認できた。畑と同様に田には一部の書き忘れを除いて上・上中・中・下・下々の等級がみられる。基本的に本高（古検地では総高）に見出分、役田分を足したものが天正検地で掌握された総高となる。田の等級は、この総高を蒔高で割った数値をベースに決定されている。

前述の熊窪、坂口善三知行の田は八合蒔き（〇・八升）の総高一三〇文であったから、一三〇÷〇・八で一升蒔きあたり一二五文である。同じく十輪寺知行の田は一三〇÷〇・九の一四四・四文で両者とも下田である。

上原の中村専七郎知行の田は八〇〇÷四、一升蒔きあたり二〇〇文で中である。吉須の十輪寺知行の田は役分もついて一四〇〇÷五・五、二五四・五文の上である。

田が八筆以上ある字名を取り上げ、検証してみることにしよう。字地の場所については、真田町誌調査報告書第2集『真田氏給人知行地検地帳』から拝借した図（第9図）の付番通りとする。各図は、縦軸が一升蒔あたりの貫高、横軸は各田の等級を表している。

①　新井在家（第10図）

一八筆の田がある。一升蒔きあたり一八〇文の一筆が下田、一升蒔きあたり二〇〇文以上二五〇文未満は中田、二五〇文以上は上田と基本的には収まっているが、やはりセオリー通りに行かない例がある。二二〇文で下田となるのは御北様御料所坂口与助知行の田（876）である。これはおそらく一升蒔きという面積の狭さから、今後の生産性の向上が見込めないことに対する評価と推定される。また、二五〇文で中田となっているのは番匠新兵衛の知行である（930）。ここもやはり一升五合蒔と狭く、加えて見出がなかったことから評価が落ちたものと考えられる。

逆に二二〇文であるが上田になっているものが一筆ある。御北様分長谷寺祈心（867）である。この料所は田畑ともに新井在家に集約されている。二二二・九文の田が中田になっており、この両田は蒔高三升五合蒔きで本高も同じく六〇〇文である。見出分の違いでわずかに差がついた。よって数値的な面では二二〇文で上田になる理由は見当たらない。考えられることは作人の源左衛門尉が第一章第二節で述べた作人知行者である点か。この場合は姓が平林か小林か判断できない事例であるが、「役等」の関係で等級が引き上げられた可能性以外には思いつく点が今のところない。

②　石田（第11図）

石田は八筆の田がある。新井在家と比較すると生産性が低いのが一目瞭然である。よって一八〇文代の三筆の田もほぼ二〇〇文という見取りで中田となったと考えられる。ただ二二〇文で下田となっている例がひとつある。斎藤左

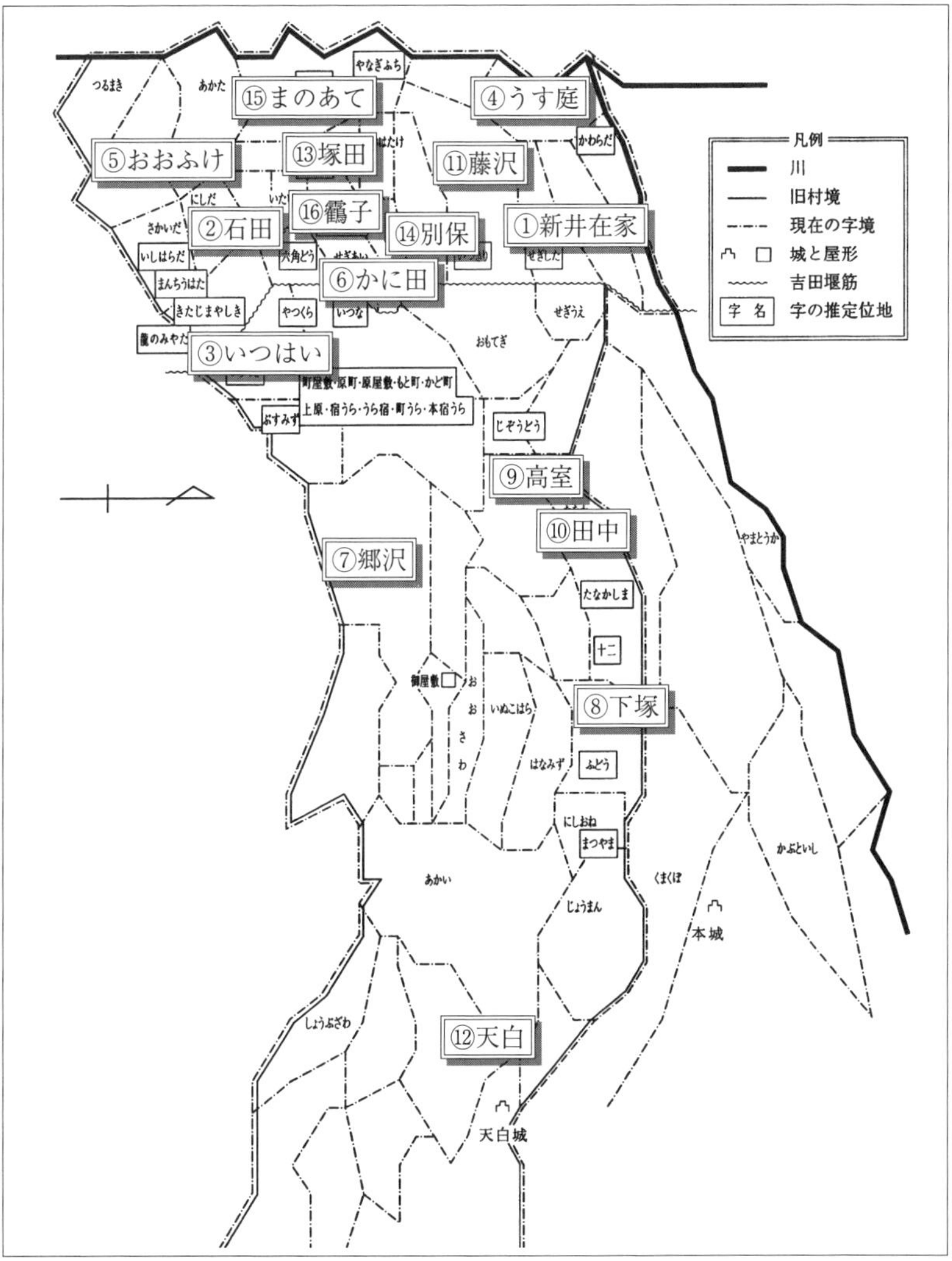

第９図　天正検地に現れる地字図

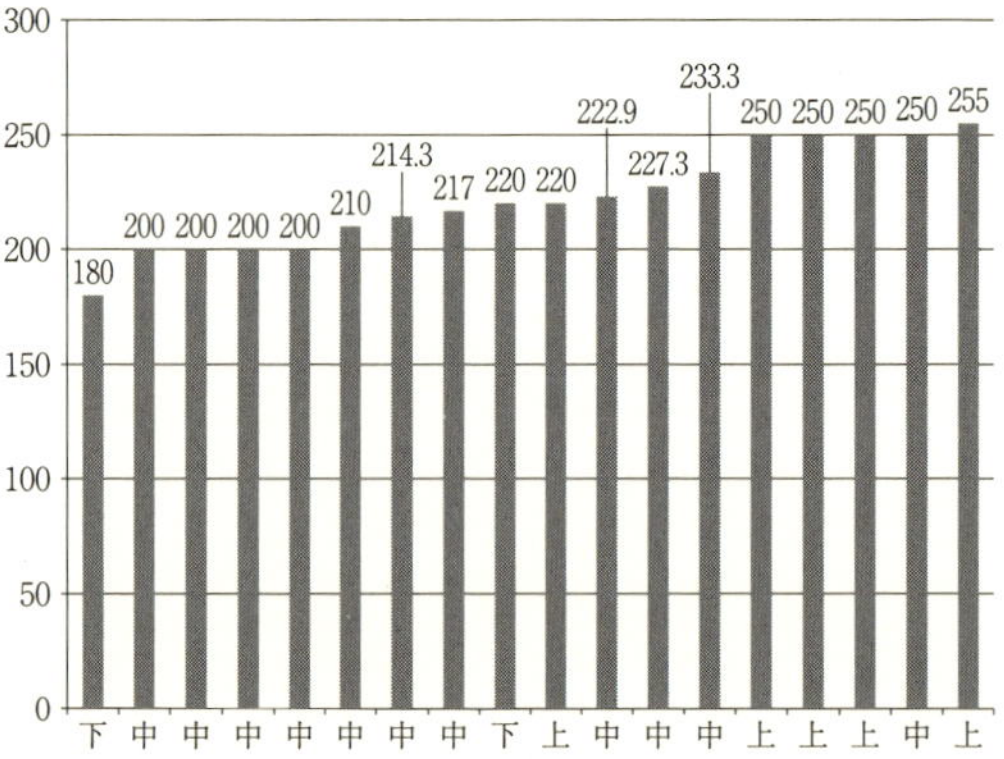

第10図　①新井在家

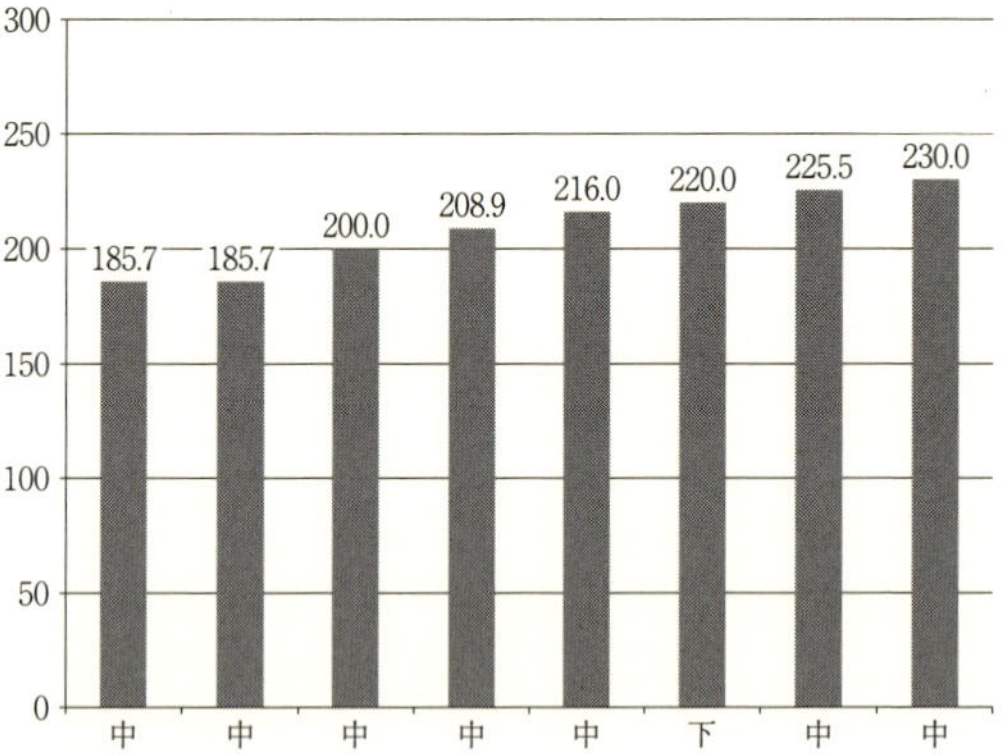

第11図　②石田

馬助知行（283）である。本高が一貫文であったのに対し、見出が一〇〇文である。一升蒔きあたりの見出検出率がこの中では最も低いことは確かであるが、二〇八・九文の中田、やまとうか甚四郎知行（432）も一升蒔きあたり二六文ほどであり、大きな違いがない。若し両者に違いがあるとすれば、山とうかの田は役田であるということぐらいである。ここでは特に生産性の問題から下田とされたとは言い切れない部分がある。

③　いつはい（第12図）

一二筆の田がある。ほぼ基準通りの等級の付け方である。一筆目の約一七七文の田が中田となっている。これはほうきおさ之の知行（581）で、本高七〇〇文に対し、見出が四五〇文といつはいの中では最も検出率が高いことからその生産性が評価されたものと考えられる。また蒔高も六・五升蒔きと広めである。

二一〇文で上田となっているのは清水善兵衛の知行である（131）。一升蒔きあたりの見出が五〇文と高率のためではないかと考えられる。二三七・五文で上田の田は、真田細工出雲の知行（558）である。これといった特徴はなく、いつはいでは上田の範疇として認識されていたのかもしれない。

④　うす庭（第13図）

一七筆の田がある。中田と上田はほぼ基準に近い評価となっている。一八〇文代で中田となっているのは華岡織部知行（49）と斎藤左馬助知行（286）であるが、うす庭の中では中田の範疇だったのではないだろうか。

二二八・三文で上田となっているのは、京之御前様御料所勘三良分小吏甚五衛門（1007）である。六升蒔で、一升蒔きあたりの見出が四〇文と高いことは確かだが、上田となる範疇であるのかは分からない。ちなみに一二〇文の役田である。

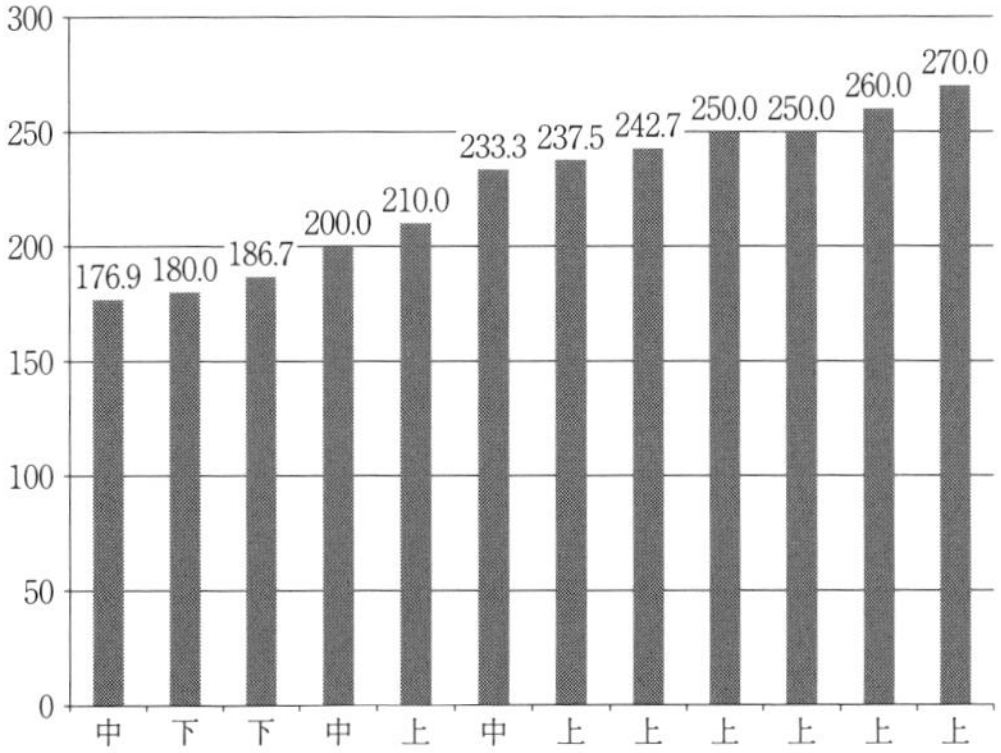

第12図　③いつはい

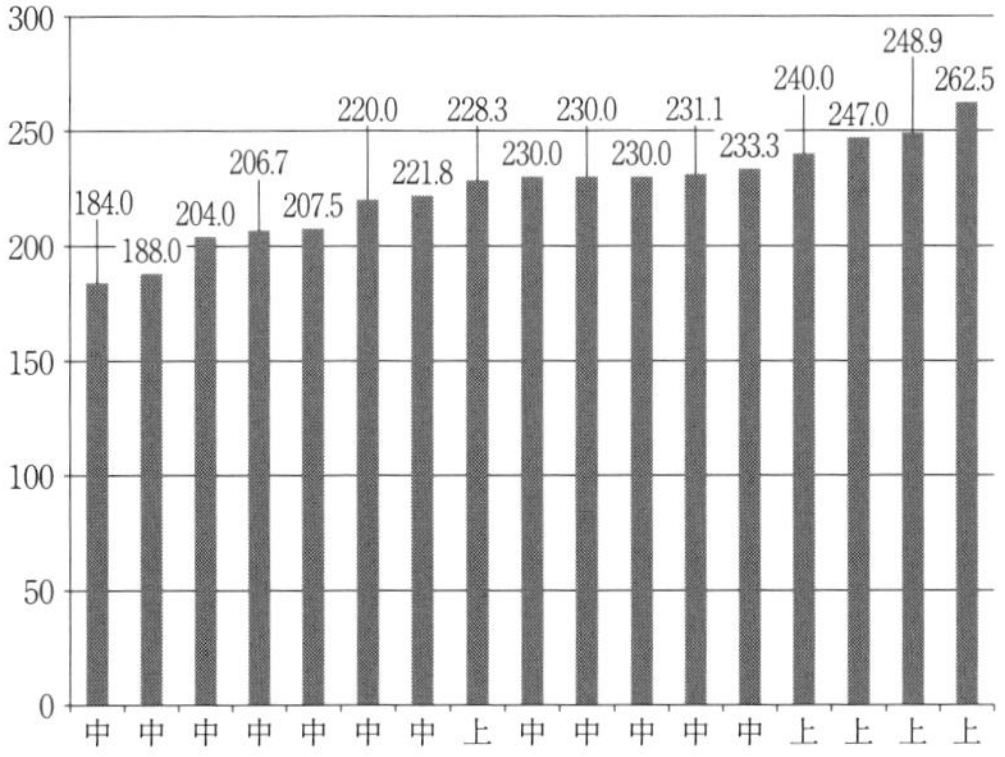

第13図　④うす庭

二四〇文と二四七文の二筆の上田は京之御前様御料所で小吏小金縫右衛門（961・962）である。うす庭では上田の範疇なのかもしれない。二四〇文の田は一二〇文の役田で一斗蒔と広く、一升蒔きあたりの見出は四五文と高い。二四七文の田も一升蒔き当りの見出は四〇文である。

⑤　おおふけ（第14図）

八筆の田がある。全体的に生産性は高くない。ほとんど基準通り二〇〇文以上で中田となっている。おそらく一九二文の田も中田の範疇だっ

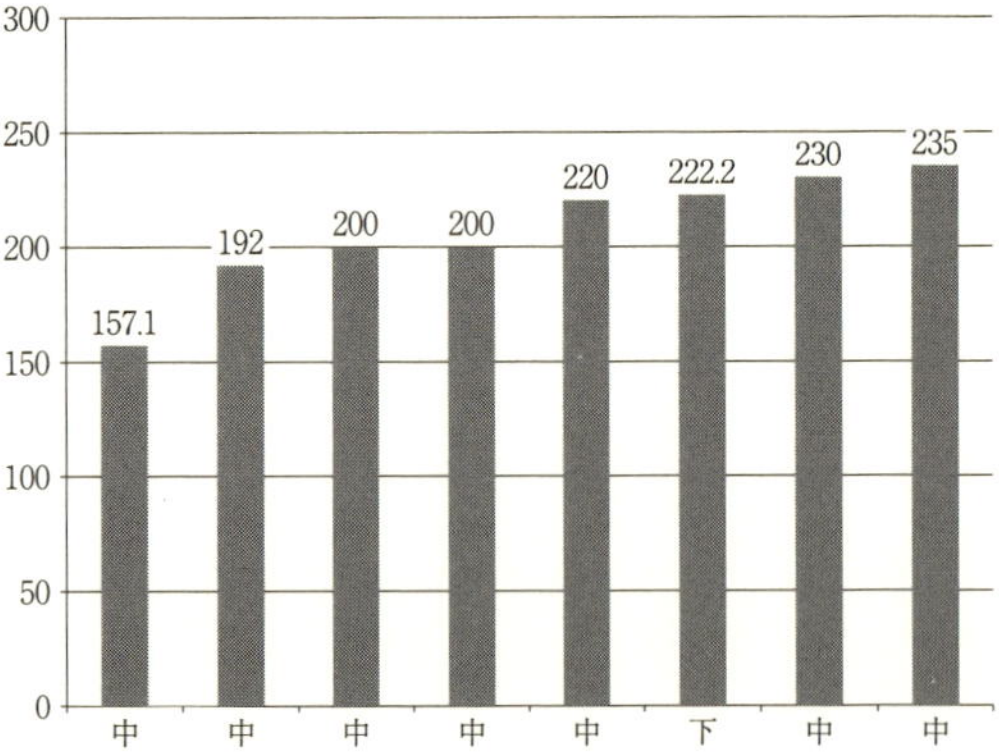

第14図　⑤おおふけ

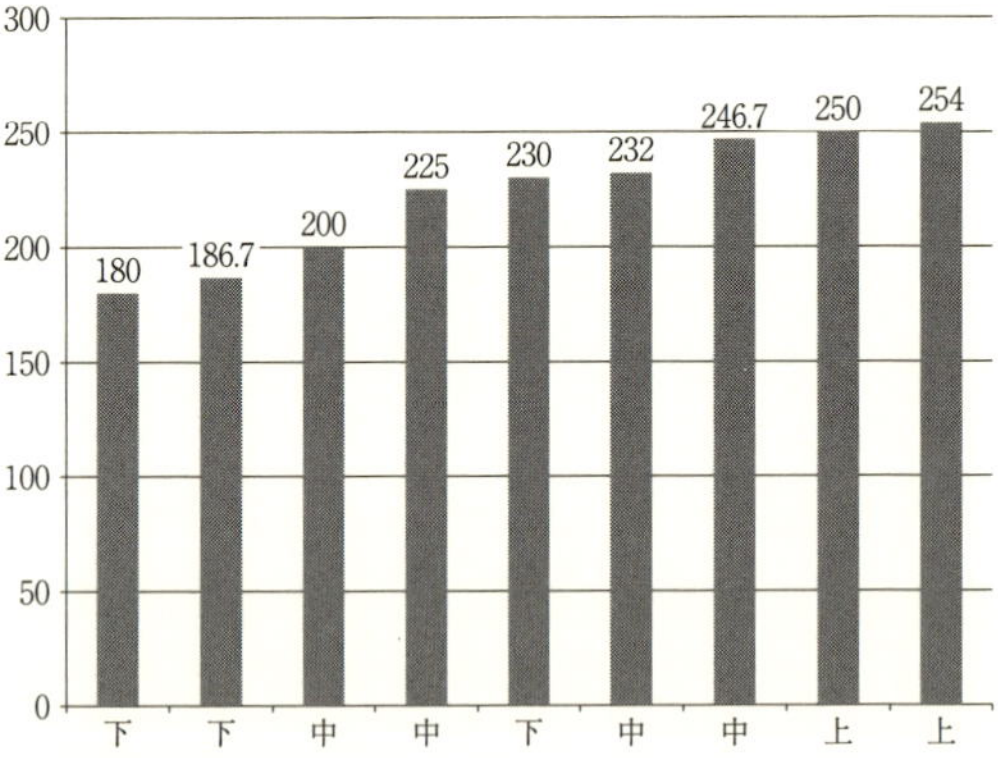

第15図　⑥かに田

たと考えられる。壱本鋒源右衛門の知行（689）であるが、一升蒔き当りの見出は七二文と高い。しかし同じ壱本鋒の二二二・二文の田が下田とされているのかについては理由がよくわからない。

宮下新吉知行の一五七・一文の田（968）はかなり低いのだが中田となっている。蒔高は七升蒔きと広いことは確かだが、明確な理由は分からない。

⑥　かに田（第15図）

九筆の田がある。ほとんど完璧に近いほど基準通りの等級になっていると言えるが、一筆のみ二三〇文の田が下田とされている。平林源左衛門知行（52）である。目立つ点と言えば一升蒔き当りの見出が一〇文と低いくらいのもので、特に下田となる理由とは考えられない。

⑦　郷沢（第16図）

二三筆の田をもつ郷沢はやや不可解な点がある。等級の基準はほぼ守られているが、二二〇文の田が三筆とも下田になっている。これらに共通していることは、全て御北様御料所である点である。というよりも一筆の上田以外全て御北様御料所である。（611～小吏蔵嶋、643～小吏曲尾与五右衛門）。また郷沢にある畑四一筆中四〇筆が御北様御料所となっている。ここはどうやら知行地あてがいのプールのようだ。しかし今問題となっている三筆については下田となる要素はみつからない。

また一八九・三文と一九六文の田が中田になっている。両者に共通するのは七・五升蒔という広さである。二〇〇文で下田になる一筆は八升蒔の田で、見出も一升蒔きあたり三〇文である。二〇二・五文の田には等級が付けられていない。おそらく記入漏れと思われる。等級は中田とみられる。ちなみにただ一つの上田は、や古原田左衛門の知行である（226）。六升蒔きで、一二〇文の役田であるが、や古原はこの一筆しか田を持っていない。しかも一貫文を越えるのはこの田だけである。さらにや古原知行の畠は郷沢の一筆以外は全て天白にある。郷沢の田畠は加恩によって宛がわれたものである可能性が高い。

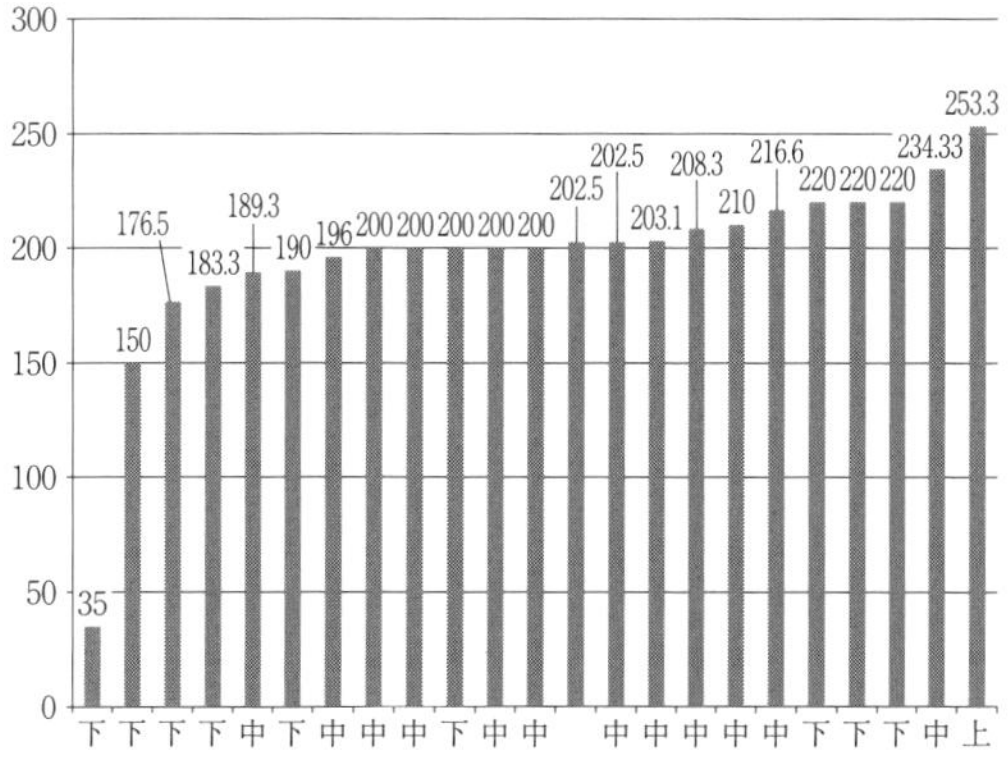

第16図　⑦郷沢

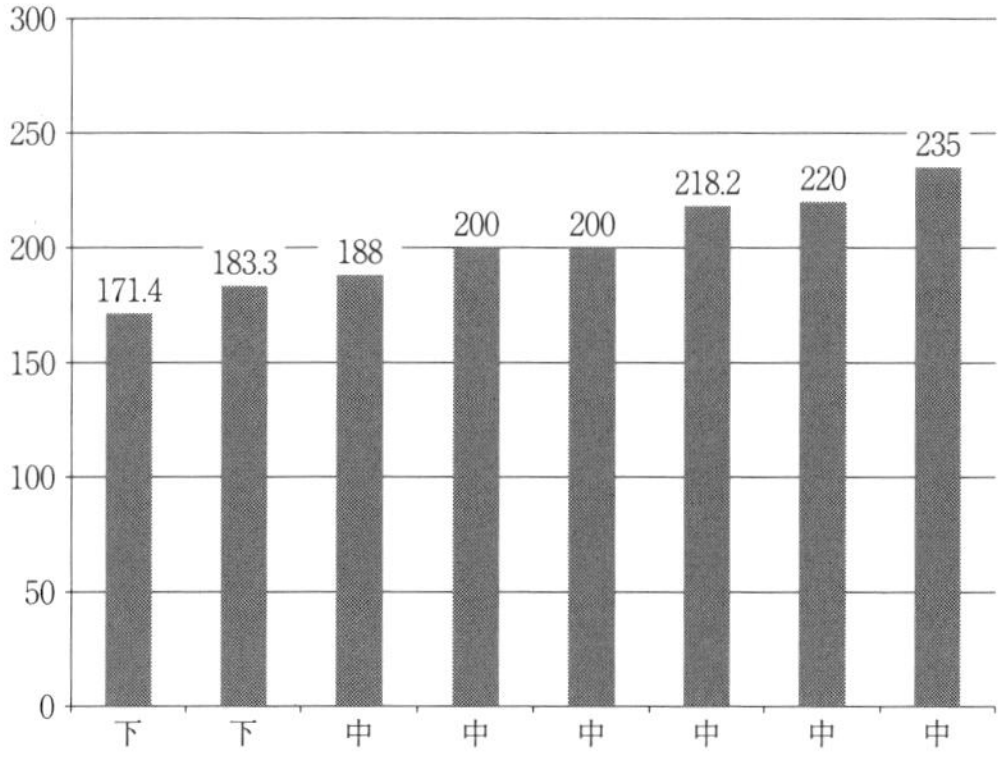

第17図　⑧下塚

⑧　下塚（第17図）

八筆の田がある。ほぼ完全に基準通りの等級となっている。一八八文で中田となっているのは宮坂又右衛門知行である（894）。特に特徴のな

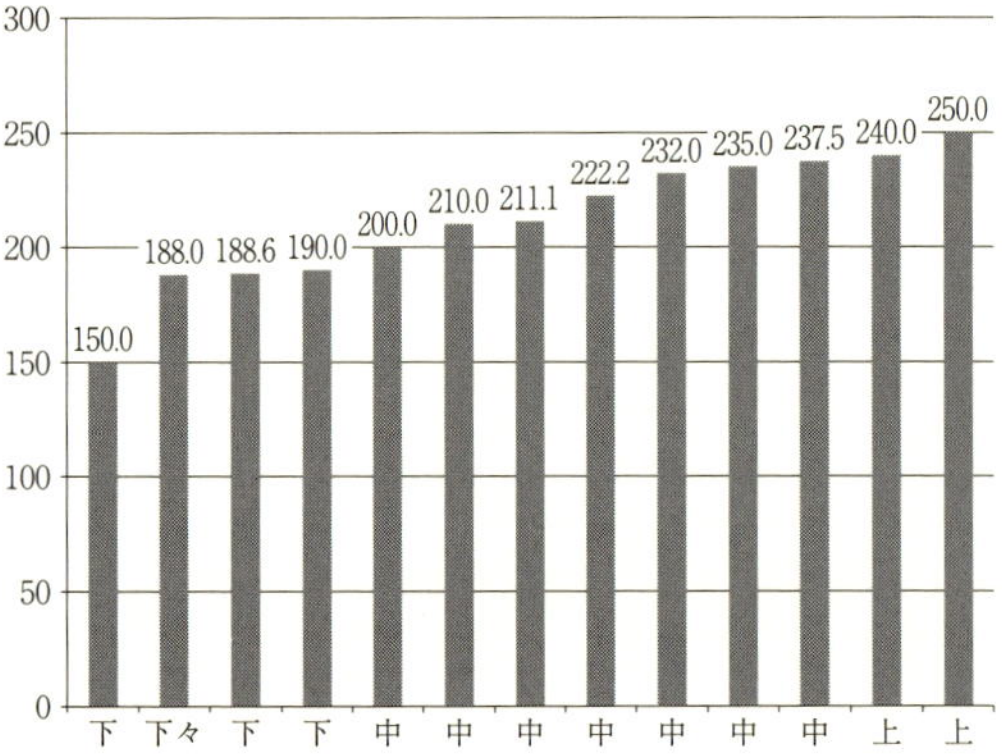

第18図　⑨高室

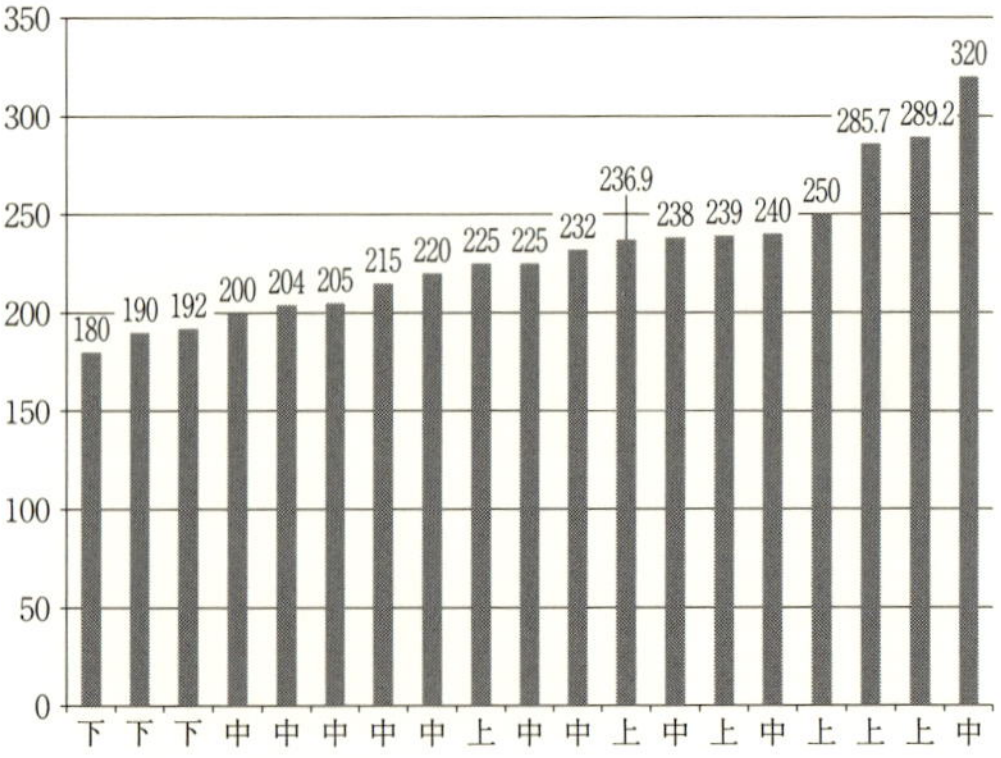

第19図　⑩田中

い田であり、上田が一筆もなく生産性の低いこの地にとっては中田の範疇だったのかもしれない。

⑨　高室（第18図）

一三筆の田がある。ほぼ基準に従った等級となっている。一五〇文の下田は京之御前様御料所矢野分（1064）である。このこと自体には問題がないのだが、二筆目の一八八文の田が下々田になっているのは疑問である。河原同心かひやうへの知行（272）である。両者にもし違いがあるとすれば、下田の料所のほうは八合蒔きで本高五〇文という田から七〇文の見出が検出されている点である。かひやうへの方は二升五合蒔きで本高四〇〇文に対し、見出は七〇文である。一升蒔きあたりでみれば料所は八七・五文に対し、かひやうへ分は二八文という差はあるのだが、下々とまで評価される理由は思いつかない。

二四〇文の上田は池田甚次郎知行（699）である。見出の検出率が四〇文というくらいの特徴しかみられない。

⑩　田中（第19図）

一九筆の田がある。非常によく基準通りに等級分けしてあるが、やはり疑問点がある。まずは原之郷の中で最も高い一升蒔き当り三二〇文の田が中田であることだ。知行者は小林七郎右衛門尉で（170）、本高九〇〇文、役一二〇文、見出は一〇〇文である。彼の知行地はこれ一筆だけである。ただし彼は特別な存在である。若殿さま御料所（168・169）の小吏を勤めているのだ。そして作人も兼ねているのだが、御料所の小吏・小使・あるいは知行の中で御料所以外に知行地をもっているのは、この小林七郎衛門尉だけである。この場合「若殿さま」は実際に誰を示すのかが分からないが、その御料所の小吏は他の御料所の者たちより優越権をもっていたことがこれでわかる。まず知行地を与えられていること。それも極めて生産性の高い田であること、それにも関わらず中田という評価なのである。一応の基準に照らし合わせ、近似値にあっては等級評価を上げる方向性が窺える中、これに関しては破格の処遇と言えるのではないだろうか。

京之御前様御料所勘三郎分小吏甚五衛門の二三九文の田（1044）が上田になっていることについては広さが一斗蒔であることが加味された可能性が考えられる。

細田対馬知行の二三六・九文の田（167）は上田である。ただし細田の知行地は「夫馬免」と記されている。これについては『真田町誌』歴史編上に説明がある。それは「普請や兵糧小荷駄の運送等必要なとき、貫高に応じて人夫や馬をだして労役を負担したことを指していると思われる。」という解釈である。すなわち細田はそれを免じられているのである。その代りかどうかは判断できないが、細田の持つ二筆の田は一二〇文の役田である。特に田中の田は六升五合蒔きである点も加味されているのかもしれない。

御北様御料所小使権介の二二五文の田（719）は上田である。特に何の特徴もない田であり、ただ「御料所」であるだけである。ここは確定的な理由は見当たらない。

⑪　藤沢（第20図）

九筆の田があり、ほぼ基準通りの等級づけとなっているが、三筆ほど疑問点がある。

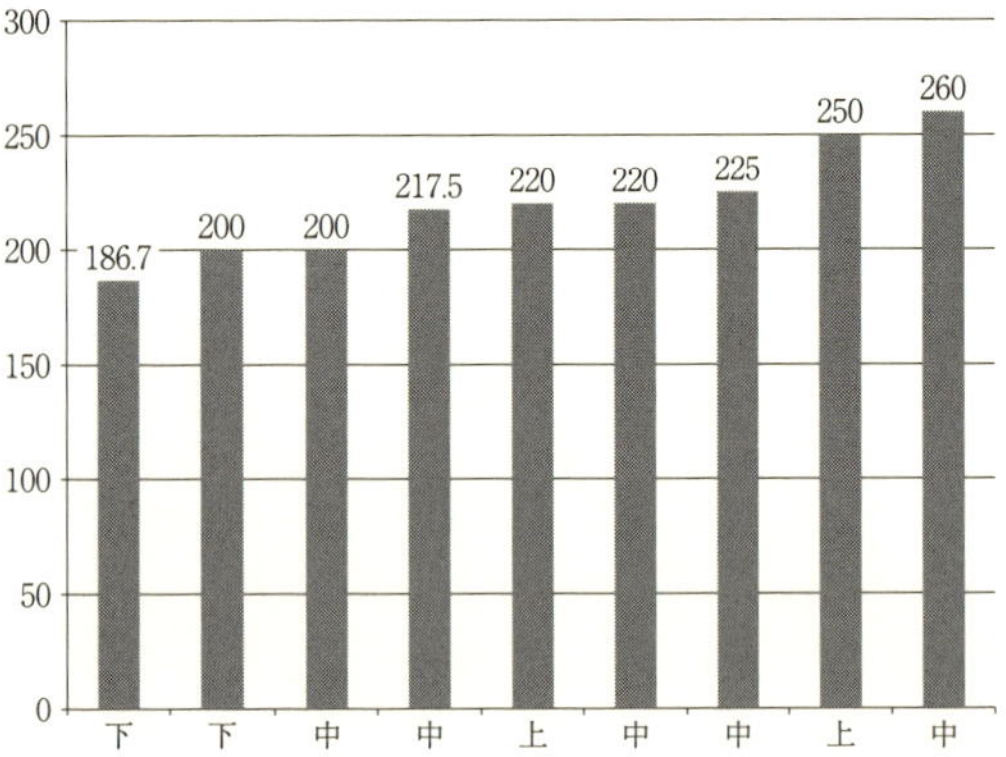

第20図　⑪藤沢

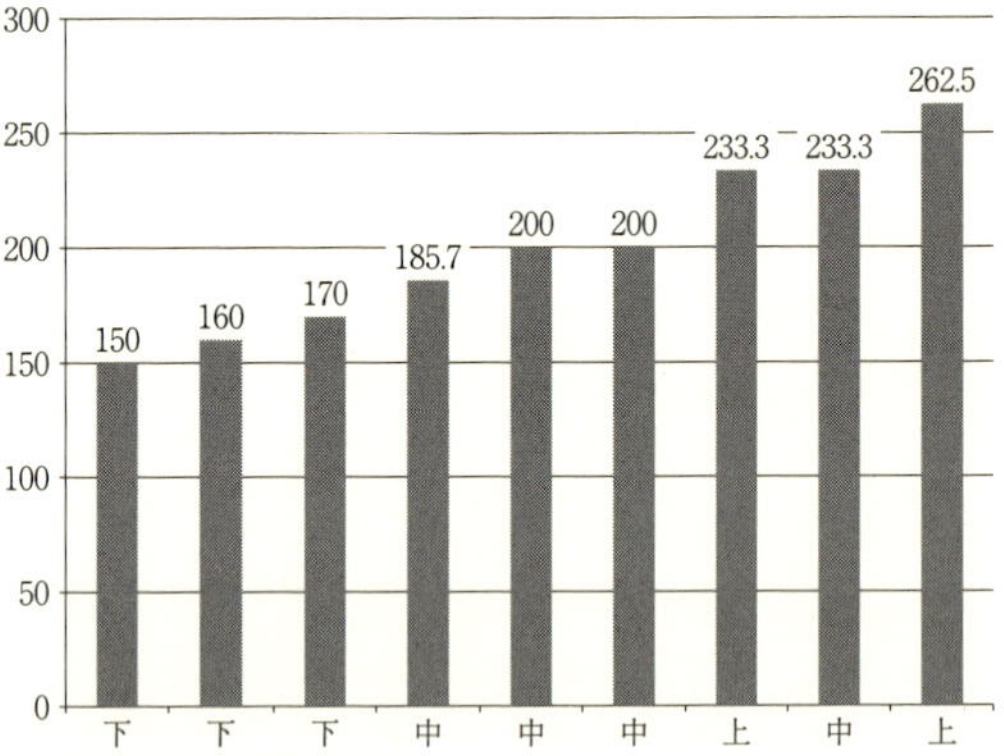

第21図　⑫天白

二〇〇文で下田となっているのは斎藤左馬助の知行である（292）。八升蒔きで本高が一貫六〇〇文の田であるが、見出が検出されていない。この部分が要素的にマイナスになったかもしれない。

　二二〇文で上田となっているのは、京之御前様御料所勘三郎分小吏甚五衛門（1036）である。六升蒔で本高八〇〇文、一二〇文の役田である。見出が四〇〇文で一升蒔き当り六六・七文と高いが、上田にまで引き上げる要素となるかは判断がつかない。

　二六〇文で中田となっているのは、関口角左衛門尉知行（920）である。四升蒔で本高八〇〇文、見出が一二〇文で、一二〇文の役田である。実は一筆前の二五〇文で上田の田も関口角左衛門尉知行である。ここにどのような判断が行われているかは不明である。

⑫　天白（第21図）

九筆の田がある。およそ基準通りであるが、二点疑問がある。

一八五・七文の中田は祢宜甚助の知行である（807）。三升五合蒔きで本高が三五〇文であるのに対し、見出が三〇〇文検出されている。一升蒔き当り八五・七文という高さで、この点が加味されたと推定される。

同じ二三三・三文で上田と中田に分かれる二筆がある。上田は山浦藤兵衛知行（951）である。四升五合蒔で本高八〇〇文、見出が二五〇文である。中田は山とうか甚四郎知行である（436）。一升五合蒔きで本高三〇〇文、見出が五〇文である。両者の違いはやはり見出分で、山浦が一升蒔きあたり五五・六文に対し山とうかは三三・三文である。この辺の差が等級に現れた可能性がある。

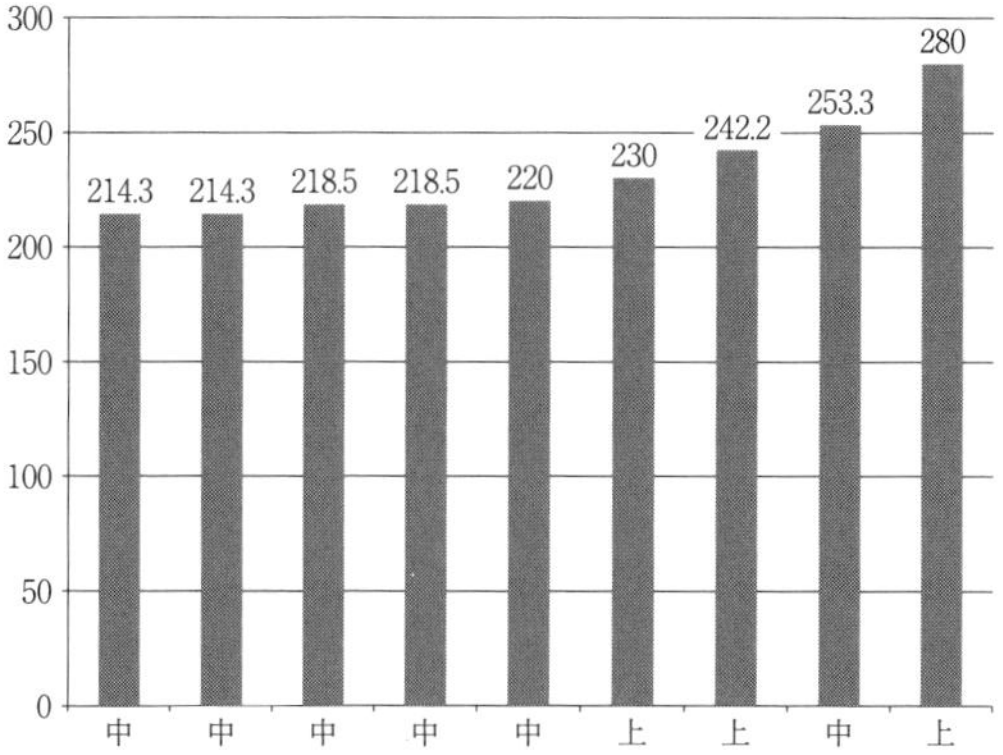

第22図　⑬塚田

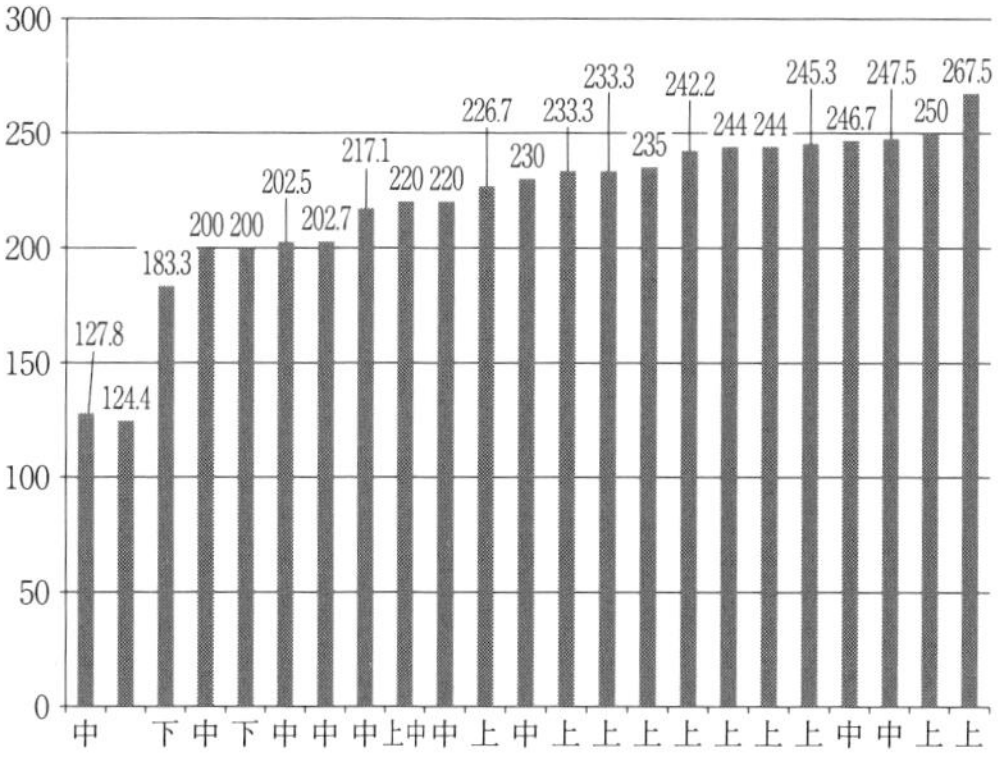

第23図　⑭別保

⑬　塚田（第22図）

九筆の田がある。塚田の場合は二三〇文より上が上田とされた可能性がある。ただ、問題は御小人藤右衛門知行の二五三・三文の田（994）が中田になっている点である。六升蒔きの本高一貫参百文で一二〇文の役田である。蒔高の割に見出分が一〇〇文と非常に少ない点が理由になるだろうか。

⑭　別保（第23図）

二三筆の田がある。非常に生産性の高い地区のようである。二二〇文

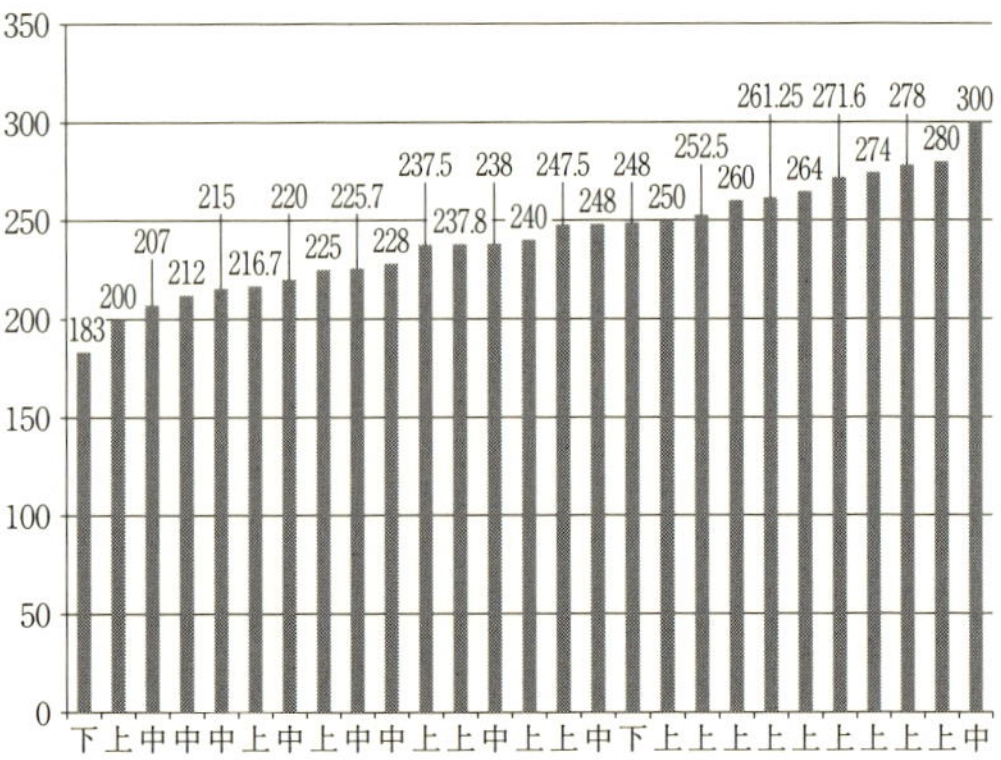

第24図　⑮まのあて

を越えたあたりから上田が出始める。

丸山新左衛門知行の一二八・三文の田（192）は九升蒔きで本高が一貫文、一二〇文の役田である。面積の広さから中田となった可能性がある。

二〇〇文で下田になっているのは、常田同行の地行（300）である。二升五合蒔きで本高五〇〇文であるが、見出が全くない点で下田とされたものと推定される。

二二六・七文で上田になっているのは池田佐渡守知行である（171）。一斗二升蒔の田で本高が一貫七〇〇文、一二〇文の役田である。見出も九〇〇文あり、やはり蒔高の大きさと一升蒔き当りの見出分が七五文という高さから上田となったものと推定される。

別保の尺度で考えると二四六・七文で中田の悪沢又右衛門尉の知行地（809）は、三升蒔きで本高六〇〇文、六〇文の役田である。見出が八〇文と少ないため中田になったのだろうか。

松井忠助知行の二四七・五文の田（608）は、八升蒔きで本高一貫一〇〇文、一二〇文の役田である。松井忠助知行は夫馬免で、二筆ある田には田役がかけられている。中田とされている理由は特にみあたらない。

⑮　まのあて（第24図）

二七筆の田があり、一筆を除いてのこりは全て二〇〇文以上という穀倉地帯といえる。やはり二五〇文から上に上田が集中するが、それ以下も上田と中田が錯綜している。これは蒔高が多い割に本高の伸びない田と貫高は少ないが単位面積あたりの収穫が高い田が入り乱れているためだと推定される。二〇〇文以上に下田がないのでそれなりの規則性は持っているものと思われる。

ちなみに三〇〇文の田は、斎藤左馬助の知行で（287）ある。一升蒔きで見出を含めて六〇〇文である。それほど広い田ではないが生産性は確かに高く中田になっている理由は分からない。まのあての特徴なのだろう。

⑯　霾子（第25図）

一二筆の田がある。一九六文から二五五文まで大きな差はなく、ほぼ中田で統一されてしまっている。

ちなみに唯一の上田は、塩沢善左衛門知行の田（501）である。一升五合蒔で本高が五〇〇文見出が一〇〇文である。一升蒔き当りの見出は四〇文と高めであるが、特に他に比較し上田にする必然性はみあたらない。

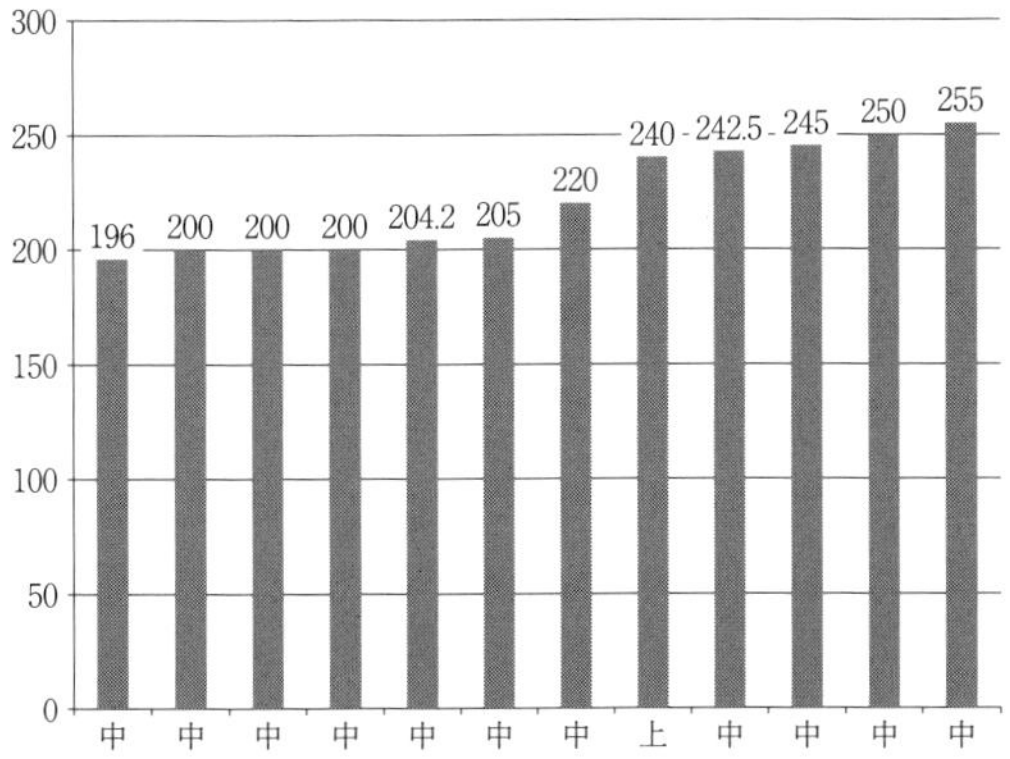

第25図　⑯霾子

以上、原之郷で八筆以上の田をもつ地籍について等級づけの状況をみてみた。

2　田の評価についての総括

天正検地における田の等級づけには一定の法則が見えてきた。古検地貫高をベースに、見出分や、役田であれば田役分を足した合計（高辻）を、面積表示の数値でもある蒔高で割った結果が、田の等級に反映されるのである。そして、二〇〇文に満たないものは下田、二〇〇文以上二五〇文未満のものは中田、二五〇文以上は上田となる基準が見いだせる。しかし、他の立地場所である地籍（字）別にみていくと、それからは外れる例が多いことが分かった。単純に数値通りに等級を決めることは簡単であるが、蒔高の大小、見出分の多少、役田であるか否かなども加味しながら最終的な等級が決められていったようである。蒔高記載のある三四八件に限って言えば、算出等級の七割強は計算どおりの等級であったが、二割弱が上がり一割弱が下がる結果であった。

ここで言えることは、天正検地では一筆毎にかなり複雑な要素を持って詳細な等級付けをしており、もはや指出検地では賄えない作業だろうということである。桜井の『真田町誌』での見解同様、検地役の人間が在地に入って調査をしたものであると推定される。畑の割合が非常に高い原之郷では、貴重な水田に対して本格的に検地をおこなったのだろう。等級は必然的に、その田に賦課される役の多寡にも影響してくるのである。

ちなみに『秋和見地帳』に一か所だけ「上田七升蒔　一貫七百文」と偶然残っている部分がある。秋和の場合、一升蒔き当り上田は役二四三文であり、文禄三年の段階でも天正検地とほぼ同じ基準が守られていることが分かる。さらにこの段階では畑も蒔高で示していることが分かっており、畑の掌握もかなり進んでいたことが窺われ、おそらく同様の等級付けがなされたのだろう。

また、小県郡の『金縄寺領帳』というものが残されている。[1]天正一八年（一五九〇）に什算という人物が書写したものであるが、この領帳でも田畑の等級がつけられている。一筆ごとに整理していくと次のようになる。

〈史料二〉

金縄寺分

㋐　中村　四升五合蒔　　上本　壱貫八拾文　・善春

㋑　同所　五升五合蒔　　中　壱貫五十文　・助右衛門（やこはら分）

㋒　同所　二升五合蒔　　中　七百文　・四郎右衛門

㋓　同所　一升五合蒔　　　　四百文　・清右衛門

㋔同所　一升五合蒔　　上本　三百七十文　・藤右衛門
㋕同所　三升五合蒔　　上　八百七十五文・惣三郎
㋖同所　三升五合蒔　　上本　八百五十文　見出廿五文・泉助
㋗同所　四升蒔　　上　壱貫二百文　・新右衛門
㋘同所　四升蒔　　上　壱貫二百文　・半助
　〆三斗五合蒔
㋙赤田　二升蒔　　中　四百文　・ほりの内甚助
㋚地蔵堂のみきのはた　　下　百九十文　・縫殿亮
㋛はきの田　四升蒔　　中　八百文　・弥十郎
㋜同所　三升五合蒔　　上　八百文　見出十五文　・新五郎
㋝小城　四升蒔　　上　壱貫文　・やこはら半助

以下続くが、等級が付してあるのはここまでである。記載方法は『給人検地帳』とほぼ同じで、地字・蒔高・等級・見出・作人の順で記されている。これらのほとんどが田であることは、㋚の「地蔵堂のみぎのはた」と一筆だけ断りを入れていることから判断ができる。

それでは金縄寺領ではどのような尺度で等級が付けられたのだろうか。㋐〜㋝まで一升蒔あたりの貫高をみてみることにしよう。

まず「上本」と記されたもの。㋐二四〇文、㋔二四六・七文、㋖二五〇文である。『給人検地帳』や『秋和見地帳』とほぼ同じ値である。

次に「上」を見てみよう。㋕二五〇文、㋗三〇〇文、㋘三〇〇文、㋜二三三文、㋝二五〇文である。やはり『給人検地帳』の上田とほぼ同じ値になる。

次は「中」である。㋙二〇〇文、㋛二〇〇文でずばり『給人検地帳』と同じである。『秋和見地帳』含めて小県郡内において、真田氏は田の等級区分のセオリーを確立していたことはほぼ間違いがない。ちなみに下の評価を受けた一筆の畑には蒔高が記されていない。天正の段階ではまだ畑に対する蒔高計算は行われていなかった可能性が高い。しかしこの等級が役の算出にどのように用いられていたのかは、史料がなく今後の大きな課題である。

註

（1）『信濃史料』第一七巻、一八二〜一八四頁。

むすび

ところで真田氏の田に対する等級づけは、全く独自なものなのだろうか。実は山梨県東八代郡御坂町に残る「美和神社文書御祭禮日記」の中に興味深い史料がある。「二宮祭礼帳」がそれである[1]この文書は『甲斐国志』では「甲州二宮神社天正年間御祭禮日記」と名付けられ、時代は天正年間の武田氏支配期のものと推定されている（平山一九九二）。

この中に上・上中・中・中下・下の等級がつけられた田の蒔高と貫高が記入されている。その部分を拾ってみよう。

① 中壱貫四百文　七升蒔　土取田

② 上中七百文　三升蒔かい本田　検使分

③ 上　中六百文　弐升五合蒔かいもと田　検使分

④ 上六百二十五　弐升五合蒔棗田　御検使分

⑤　上五百文　弐升蒔草履ほつ田　御検使分　御検使分
⑥　中壱貫四百文御検使分　七升蒔山宮田　川口与三兵衛
⑦　上三貫文　壱斗二升蒔ふさて田　御検使之積
⑧　上壱貫二百五十文　五升蒔ふさて田　御検使分
⑨　下四百九十五文　三升三合蒔鋒田　御検使分
⑩　下五百六十五文　三升七合蒔鋒田　御検使分
⑪　下九百文　六升蒔木ノ本田　御検使分
⑫　上中四貫七百文　弐斗壱升蒔赤目田　御検使分
⑬　中六百四十文　三升二合蒔棗田　御検使之分
⑭　上中九百文　四升蒔棗田
⑮　上中三貫三百廿五文　壱斗五升蒔般若田　御検使分
⑯　中下四百廿五文　弐升五合蒔ゑ五田　御検使分
⑰　中下四百六十文　弐升七合蒔ゑご田　御検使分
⑱　上七百五十文　三升蒔　道ぞへの田
⑲　上壱貫五百文　六升蒔　まくさ田　御検使分
⑳　下百五十文　壱升蒔　同所田
㉑　上七百五十文　三升蒔　しなの田　御検使分
㉒　上七百五十文　三升蒔　真草手田　御検使分
㉓　下八百廿五文　五升五合蒔　木の本田　御検使分

㉔　中壱貫九百文　　　　九升五合蒔　三角田　御検使分
㉕　下三百七十五文　　　弐升五合蒔　びわ田　御検使分

以上のデータから上（②④⑤⑧⑫⑭⑮⑱⑲㉑㉒）、中（⑥⑬⑯⑰㉔）、下（⑨⑩⑪⑳㉓㉕）それぞれの一升蒔あたりの貫高を計算してみると、上は全て二五〇文、中は全て二〇〇文、下は⑩が一五二文になるだけであとは全て一五〇文である。おそろしいくらい上田二五〇文・中田二〇〇文・下田一五〇文に当てはまっている。ちなみに、上中の②は二三三・三文、③は二四〇文。中下の⑯⑰は一七〇文である。同様の検討は鈴木将典が行っている。ただし、一斗蒔き当りの換算でおこなっているため、やや把握しづらい面がある。また、右の史料でもみたように、「田畠を貫高に換算した額が全て「御検使分」と記されていることから、この史料が作成される前提として検地が実施されたことは間違いない」と述べている（鈴木二〇〇八）。

これを真田氏の貫高制と同質のものと考えてよいだろうか。答えは否。「二宮祭禮帳」の場合は、基本数値に合わせた作為が感じられる。例えば⑨⑩㉓㉕のように、廿五文とか七十五文というような細かい端数がつき、無理に蒔高との整合性をとっているようにみられるのだ。それに対して真田氏の場合は、あくまで検地の結果基準に見合わせて等級を定めている。基準数値が同じ点は武田氏の影響を受けているものの、独自路線で貫高制を施行していると考えた方がよいのではないだろうか。

それでは、その独自性とはどのようなものか、次節で検討してみたい。

註

（1）『山梨県史』（資料編4中世1、県内文書）。

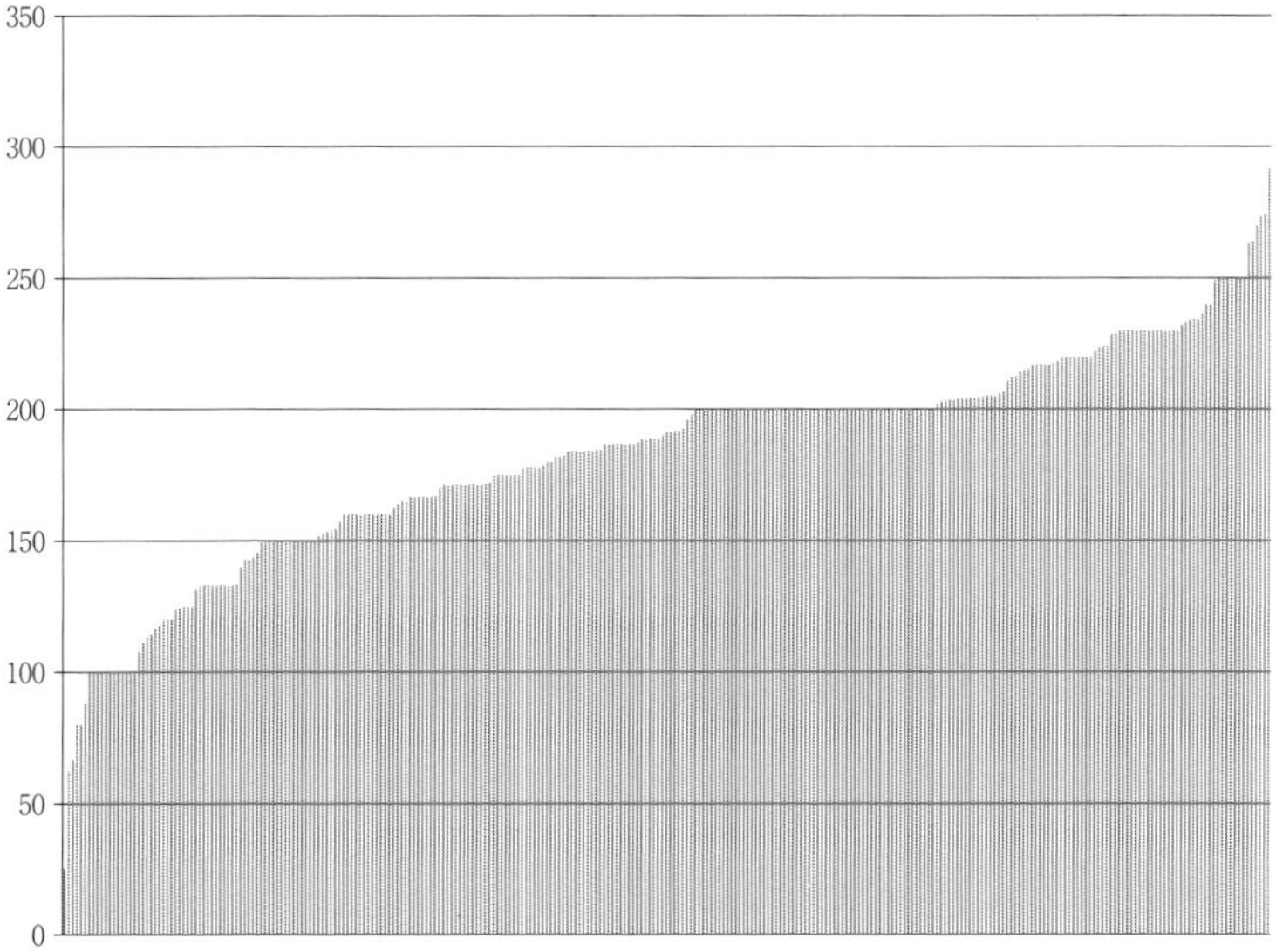

第26図　原之郷古検地1升蒔当りの貫高

第四節　「信州積り」と真田の貫高制

はじめに

真田氏の貫高制の特色を知るためにはより古い史料が必要になってくる。それはすなわち武田氏が滅亡する以前に、真田領で施行されていた史料である。それも同所の新・旧であることが望ましい。これに応えてくれるのはやはり『給人検地帳』である。検地帳には前回の貫高が記されており、そのデータも得ることができるのである。

第26図は一升蒔き当りの貫高を少ない順に示した。『給人検地帳』の古検地で把握された見出分の付かない旧来の本高と役高を各田の蒔高で割ったものである。一〇〇文あたりから階段状に上昇し、二〇〇文で長い水平線となる。実に六七筆あり、それらの田が、蒔高に相違はあれ二〇〇文という数値を志向していた感がある。数は少ないが、一〇〇文、一五〇文、一六〇文、二三〇文あたりも同様の傾向がみられる。

第27図は天正検地で把握された見出分を含めた結果である。順番は古検地のグラフと同じである。右肩上がりのスロープ

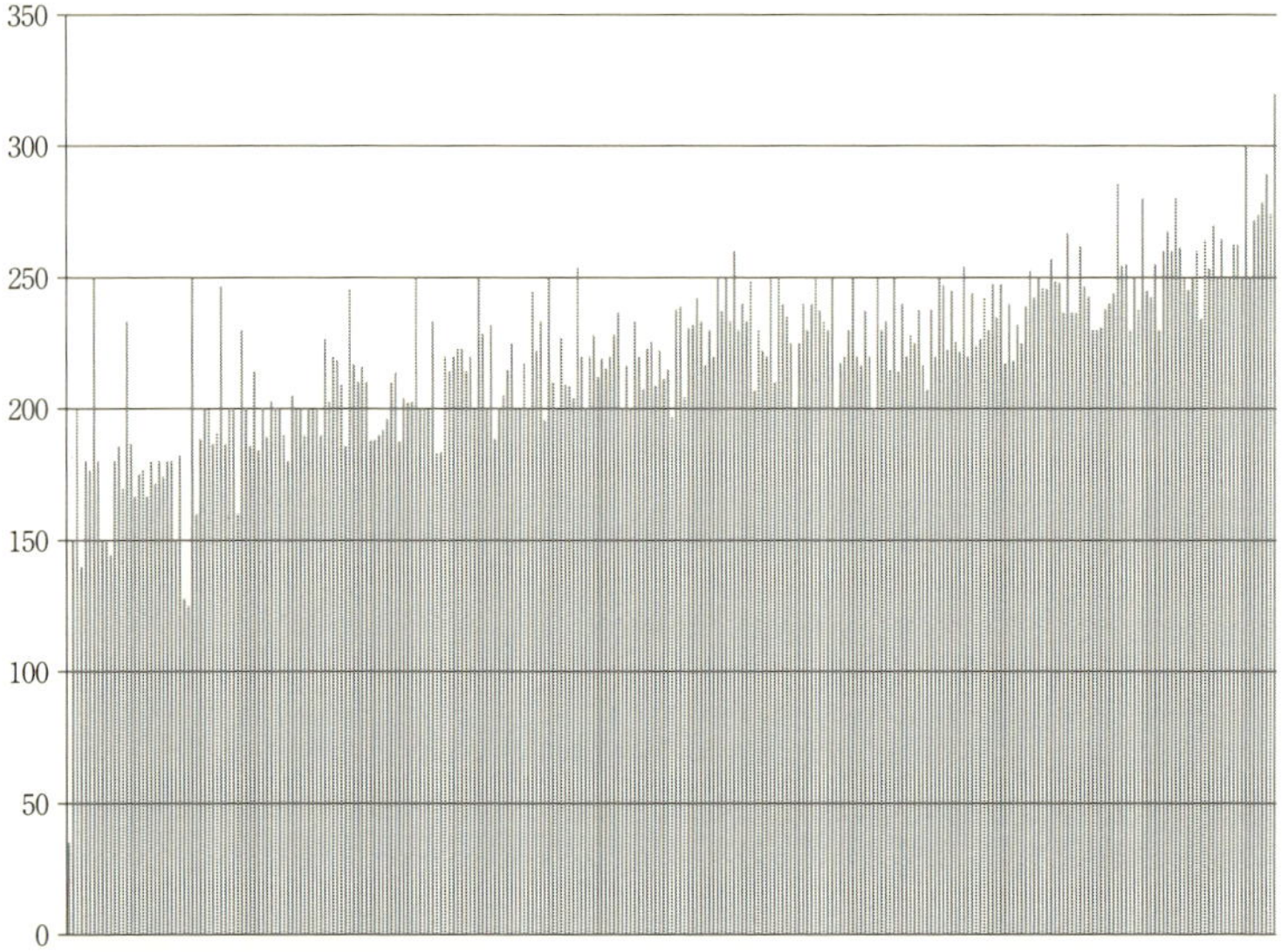

第27図　天正検地後の変化

がほとんど崩れ、多くの田で大きな伸びが認められる。二〇〇文で頭打ちであった多くの田が、二五〇文にまで及んでいる。まさに指出ではなく、実地検地の証ではないだろうか。

以上のように、天正検地の段階で田の等級基準が整い、真田氏独自の貫高制が確立していったものと考える。

1　「信州積」について

真田の貫高制は、武田氏が滅亡前年、沼田を拠点に支配していた西上野の状況に関わってくる。武田勝頼は真田昌幸に対し次のような条目を与えている

〈史料一〉真田文書[1]

朱印（勝頼）条目

一帰城之上吾妻用心普請、無疎略可被申付之事

付、中山之事

一猿京用心普請仕置以下、入于念可被申付事

付、庭谷自身計休息事

一沼田城普請仕置以下、厳重ニ可申付、人夫之儀、當年者赦免候之間、自領主可被相雇事

付、九人衆事

一沼田知行割之模様、能〃被聞届、各不恐怖様策謀事
一二ヶ条之密計、無由断調略専一候事
一佐竹奥州一統之由、其聞候、然者分國中往還、無異議様可被相談事
　付、会津表同然事
一當番衆之普請糺明事
一來調儀之支度不可有油断
一御閑橋事
一庄内諸法度以下、自前〃如定法、可被申付之事
一藤田・可遊齋・渡邊居住地事
一一宮御社領事
　符、在口上、
一野馬事
一早馬事
以上
（天正九年）
六月七日
真田安房守殿

真田昌幸を沼田城に帰城させ、吾妻郡の用心や城の普請・沼田の知行地の割り当ての聞き届け、など多くの内容が昌幸に言い渡されており、笹本正治は「これによって昌幸は勝頼から完全に沼田の支配権限を与えられたといえる。」

（笹本二〇〇九）としている。

この頃から真田昌幸による知行宛行い状が目立つようになるが、その中に特殊な言葉が出てくる。

〈史料二〉『長國寺殿御事蹟稿』一二[2]

上州勢多郡小暮村

須田又八相傳

先年不動山乗執、剰川西へ被退候条、忠節無比類候、然而倉内本意之上、望之地雖可相渡候、沼田過半藤田能登守依忠勤被下置候条、無是非候、武・上御本意之上、一所申成可出置候、先為勘忍分、於南雲之内信州積廿貫文所出置候者也、仍如件

天正九年辛巳

七月十日　昌幸朱印

須田新左衛門尉殿

〈史料三〉[3]

石田主計佐
同　平左衛門
平林惣左衛門
狩野玄蕃允
須田新次郎
同　与右衛門

同　甚丞
狩野主水佐
棟木藤右衛門
新木主税佐

須田新左衛門・狩野左近勵忠勤砌、同意、川西被退条、忠節無比類候、然而倉内御本意上者、一所可相渡候、藤田能登守方依忠信、沼田過半被下置候之条、無料簡候、如何様武・上本意、必一所申成可出置候、先為屋敷分、右十一人信州積五十五貫文出置候之者也、仍如件

天正九年辛巳
七月十日　　昌幸朱印

以上の宛行状にみられる「信州積」とは何を示すのだろうか。栗原 修は史料一に関しては「南雲之内・信州積」と理解し、史料二については「明確に宛行う地名が書かれていない」ことを指摘し、「積」には「集める」という意味もあることから「信濃国内で所々を集めて相当の貫高分を宛がうということであろう。」としている（栗原一九九七）。これに対し、柴辻俊六は「真田本領地である上田領並みでの算定方法で処理すると明記されており、地侍衆の編成に従来みられなかった独自性が認められる。」（柴辻二〇〇一）と述べている。

この「積」という言葉でまず浮かんでくるのは『給人検地帳』に出てくる「米二升百二十文積ニ」という一節である。これは「米二升を銭一二〇文に換算する」という意味であることは」明らかだ。例えば先述の「二宮祭礼帳」の中には「三〇六文籾仁斗四升五合之積」「五十文籾四升之積」という言葉が多く出てくる。ここでも「換算する」という意味で使われている。

以上の事から柴辻の考え方にならいたい。すなわち真田昌幸の言う「信州積」とは、「真田氏が成立させた貫高制

に準じての換算で」と捉えたい。その「信州積」のもとになった貫高制とは天正検地であったと推定される。

註

（1）『信濃史料』第一五巻、二五〜二七頁。
（2）『信濃史料』第一五巻、三五頁。
（3）『信濃史料』第一五巻、三五頁。

2　武田氏の検地にみられる傾向

「神長殿知行検地帳」[1]は天正七年に作成された武田氏の検地帳で、永禄十一年に佐久で作成された「上原筑前御恩御検地帳」と同様の記載方式であることから、武田氏の基本的な検地方法だったと考えられている（鈴木二〇〇六）。この検地帳の検討を行う理由は、原之郷の天正検地とほぼ同時期に行われたと考えられるからである。まず、検地帳の記載様式をみておこう。

上中　三角田
壱斗五升田　　七郎右衛門尉
壱貫九百六十文
□道上
壱升五合田　　同人
仁百五十文

上　三おさ田

四升五合田　同人

六百七十五文

家壱間諸役有、公方へ

八升蒔屋敷　同人

合弐貫八百五拾文

此内

壱貫八百文　本年貢

壱貫五十文　改出

以上は冒頭の部分である。まず等級・地字が書かれ、次に蒔高・田畑・屋敷の別・名請人が記され、次に貫高が示されている。同様の書式で続き、合計の貫高のあと、本年貢となる貫高、改出の貫高が記され、名請人一人分が終了となる。『給人検地帳』と情報面では酷似しているが、この検地帳は畑も蒔高表示している点、年貢高が示されている点、改出分が最後に合計で記され、一筆ごとの状況は不明である点が異なる。「改出」は真田の「見出」、つまり検地増分に相当すると考えられる。例えば次の例をみてみよう。

上中　三角田

六升五合田　清次郎

八百五十文
此内
四百文　本年貢
四百五十文　改出
合八百五十文

この清次郎という名請人は一筆の田があるのみなので、その内訳が分かる。清次郎の田はこの天正七年の検地以前は四〇〇文の貫高で、全部本年貢とされていた。今回の検地によって四五〇文の増分が検出された。よって以後の名請地は四升五合蒔で八五〇文の田として登録されることになる。これ以後増分を含めて本年貢高となるのか、以前のままで増分はそのまま安堵されるのかについては不明である。

ここでやはり関心が及ぶのは、一升蒔きあたりの貫高である。武田氏の検地はどのような貫高を付し、等級を決めていたのだろうか。『給人検地帳』と比較してみたい。武田氏の場合は一俵が二斗計算となる甲州枡を使用しているが、これについては、原之郷も同様であることを実証済み（第二章第三節）なので、同じ土俵で比較できる。ただし畑に関してはこの段階では蒔高を使用していないので、除外する。「神長知行御検地帳」を集約し、一升蒔き当りの貫高が少ない順に並べてみる（第4表）。全二四筆のうち、下田が二筆で両方とも一〇〇文を切り、中田が二筆、上中田が八筆で、残りが上田となる。しかし上中田と上田は錯綜していて、等級別にうまく分かれない。そして何よりも特徴的なのは、「改出」分が含まれているにも関わらず、『給人検地帳』と比較した時の、一升蒔当りの貫高が非常に低いことである（第28図）。『給人検地帳』と比較しやすくするため縦軸の最大値を三〇〇にしてある。ひとつの目安として、一〇〇文以下が下田、一〇〇文以上から中田、一二〇文以上から上田との予測がつこう。しかし、最も高い「薬師めん」の上田約一五七文は、原之郷においては下田となる。これは、諏訪地方と小県地方の土地の差だろうか。

第4表　神長知行御検地帳

番号	等級	字名	蒔高	貫高（含増分）	1升蒔当りの高	名請人
1	下	篠之めん	3	120	40	与一左衛門
2	下	川原	2	120	80	惣右衛門
3	中	細田	3	280	112	縫殿左衛門
4	上中	ミそぞえ	8	925	116	寺澤ノ二郎右衛門
5	上中	にしぬま	8	884	118	縫殿左衛門ひかん
6	上	にしぬま	6	720	120	
7	上	こせ田	9	1,080	120	又三郎
8	上中	西たうぼ	16	2,000	125	与一左衛門
9	上	く祢そへ	12	1,520	127	源兵衛
10	中	西町ぼり	4	450	129	源兵衛
11	上	二をさ	7	900	129	与一左衛門
12	上中	窪田	14	1,800	129	源兵衛
13	中	細田	4	455	130	市右衛門尉
14	上中	三角田	15	1,960	131	七郎右衛尉
15	上中	三角田	7	850	131	清次郎
16	上	かいと田	12	1,600	133	源兵衛
17	上	おうせ町	5	678	136	縫殿左衛門
18	上	にしたうぼ	3	345	138	左衛門三郎
19	上中	山のこし	5	700	140	惣右衛門
20	上中	町田	5	662	147	寺澤之甚右衛門尉
21	上	三おさ田	5	670	149	七郎右衛尉
22	上	山のこし	3	450	150	彦七郎
23	上	柳田	5	675	150	式部左衛門
24	上	薬師めん	2	235	157	寺澤ノ二郎右衛門

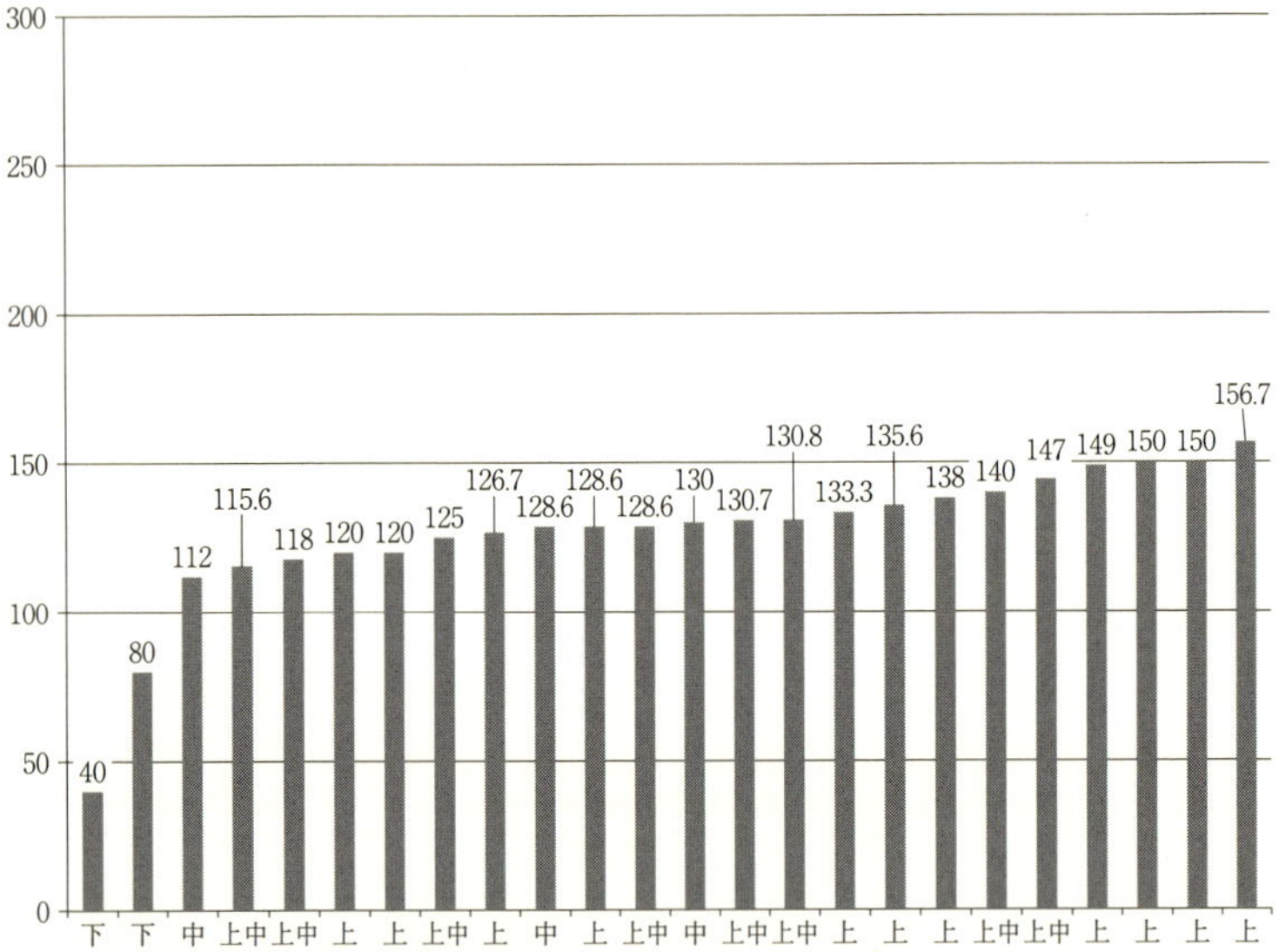

第28図　神長殿知行御検地帳の田（1升蒔当りの貫高）

ここで、やや時代は遡るが、永禄一一年（一五六七）の信州佐久郡で作成された「上原筑前御恩御検地帳」[2]にみられる田と比較してみよう。この検地帳は「志賀分」と「日村郷」に分かれているので、それぞれについて一升蒔き当りの貫高と等級を示した（第29・30図）。

まず「志賀分」をみてみると、一〇〇文以下は下田、一〇〇文以上一三〇文以下は中田、一三〇文以上は上田となる。ただし、上田の最高値は一五〇文である。次に「日村郷」では、僅かなイレギュラーはあるが、一〇〇文以下が下田、一〇〇文以上一二〇文以下が中田、それ以上が上田となるが、一五〇文に届く田は一筆もない。双方とも一〇〇文、一二〇文と切りよい数値であるのがほとんどである。このことから「上原筑前御恩御検地帳」においては、蒔高に対する一定基準の算出方法に基づいて、貫高が指し出されたものと推定される。

一方、「神長知行地検地帳」は基本的には「上原筑前御恩御検地帳」と同じ傾向のデータである。数値に端数が出るのは二回目以降の検地であることを示している。

これらを『給人検地帳』と比較してみると、貫高を一升蒔

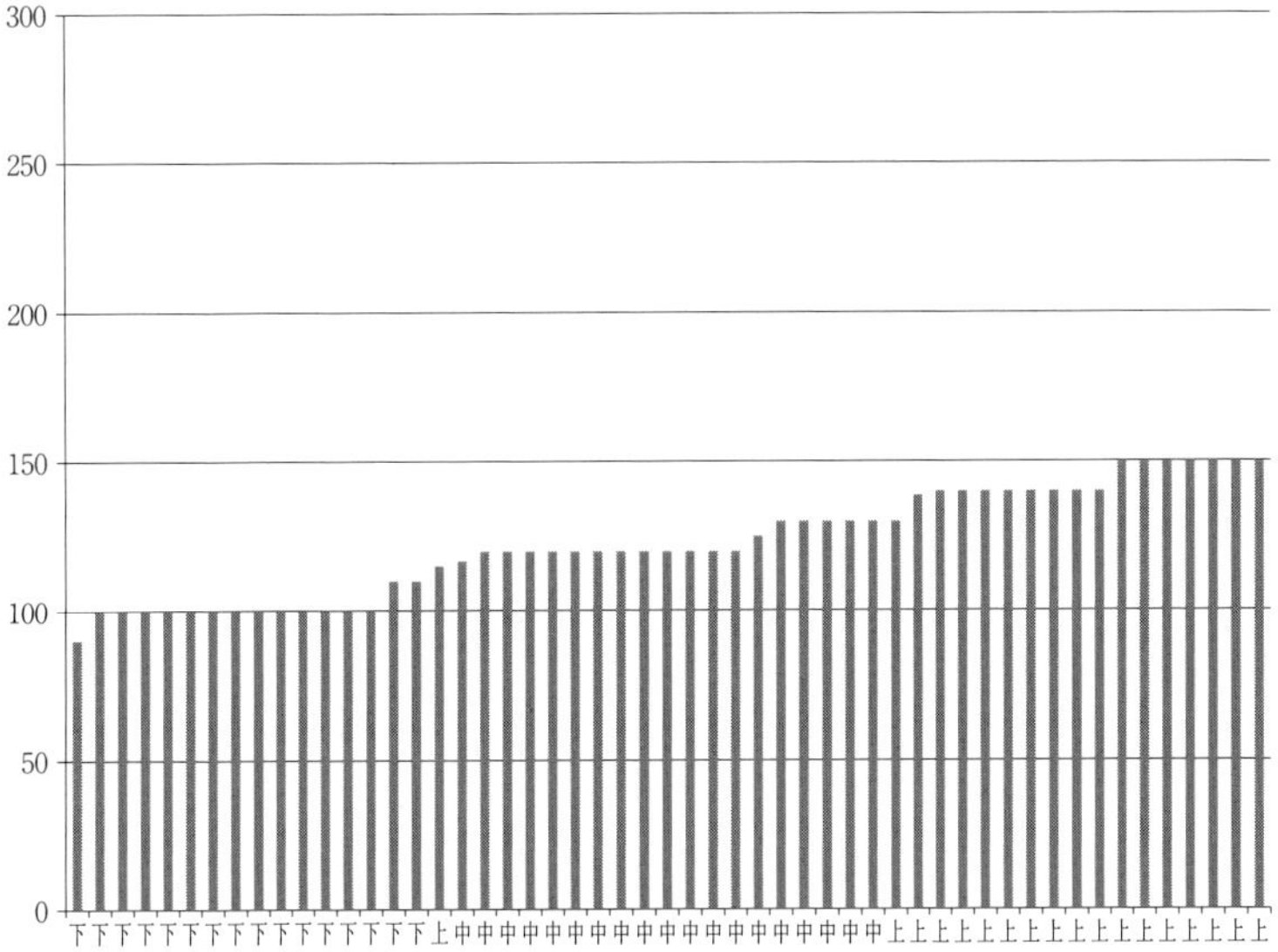

笫 29 図　上原筑前御恩御検地帳志賀分

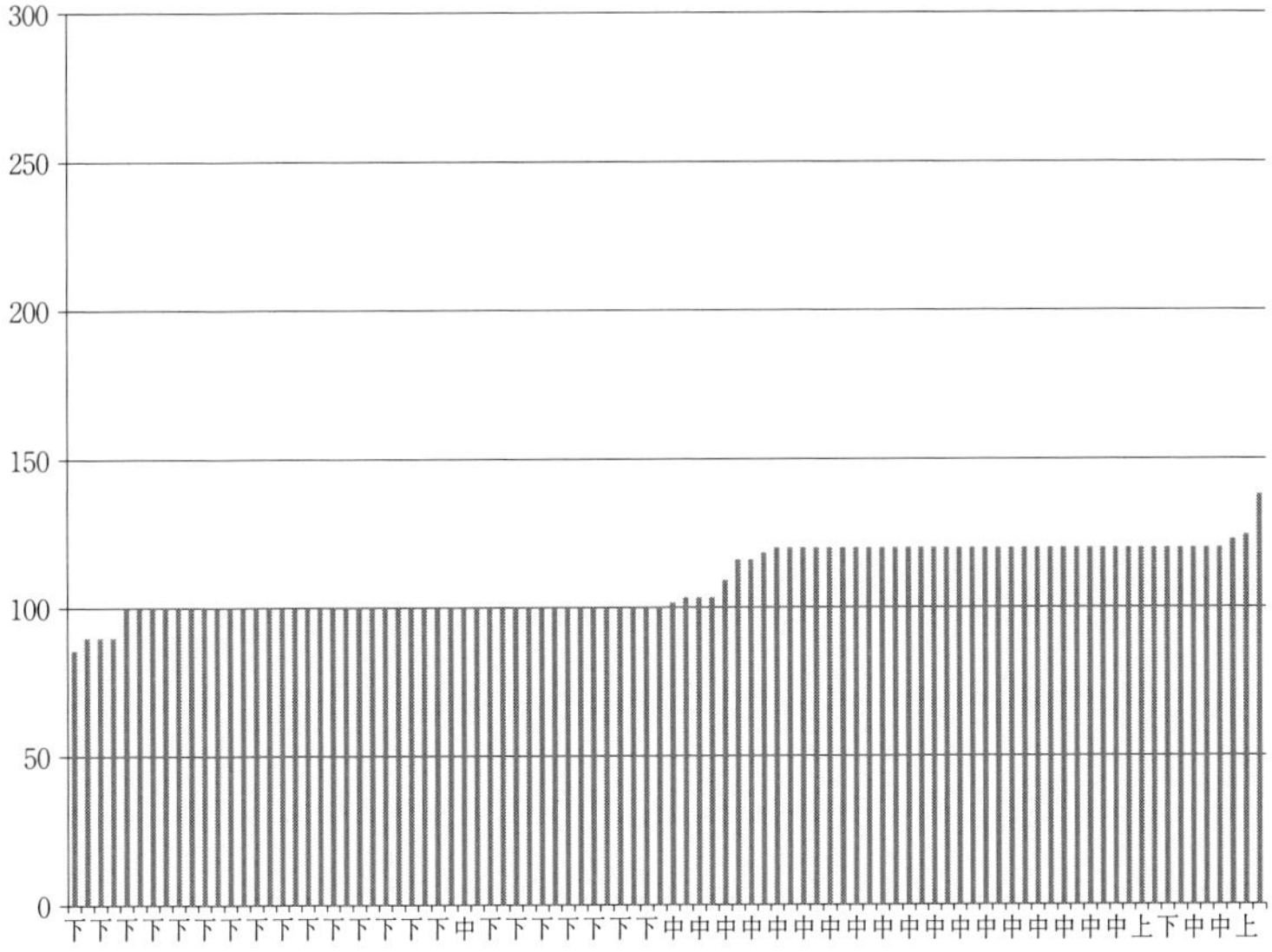

第 30 図　上原筑前御恩御検地帳日村郷

高で割返した数値による田の評価が異なるのである。原之郷の場合は、一升蒔き当りの貫高三二〇文という田が存在し、先述二例の検地の倍となる。諏訪・佐久で行われた武田氏による検地は最上高一五〇文代を上限とし、いわば信州における「武田積」と言え、原之郷で天正年間に行われた検地で完成されたのが「信州積」と考えることができる。

3　「信州積」で表される貫高

以上の考証から、信州における検地での武田氏と真田氏の違いをつかむことができた。しかし『給人検地帳』に見られる一升蒔あたりの貫高の高さはどうであろうか。「神長知行地検地帳」で示される貫高は、冒頭の史料から本年貢と改出分であり、改出分が検出される以前の貫高は年貢高を表していたことになる。それでは『給人検地帳』の貫高は何を表しているのだろうか。もしこれが本年貢高であったとしたら、真田氏およびその給人たちは非常に高額な百姓役を徴収していたことになる。それは金縄寺領でも秋和でも同じであることが確かめられている。

天正検地が天正六～七年頃、神長殿知行検地が天正七年、ほぼ同時期に行われた検地でありながらここに現れる貫高の大きな違いは神長知行地では年貢高を表している。それに対し、『給人検地帳』は本年貢といった記載はなく、やはり引分などを除く前の生産高（高辻）を表している点にあると推定される。その理由の第一は、真田領では検地で把握された見出し分・役高が一筆毎の田に記録され、各田の等級が決定されている。「神長知行検地帳」においても「改出」が掌握されているが、これは知行地一括単位の数値であり、個々の分は不明である。真田の場合は一筆毎に見出し分の多寡によっても田畑の等級が変わったものと思われる。その等級が、給人たちが年貢を賦課する基準や自らが負担する軍役等の諸役の基準を左右することは言うまでもない。よって、田の等級づけに一定の換算率があったとしても、さらに慎重に見出検出率や田の蒔高も参考に等級づけを行う必要性があったものと考えられる。

「神長知行検地帳」で掌握された「改出」は本年貢と区別されている。この検地増分の多寡によって田畑の等級が変わったことも十分に考えられる。すなわち貫高は前述したように諸役を賦課する基準高であり、そこには年貢ならば年貢の換算率が存在したはずである。それでは見出分や引分はどのように扱われたのだろうか。これは第三章で触れたように、知行者や作人が市場で換金したり、蓄えたりするための余剰生産分となる場合が多いと推定され、真田氏は貨幣流通を円滑化するために市場のシステムを整備している。彼らが貨幣経済と接触を持てるのはこの機会であり、このように貨幣経済に関わりを持つことはそのまま真田氏への諸役の銭納の機会が増えていくことを意味する。

第二は、特に知行者にとってであるが、あてがわれた領地の貫高全てが諸役の対象になるわけではないという点である。第二章第二節で示したように、見出分があっても諸役はそのままで、認められる場合が多い。また諸役が増加される場合も総高三五〇貫中二五〇貫分というように、「遊び」の部分を残してもらえる。これが大きな効果を生んだのではないだろうか。真田氏の貫高制における「信州積」とは、貫高に対する以上の取り扱いを示すものであり、必要な諸役は請け負わせるが、余剰分は必ず残し、貨幣経済に参入できる余地を作るのである。

武田勝頼支配時代から真田氏は小県郡においては主家と異なる検地方法をつくりだし、それを適用させていた。それは全く杓子定規的なものではなく、場合によってはその土地の傾向性を加味しながら評価をしていく算定方法である。これが天正検地によって創出された真田氏の領地掌握方法であり、すなわち「信州積」であったと推定される。

武田家存続中にあえて「信州積」で領地をあてがったのは、将来的に沼田周辺にも小県郡的な商業システムを作っていく狙いがあったことは言うまでもないだろう。

註

（1）『信濃史料』第一四巻、四六六〜四七四頁。

（2）『信濃史料』第一三巻、二四二〜二五三頁。

総括

真田氏の貫高制について考えるたび、常に残念に思うのは、自己申告であろう蒔高から導かれる貫高への算出方法がどうしてもわからない点である。それは難しい数式を使うものではなく、分かってみれば「何だ。」というものかもしれない。ただ、田の等級の決定にいろいろな操作があったように、貫高換算にも地域的な特色があった可能性がある。鈴木将典は武田氏の検地関係の史料を詳細に分析し、「武田氏の検地は対象となる耕地の状況をそのまま反映させたものと考えられ（同一の検地帳で同じ等級であっても地位によって高い設定と低い設定の所がみられる）、領国全体の統一基準を設けていなかった点ではなはだ不完全なものであった。」としている（鈴木二〇〇八）。実際に検地役人が各耕地に赴いて蒔高から貫高を算出し、等級づけを行う。それも一律の方法ではなく、地域による各種条件を鑑みながら、基準より上げたり下げたりしている。確かに非効率な点では不完全であるが、田一筆毎の評価の仕方としてはこれ以上のものはないだろう。武田氏も同様真田氏の貫高制は地域密着型の傾向をもつと考える。この方法をとったことが、最終的には真田氏の強さにつながったかもしれない。

卒論を書いて三〇年が経過する間も貫高制についてはは研究が行われてきているが、やはり研究対象としては難しく、解明できない点が多いようだ。この地域的な個性の強い貫高制に立ち向うためには、まず対象を定め、史料を穴が開くほど見つめる必要があるだろう。

筆者の今後の課題はまず、田につけられた等級が役を負担する際にどのような違いとなって出てくるのかという点がひとつ。そして本書ではほとんど触れることができなかった、耕地の多くを占める畑についてである。真田領において畠に蒔高が採用されるのは文禄以降と推定されるが、それ以前と以後ではどのような相違があったのか今の所不明である。そしてなによりも重要になるのが蒔高と貫高算出方法のセオリーを解明することである。まだまだ史料に隠された部分があり、また『給人検地帳』のような隠れた史料が存在する可能性もある。というのは原之郷の天正検地が原之郷だけで行われたとは思えないからである。真田氏の小県統一とこの検地は引き離せないものだっただろう。いかにしてかつては同格の土豪であった他の一族のなかに入り込んで、その地域に密着した検地を行っていったのか、非常に興味深い点である。いずれにしても根気強く解明していく他には方法がない。

貫高制について「真田氏の独自性」を導きだそうとしてきたが、蒔高を基本としている点で武田氏の貫高制と同列にある。「武田系貫高制の真田バージョン」とでも言おうか。しかしここには再三述べるようだが在地をいかに掌握していくか、密着していくかという点での両家の強い志向が垣間見れる。それが戦国期における「強さ」だったのかもしれない。

引用参考文献

荒川善夫「第二部付論史料で見る東国戦国大名の類型」(『戦国期東国の権力と社会』岩田書院、二〇一二)。

荒川善夫『戦国期東国の権力と社会』(岩田書院、二〇一二)。

安良城盛昭「Ⅲ戦国大名検地と「名主加地子得分」・「名田の内徳」―勝俣鎮夫『戦国法成立史論』によせて―」(『本封建社会成立史論』上、一九八四)。

池上裕子「天文十九年四月朔日令について」(『戦国史研究』第三号、一九八二)。

池上裕子「戦国の村落」(『岩波講座日本通史』第一〇巻中世4、岩波書店、一九九四)。

市村高男『戦国期東国の都市と権力』(思文閣出版、一九九四)。

宇田川徳哉『武田氏研究』第二三号(武田氏研究会、二〇〇一)。

勝俣鎮夫「戦国大名検地に関する一考察―恵林寺領『検地帳』の分析―」(『戦国期の権力と社会』東京大学出版会、一九七六)。

河内八郎「信州真田氏の領国成過程―昌幸時代を中心として―」(『日本社会経済史研究　近世編』吉川弘文館、一九六七)。

久留島典子　日本の歴史13『一揆と戦国大名』(講談社、二〇〇一)。

栗原　修「戦国大名武田氏の上野支配と真田昌幸」(『武田氏研究』第一八号、一九九七)。

黒田基樹「戦国期外様国衆論」(『戦国大名と外様国衆』文献出版、一九九七)。

小林計一郎『真田一族』新人物往来社、一九七九)。

桜井松夫「第十三章第四節武田氏の統治政策」(『上田小県誌』歴史編上、一九八〇)。

桜井松夫「第三章第四節真田氏の貫高制」（『真田町誌』歴史編上、一九九八）。

笹本正治「第三章第三節　国人領主と武田氏」（『戦国大名武田氏の信濃支配』名著出版、一九九〇）。

笹本正治『真田氏三代―真田は日本一の兵』（ミネルヴァ書房、二〇〇九）。

佐脇栄智「後北条氏の税改革について」（『日本歴史』一六三号、一九六二）。

佐脇栄智「後北条氏の検地」（『日本歴史』一七七号、一九六三）。

柴辻俊六『真田昌幸』（人物叢書、吉川弘文館一九九六）。

柴辻俊六「戦国期武田氏領の展開」（岩田書院、二〇〇一）。

鈴木将典「戦国大名の検地と村落構造―「上原筑前御恩御検地帳」の分析を中心に―」（『武田氏研究』第三五号、二〇〇六）。

鈴木将典「武田氏の検地と税制」（『戦国大名武田氏の権力と支配』岩田書院、二〇〇八）。

鈴木将典「戦国大名武田氏の田役と段銭」（『信濃』第六四巻第三号、信濃史学会、二〇一二）。

鈴木将典「四戦国大名武田氏の田役と段銭」（『信濃』第六五巻第三号、信濃史学会、二〇一二）。

鈴木将典「「戦国期における蒔高制」（『信濃』第六五巻第五号、信濃史学会、二〇一三）。

竹田和夫「社会科教育における「戦国時代」・「戦国大名」―歴史教育と歴史研究をつなぐ―」（『信濃』第六五巻第一号、信濃史学会、二〇一三）。

富澤一弘・佐藤雄太『『加沢記』からみた真田氏の自立―外交政策・家臣統制を中心に―」（『高崎経済大学論集』第五四巻第三号、二〇一二）。

豊田　武「第三章第一節定期市場の確立」（『増訂中世日本商業史の研究』）。

永原慶二「1大名領国制下の貫高制―東国大名を中心として―」（『戦国時代』吉川弘文館、一七七八）。

西川公平「第四章　戦国期における川除普請と地域社会」（『中世後期の開発・環境と地域社会』高志書院、二〇一二）。

西戸雄一郎「未進年貢諸役に関する規定と戦国大名―武田氏・北条氏を事例として―」（『信濃』第六三巻第一一号、信濃史学会、二〇一一）。

則竹雄一『戦国大名領国の権力構造』（吉川弘文館、二〇〇五）。

原田信男「東国の中世村落における開発と災害」（『国立歴史民俗博物館研究報告96集　日本における災害と開発Ⅰ』、二〇〇二）。

平沢清人「後編第二真田昌幸時代信州上田領の貫文制と秀吉の検地」（『近世村落への移行と兵農分離』、一九七三）。

平山　優「戦国期甲斐国の市・町・宿―武田領国経済研究序説―」（『武田氏研究』第七号、一九九一）。

平山　優「戦国期甲斐国一・二・三宮祭礼について」（『信濃』第四六巻第一一号、信濃史学会、一九九一）。

平山　優「第二部第三章戦国期地下人（郷中乙名衆）の存在形態」『戦国大名領国の基礎構造』校倉書房、一九九九）。

平山　優「武田信玄の経済政策」（『新編武田信玄のすべて』新人物往来社、二〇〇八）。

藤木久志「大名領国の経済構造」（『戦国社会史論』東京大学出版会、一九七四）。

藤木久志「四　領国制下の農民闘争の一形態」（『戦国期の権力と社会』、東京大学出版会、一九七四）。

藤木久志『戦国史を見る目』（校倉書房、一九九五）。

藤木久志『雑兵たちの戦場　中世の傭兵と奴隷狩り』（朝日新聞社、一九九五）。

藤木久志『中世民衆の世界‐村の生活と掟』（岩波新書、二〇一〇）。

堀内　亨「真田氏の領国形成過程―武田氏の信濃・上野侵攻の中で―」（『古代・中世の信濃社会』銀河書房、一九九二）。

峰岸純夫『中世　災害・戦乱の社会史』（吉川弘文館、二〇〇一）。

宮島敬一『戦国期社会の形成と展開―浅井・六角氏と地域社会』（中世史研究選書、吉川弘文館、二〇〇八）。

宮島智広「戦国ブームと戦国時代感のあり方」（『信濃』第六五巻第二号、信濃史学会、二〇一三）

宮島義和「塩尻市西条および北小野地区の「洞」について」（『信濃』第五八巻第一〇号、信濃史学会、二〇〇七）。

山岡信一「真田氏領における支配構造―天正一〇年前後を中心として―」(『駒澤大学史学論集』第一五号、一九八五)。

湯浅治久「室町期東国の荘園公領制と「郷村」社会」(『国立歴史民俗博物館研究報告』第一〇四集、室町期荘園制の研究、二〇〇三)。

横山十四男「上田藩の貫高制（一）」(『信濃』第四四巻第二号、信濃史学会、一九九二)。

あとがき

「在地世界」という表題でやってきたが、どこまでその世界に近づけたかははなはだ不安である。しかし真田氏という武勇で聞こえる一族の、普段は表には出てこない部分に少しだけメスを入れられたような気はする。ただ、やはり在地の人々が生活する単位に迫ることは史料の制約上難しい。まずは家・一族という血縁的な集団と知行地のあり方を把握しなくてはならない。作人（名請人）・知行者たちの生活実態に是非とも迫っていきたい。そのためにはフィールドワークとともに考古学的所見が必要となる。

本書にある筆者の親戚は母の叔母にあたる人の家で、姓を「一本鑓」という。『給人検地帳』（686〜692）に「壱本鋒源右衛門」という知行者がみられる。検地帳の中で唯一「ひへ」を田役として支払っていたことは第二章で触れたが、おそらく「壱本鋒」が「一本鑓」に変化したものと思われる。ここが筆者のフィールドワークの突破口になりそうである。そして名請人でもある知行者（手作を含めて作人知行者）の実態については、本書はまさに机上での作業であるため、実際の在地に入って情報を収集することの必要性を改めて痛感した。

さらには知行地の枠を超えた地縁的結合組織である「郷」について追求していきたい。郷の存在を知る史料としては上諏訪及び下諏訪大社の造宮帳類がある。『上田小県誌』の集計によれば天正六年で小県郡では実に五〇を超える郷が存在している。

これらの郷の発生あるいは消滅の状況、郷ごとに存在すると推定される真田の家臣（代官）とはその郷においてどういう立場であったのか。諸役に関わる取りまとめをしているため、それが古来の地頭職・地頭請とかかわってくるか、さらに信濃国の中世の謎である「名主（負名）」の存在は郷村という単位に中核的な存在としていたのかどうか、等少しずつ時代を遡って研究していく必要性を感じている。

附表　真田氏給人知行地検地帳一覧

番号	知行者	等級	地籍（字）	蒔高（升）	本高（文）	見出（文）	田役（文）	総高（文）	総高／蒔	作人
1	樋口新三御老母	下	下原はた		1,000	450		1,450		与助
2	樋口新三御老母	下	下原はた		1,000	800		1,800		与助
3	樋口新三御老母	中	柳淵	5.5	850	300		1,150	209	円蔵坊
4	樋口新三御老母	上	塚田	2.0	400	60		460	230	右衛門尉次郎
5	樋口新三御老母	中	柳淵はた		300	120		420		次郎左衛門
6	樋口新三御老母	中	柳淵	2.0	300	100		400	200	与助
7	樋口新三御老母	下	柳淵はた		80	20		100		与助
8	樋口新三御老母	中	柳淵	2.0	300	100		400	200	与三
9	樋口新三御老母	中	柳淵	3.5	600	100		700	200	与二良
10	樋口新三御老母	下	柳淵はた		150	2升		150		弥右衛門
11	樋口新三御老母	中	はけた	4.5	800	80		880	196	与三
12	ほうき惣右衛門尉	上	まのあて屋敷夫馬免		550	50		600		甚左衛門尉
13	ほうき惣右衛門尉	上	い屋敷		400	100		500		手作
14	ほうき惣右衛門尉	下	い屋敷はた		300	100		400		手作
15	ほうき惣右衛門尉	下	い屋敷はた		800	200		1,000		手作
16	山岸新五右衛門尉	上	堰上畑		200	70		270		手作
17	山岸新五右衛門尉	上	へつほ	4.0	700	120	120	940	235	手作
18	山岸新五右衛門尉	上	六かく堂		400	150		550		居屋敷
19	山岸新五右衛門尉	下	うら宿		150	80		230		手作
20	山岸新五右衛門尉	上	かうあミはた		450	100		550		手作
21	山岸新五右衛門尉	下	にしたはた		100	10		110		手作
22	山岸新五右衛門尉	上	にしたはた		300	10		310		源助
23	山岸新五右衛門尉	中	河原田	11.5	2,000	400	120	2,520	219	手作
24	山岸新五右衛門尉	中	藤沢はた		300	50		350		手作
25	山岸新五右衛門尉	中	はけた之はた		500	60		560		手作
26	山岸新五右衛門尉	上	下まのあて	9.0	1,800	100	240	2,140	238	源右衛門
27	諏訪部善丞	中	大畑	3.0	500	100		600	200	源助
28	諏訪部善丞	上	まのあて	4.5	800	210	60	1,070	238	すわへ与七良
29	諏訪部善丞	中	まのあて	3.5	600	130	60	790	226	与七良
30	諏訪部善丞	下	宿浦はた		200	40		240		半右衛門尉
31	諏訪部善丞	下	宿浦はた		150	15		165		与右衛門
32	諏訪部善丞	下	宿浦はた		180	30		210		市左衛門
33	諏訪部善丞	下	宿浦はた		200	40		240		七良左衛門
34	諏訪部善丞	下	上原はた		500	250		750		与七良
35	諏訪部善丞	下	上原はた		400	200		600		与七良
36	諏訪部善丞	下	上原はた		100	40		140		与七良
37	花岡織部	上	へつほ	5.0	1,000	100	120	1,220	244	当主介之丞　他
38	花岡織部	上	へつほ	5.0	900	200	120	1,220	244	当主市兵衛　他
39	花岡織部	下	いつなはた		1,000	120		1,120		当主あつ附之新右衛門　手作
40	花岡織部	中	ふち沢はた		500	100		600		甚丞
41	花岡織部	上	はけた	3.5	700		120	820	234	次良右衛門
42	花岡織部	上	はけた	2.0	400		60	460	230	弥三良
43	花岡織部	上	さかい田	7.0	1,400		240	1,640	234	左衛門尉
44	花岡織部	下	不明		200	30		230		太良左衛門

番号	知行者	等級	地籍（字）	蒔高（升）	本高（文）	見出（文）	田役（文）	総高（文）	総高／蒔	作人
45	花岡織部	中	いつはいはた		500	150		650		手作
46	花岡織部	中	もと町はた		300	80		380		手作
47	花岡織部	下	地蔵堂はた		350	70		420		次良右衛門
48	花岡織部	中	うす庭	5.5	1,000	100	120	1,220	222	弥三良
49	花岡織部	中	うす庭	2.5	300	100	60	460	184	二良右衛門
50	花岡織部	下	たかむろはた		300	100		400		甚四良
51	平林源左衛門	上	いつなはた		500	50		550		居屋敷
52	平林源左衛門	下	かにた	2.5	550	25		575	230	手作
53	平林源左衛門	下	かにたはた		20			20		手作
54	平林源左衛門	中	つるの子田	4.0	800	50	120	970	243	手作
55	さんじ新九郎	中	いつなはた		400	20		420		居屋敷
56	さんじ新九郎	中	まのあて	7.0	1,400	50		1,450	207	手作
57	さんじ新九郎	中	上原町屋敷		240			240		手作
58	大士勘四郎	中	大ふけ	10.0	2,000	200		2,200	220	手作
59	大士勘四郎	上	わかさ屋敷		800	140		940		手作
60	大士勘四郎	下	いつきりはた		500	100		600		手作
61	大士勘四郎	中	窪はた		300	150		450		手作
62	大士勘四郎	上	前はた		600	250		850		手作
63	大士勘四郎	上	はた		1,400	400		1,800		居屋敷
64	大士勘四郎	中	かじはた		450	300		750		手作
65	大士勘四郎	下	六かくどう		300	150		450		弥三良
66	国分寺分	中			120			120		小七良
67	松尾豊前守	下	赤井	10.0	800	600		1,400	140	新六
68	松尾豊前守	下	しやうふ沢		150	30		180		郷左衛門尉
69	松尾豊前守	下	しやうふ沢		150	40		190		源兵衛
70	松尾豊前守	下	しやうふ沢		100	70		170		新六
71	松尾豊前守	下	しやうふさわ		250			250		新六
72	松尾豊前守	下	しやうふさわ		70	30		100		新六
73	松尾豊前守	下	しやうふさわ		100	80		180		手作
74	松尾豊前守	下	しやうふさわ		150	50		200		助丞
75	松尾豊前守	下	しやうふさわ		100	50		150		惣助
76	松尾豊前守	下	しやうふさわ		50			50		小作
77	松尾豊前守	下	しやうふさわ田畑共		100			100		与助
78	松尾豊前守	下	しやうふさわ屋敷		100			100		与助
79	松尾豊前守	下	しやうふさわはた		80			80		新六
80	松尾豊前守	下	しやうふさわはた		20			20		与助
81	松尾豊前守	下	しやうふさわはた		80			80		善左衛門　御散吏
82	松尾豊前守	下	つるまき田畑共に	4.0	800	150		950	238	甚左衛門
83	松尾豊前守	上	万のわて	4.0	1,000			1,000	250	甚左
84	松尾豊前守	中	大ふけ	3.0	300	300		600	200	小作　豊前守
85	松尾豊前守	中	北嶋屋敷はた		2,400			2,400		道見
86	松尾豊前守	上	せき下はた		200	150		350		与七良
87	松尾豊前守	上	せき下はた		300	150		450		甚左衛門
88	松尾豊前守	下	せき下はた		70	30		100		甚左衛門

番号	知行者	等級	地籍（字）	蒔高（升）	本高（文）	見出（文）	田役（文）	総高（文）	総高／蒔	作人
89	松尾豊前守	下	せき下はた		300	50		350		甚左衛門
90	松尾豊前守	上	本町仁間		200			200		豊前
91	松尾豊前守	上	まんちうはた		400	100		500		与太夫
92	松尾豊前守	上	まんちうはた		200	10		210		新九郎
93	松尾豊前守	中	まん中はた		400	120		520		よすけ
94	松尾豊前守	中	まんちうはた		70	20		90		新六
95	松尾豊前守	中	まんちうはた		100	20		120		安へもん
96	松尾豊前守	中	まんちうはた		60	10		70		安へもん
97	松尾豊前守	中	まんちうはた		40	10		50		安へもん
98	松尾豊前守	下	まんちうはた		100	50		150		神左衛門
99	松尾豊前守	中	とはうけの田	8.0	1,300	200		1,500	188	神左衛門
100	松尾豊前守	下	あかいやしき		120	70		190		新六
101	松尾豊前守	下	あかいやしき		120	80		200		よすけ
102	松尾豊前守	下	せうふ田		20	10		30		新六
103	松尾豊前守	下	せうふ田		70	70		140		よ六助
104	松尾豊前守	中	せうふ田		500	400		900		三へもん
105	松尾豊前守	下	せうふ田		100	30		130		ちくこ
106	松尾豊前守	下	せうふ田		100	40		140		よすけ
107	松尾豊前守	下	せうふ田		100	35		135		神さへもん
108	松尾豊前守	下	せうふ沢		20	10		30		新六
109	松尾豊前守	下	せうふ沢		30			30		新六
110	松尾豊前守	下	せうふ沢		50	20		70		又へもん
111	松尾豊前守	下	せうふ沢		100	80		180		よ六良
112	松尾豊前守	下	せうふ沢		300	120		420		よ七良
113	松尾豊前守	下	せうふ沢		100	30		130		新六
114	松尾豊前守	下	せうふ沢		50	20		70		新六
115	松尾豊前守	下	迎平		250	100		350		手作
116	松尾豊前守	中	六角堂		300	200		500		彦左衛門尉
117	松尾豊前守	上	大畑	6.0	1,000	500		1,500	250	勘右衛門
118	小金弥右衛門尉	下	地蔵堂	5.0	600	300		900	180	手作
119	小金弥右衛門尉	上	念仏田　夫馬免	7.0	1,400	180	240	1,820	260	手作
120	小金弥右衛門尉	下	いつきりはた		200	60		260		手作
121	小金弥右衛門尉	下	上原町はた		300	70		370		屋敷
122	戸田備前	上	いつはいのやしき		400	200		600		手作
123	戸田備前	下	いつはいのやしきはた		100	100		200		手作
124	戸田備前	下	いつはいのやしきはた		600	450		1,050		手作
125	戸田備前	下	いつはいのやしき	15.0	1,800	900		2,700	180	手作
126	戸田備前	中	いつはいのやしきはた		400	160		560		手作
127	戸田備前	下	いつはい	3.0	400	160		560	187	手作
128	戸田備前	中	いつはいのやしきはた		400	200		600		手作
129	清水善兵衛	中	いつはいのはた		150	80		230		手作
130	清水善兵衛	上	いつはい	11.0	2,300	250	120	2,670	243	手作

番号	知行者	等級	地籍（字）	蒔高（升）	本高（文）	見出（文）	田役（文）	総高（文）	総高／蒔	作人
131	清水善兵衛	上	いつはい	5.0	800	250		1,050	210	善ひやうえ
132	清水善兵衛	上	いつはいのやしき		700	170		870		善ひやうえ
133	清水善兵衛	上	いつはいのやしき		700	230		930		善ひやうえ
134	清水善兵衛	中	いつはいのはた		700	170		870		善ひやうえ
135	清水善兵衛	下	ほそはたけ		200	110		310		善ひやうえ
136	京之御前御料所　小吏 たき澤よすけ	中	たかむろ	5.0	900	150		1,050	210	清へもん
137	京之御前御料所　小吏 たき澤よすけ	下	あらいさいけはた		800	250		1,050		七良右衛門
138	京之御前御料所　小吏 たき澤よすけ	中	かふといし		140	70		210		源六
139	京之御前御料所　小吏 たき澤よすけ	中	いした	3.5	550	100		650	186	縫殿助
140	京之御前御料所　小吏 たき澤よすけ	下	たなか		200	60		260		助丞
141	宮下藤次郎	下	うハはら	4.5	600	260		860	191	縫殿助
142	宮下藤次郎	下	別保の田	3.0	500	50		550	183	手作
143	宮下藤次郎	中	別保	1.0	200	20		220	220	手作
144	御北さま御知行　小吏 平林さへもん	中	あらいさいけ	5.0	700	300		1,000	200	弥左衛門
145	御北さま御知行　小吏 平林さへもん	中	あらいさいけはた		1,700	200		1,900		弥左衛門
146	御北さま御知行　小吏 平林さへもん	上	あらいさいけのやしき		1,800	160		1,960		弥左衛門
147	御北さま御知行　小吏 平林さへもん	下	あらいさいけはた		400	250		650		弥左衛門
148	御北さま御知行　小吏 平林さへもん	中	あらいさいけのた	5.0	800	250		1,050	210	清へもん
149	御北さま御知行　小吏 平林さへもん	下	新井在家はた		200	100		300		源左衛門
150	庄むら七左衛門尉	下	大沢		200	20		220		こさへもん
151	庄むら七左衛門尉	下	たかむろ		200	20		220		手作
152	庄むら七左衛門尉	中	かま田	7.5	1,400	150	120	1,670	223	手作
153	庄むら七左衛門尉	下	たかむろはた		200	20		220		郷左衛門
154	庄むら七左衛門尉	下	たかむろはた		700	60		760		手作
155	庄むら七左衛門尉	中	大石田	4.5	800	100		900	200	小左衛門
156	庄むら七左衛門尉	下	大沢		200	30		230		忠左衛門
157	さいくほ	下	やつくらはたけ		400	70		470		たき沢新右衛門
158	さいくほ	下	やつくらはたけ このうち1升蒔の田有		600	40		640		十良さへもん
159	さいくほ	中	つか田	6.5	1,000	420		1,420	218	十良さへもん
160	細田対馬　但御夫馬免	下	たかむろのはた		250	30		280		手作
161	細田対馬　但御夫馬免	下	たかむろのやしき		200	50		250		手作
162	細田対馬　但御夫馬免	中	たかむろのやしき		270	30		300		手作
163	細田対馬　但御夫馬免	下	たかむろのやしき		250	30		280		手作
164	細田対馬　但御夫馬免	中	たかむろの田	4.0	800	30	120	950	238	手作
165	細田対馬　但御夫馬免	下	大さハ		200	30		230		手作
166	細田対馬　但御夫馬免	下	大沢		50			50		手作

番号	知行者	等級	地籍（字）	蒔高（升）	本高（文）	見出（文）	田役（文）	総高（文）	総高／蒔	作人
167	細田対馬　但御夫馬免	上	たなか	6.5	1,300	120	120	1,540	237	手作
168	若殿さま御料所　小吏小林七郎右衛門	中	まなあて	10.0	2,000	380		2,380	238	七良右衛門
169	若殿さま御料所　小吏小林七郎右衛門	上	まなあてやしき		600	50		650		弥へもん
170	小林七郎右衛門	中	たなか	3.5	900	100	120	1,120	320	七良右衛門
171	池田佐渡守	上	別保	12.0	1,700	900	120	2,720	227	清右衛門尉
172	池田佐渡守	上	そり田	7.0	1,000	600	120	1,720	246	甚六
173	池田佐渡守	上	まのあてはた		1,000			1,000		手作
174	池田佐渡守	上	まのあて	17.0	4,300		360	4,660	274	手作
175	池田佐渡守	下	まのあてはた		400			400		新二郎
176	池田佐渡守	下	まのあてのはた		400			400		加へもん
177	池田佐渡守	中	そり田	8.0	1,200	300	120	1,620	203	勘さへもん
178	池田佐渡守	中	大はたけ	1.0	200	30		230	230	勘さへもん
179	池田佐渡守	中	まなあて	2.0	400	40		440	220	善左衛門
180	池田佐渡守	中	ぶす水のはた		250	50		300		善ひやうえ
181	池田佐渡守	下	ぶす水のはた		100	30		130		善ひやうえ
182	池田佐渡守	上	かと町		150	35		185		勘さへもん
183	池田佐渡守	上	やしき		1,800	750		2,550		勘さへもん
184	池田佐渡守	上	塚田屋敷		700			700		新次良
185	池田佐渡守	上	つるまき田	5.0	1,200	50	120	1,370	274	太良左衛門
186	池田佐渡守	中	つか田	7.0	1,000	500		1,500	214	新次良
187	池田佐渡守	下	つか田はた		800	180		980		新左衛門
188	池田佐渡守	下	せき合		50	5		55		勘左衛門
189	池田佐渡守	下	せき合		70	20		90		善左衛門
190	池田佐渡守	中	屋つくら城		400	100		500		源六
191	丸山新左衛門	上	別保	4.0	800	150	120	1,070	268	弥三良
192	丸山新左衛門	中	別保	9.0	1,000	30	120	1,150	128	道善
193	丸山新左衛門	中	下まなあて	4.0	700	80	120	900	225	道善
194	丸山新左衛門	下	六かく堂のはた		300	20		320		甚七良
195	丸山新左衛門	下	いつな		400	30		430		道善
196	丸山新左衛門	下	いつなはた		500	80		580		源すけ
197	田中小七郎	中	うハはらやしき		400	350		750		手作
198	田中小七郎	下	うハはらやしき		100	80		180		三へもん
199	田中小七郎	中	うハはらやしき		500	350		850		小七良
200	田中小七郎	中	まなあて	2.5	500	70		570	228	小七良
201	宮下小さへもん　但御夫馬免	中	つるの子田	4.0	800	100	120	1,020	255	手作
202	宮下小さへもん　但御夫馬免	中	つるの子田	2.4	400	30	60	490	204	手作
203	宮下小さへもん　但御夫馬免	下	藤沢		300			300		手作
204	宮下小さへもん　但御夫馬免	上	いやしき		1,400	350		1,750		手作
205	宮下小さへもん　但御夫馬免	上	藤沢		600	120		720		手作
206	田中衆獄助	中	まなあてのはた		1,100	250		1,350		よ二良　清へもん

番号	知行者	等級	地籍（字）	蒔高（升）	本高（文）	見出（文）	田役（文）	総高（文）	総高／蒔	作人
207	田中衆獄助	上	いやしき		400	210		610		手作
208	田中衆獄助	下	いつはい		700	160		860		よ三良
209	源右衛門　但夫馬免	中	やっくら城のはた		1,200	550		1,750		い屋敷
210	源右衛門　但夫馬免	下	ふす水		200	150		350		手作
211	源右衛門　但夫馬免	中	ごろめき田	4.0	700	180		880	220	手作
212	源右衛門　但夫馬免	中	もとまち		250	130		380		手作
213	源右衛門　但夫馬免	上	徳蔵やしき		100	100		200		手作
214	蓮華院	中	下つか	2.0	400	40	30	470	235	小七良
215	蓮華院	中	いし田	2.0	400	60		460	230	源ひやうえ
216	や古原田左衛門	下	てんぱく		50	20		70		小さへもん
217	や古原田左衛門	上	やこはらやしき		600	130		730		七さへもん
218	や古原田左衛門	下	てんはく		200	100		300		弥すけ
219	や古原田左衛門	下	てんはく		100	70		170		藤さへもん
220	や古原田左衛門	下	てんはく		150	80		230		善六
221	や古原田左衛門	上	てんはく		600	160		760		藤左衛門
222	や古原田左衛門	下	てんはく		200			200		源右衛門
223	や古原田左衛門	上	てんはくやしき		100	30		130		手作
224	や古原田左衛門	中	てんはくやしき		150	50		200		弥すけ
225	や古原田左衛門	下	てんはく		150	10		160		藤さへもん
226	や古原田左衛門	上	こうさハ	6.0	1,200	200	120	1,520	253	源へもん
227	や古原田左衛門	下	こうさハ		50			50		手作
228	深井神七郎	下	松山はた		500	15		515		手作
229	深井神七郎	中	たかむろ		300	50		350		清二良
230	深井神七郎	下	にしおね		180	60		240		手作
231	長坂十左衛門	下	まのあて	6.0	1,000	100		1,100	183	甚すけ
232	長坂十左衛門	上	まのあてのはた		1,600	160		1,760		弥へもん
233	真田源八郎殿	中	ふす水	6.0	1,000	180	120	1,300	217	助さへもん
234	真田源八郎殿	上	いつはい	2.5	500	150		650	260	小七良
235	真田源八郎殿	中	まのあて	6.5	1,200	200		1,400	215	太良さへもん
236	真田源八郎殿	上	まのあて	4.0	800	150		950	238	新兵へ
237	真田源八郎殿	中	大ふけ	4.0	800	20	120	940	235	太郎左衛門
238	河原左衛門尉	下々	はな水	4.5	500	250		750	167	源七良
239	河原左衛門尉	中	下つか	5.0	800	80	120	1,000	200	孫右衛門
240	河原左衛門尉	中	まのあて		600	150		750		いち之丞
241	河原左衛門尉	上	まのあて	4.5	1,000	70	120	1,190	264	木嶋
242	河原左衛門尉	上	まのあて	6.0	1,400	50	180	1,630	272	木嶋
243	河原左衛門尉	下	下つか		120	10		130		よ左へもn
244	河原左衛門尉	下	下つか		100	20		120		助さへもん
245	河原左衛門尉	下	たかむ路		200	30		230		助へもん
246	河原左衛門尉	中	てんはく		300	50		350		藤ひやうえ
247	河原左衛門尉	下	いぬこ原		100	40		140		用へもん
248	河原左衛門尉	下	いぬこ原		150	50		200		用へもん
249	河原左衛門尉	中	てんはくはた		500	100		600		藤兵衛
250	河原左衛門尉	上	まのあて	4.0	700	170	120	990	248	木嶋

番号	知行者	等級	地籍（字）	蒔高（升）	本高（文）	見出（文）	田役（文）	総高（文）	総高／蒔	作人
251	京之御前御料所　但滝沢新右衛門分小吏　すけ兵へ	上	うす庭	4.5	900	220		1,120	249	よへもん
252	京之御前御料所　但滝沢新右衛門分小吏　すけ兵へ	中	うす庭	5.0	1,100	50		1,150	230	よすけ
253	京之御前御料所　但滝沢新右衛門分小吏　すけ兵へ	下々	やっくら田	3.5	400	200		600	171	清へもん
254	京之御前御料所　但滝沢新右衛門分小吏　すけ兵へ	下	やっくらのはた		40			40		清へもん
255	河原同心七郎へもん	中	ふす水はた		700	180		880		手作
256	河原同心七郎へもん	下	ふす水の田	15.0	2,400	250	180	2,830	189	手作
257	河原同心七郎へもん	下	ふすみず		400	100		500		手作
258	河原同心かひやうへ	下	たかむろ		100	80		180		惣助
259	河原同心かひやうへ	下	たかむろ		100	200		300		惣助
260	河原同心かひやうへ	下	たかむろ		150	150		300		さへもん
261	河原同心かひやうへ	下	大さハ		150	150		300		惣すけ
262	河原同心かひやうへ	上	いやしき		700	700		1,400		かひやうえ
263	河原同心かひやうへ	下	いやしき	6.0	700	380		1,080	180	かひやうえ
264	河原同心かひやうへ	上	たかむろやしき		300	130		430		助へもん
265	河原同心かひやうへ	中	たかむろやしきはた		500	120		620		善二良
266	河原同心かひやうへ	下	あらいさいけ		250	30		280		源へもん
267	河原同心かひやうへ	中	あらいさいけ		150	30		180		源左衛門
268	河原同心かひやうへ	上	もと町		250	200		450		下総
269	河原同心かひやうへ	下	たかむろ		100	100		200		助さへもん
270	河原同心かひやうへ	下	てんはく		250	180		430		藤兵衛
271	河原同心かひやうへ	下	あらいさいけはた		300	30		330		よすけ
272	河原同心かひやうへ	下々	たかむろ	2.5	400	70		470	188	手作
273	河原同心かひやうへ	下	たかむろ	3.5	400	200	60	660	189	神すけ
274	宮崎弥十郎	中	大さハ	4.0	600	200		800	200	源さへもん
275	宮崎弥十郎	下	下つかのはた		400	50		450		弥十郎
276	宮崎弥十郎	下	下つか		150	25		175		手作
277	宮崎弥十郎	上	別ほ	4.5	900	150		1,050	233	左衛門三良
278	宮崎弥十郎	下	下つか		150	30		180		手作
279	河原同心の蔵嶋忠さへもん	中	たかむろ		200			200		手作
280	河原同心の蔵嶋忠さへもん	下	たかむろ		100			100		忠さへもん
281	河原同心の蔵嶋忠さへもん	中	別ほ	7.0	1,200	80	240	1,520	217	手作
282	河原同心新蔵	上中	別ほ	6.0	1,000	200	120	1,320	220	源さへもん
283	斎藤左馬助	下	石田	5.0	1,000	100		1,100	220	藤五良
284	斎藤左馬助	中	うす庭	4.5	1,000	40		1,040	231	市のすけ
285	斎藤左馬助	中	うす庭	10.0	1,600	200	240	2,040	204	五良へもん
286	斎藤左馬助	中	うす庭	2.5	400	70		470	188	七へもん
287	斎藤左馬助	中	まのあて	2.0	500	100		600	300	新へもん

番号	知行者	等級	地籍（字）	蒔高（升）	本高（文）	見出（文）	田役（文）	総高（文）	総高／蒔	作人
288	斎藤左馬助	下	藤さハ		200	30	30	260		こさへもん
289	斎藤左馬助	下	藤さハ		200	50		250		五良へもん
290	斎藤左馬助	下	藤さハ		30	20		50		弥へもん
291	斎藤左馬助	下	藤さハ		200	40		240		織部
292	斎藤左馬助	下	藤さハ	8.0	1,600			1,600	200	又七良
293	斎藤左馬助	下	藤さハ		40			40		清へもん
294	斎藤左馬助	上	はけた	7.0	1,400	200	120	1,720	246	町た精へもん
295	斎藤左馬助	下	藤さハ		400	100		500		木嶋
296	斎藤左馬助	上	てんはくやしき		300	150		450		藤五良
297	斎藤左馬助	中	やつくら城		200	60		260		勘さへもん
298	斎藤左馬助	中	やつくら城		300	40		340		源ひやうへ
299	斎藤左馬助	上	まのあて	4.0	800	100		900	225	きじま
300	常田同行	下	へつほ	2.5	500			500	200	兵助
301	常田同行	上	かに田	5.0	800	350	120	1,270	254	神右衛門
302	常田同行	下	かに田		200			200		神右衛門
303	常田同行	中	かに田	5.0	800	300	60	1,160	232	助右衛門
304	常田同行	中	まなあて畑		150	40		190		惣兵衛
305	常田同行	中	まなあて畑	20.0	4,000	600	360	4,960	248	手作
306	常田同行	中	まなあて畑		400	80		480		源六
307	常田同行	下	下塚		150	50		200		文六
308	常田同行	下	下塚はた		200	20		220		源左衛門
309	常田同行	下	下塚はた		450	70		520		源左衛門
310	常田同行	下	下塚		50			50		三六
311	常田同行	下	十二之前		500	100		600		彦助
312	常田同行	中	田中	10.0	1,800	160	240	2,200	220	清右衛門
313	常田同行	下	田中	1.0	150	30		180	180	惣右衛門
314	常田同行	下	いぬこ原		100			100		儀右衛門
315	御北分　亦村讃岐	下	西おね畑		100	25		125		手作
316	御北分　亦村讃岐	下	天白		150	20		170		手前
317	御北分　亦村讃岐	上	天白		200	100		300		居屋敷
318	御北分　亦村讃岐	上	天白		150	150		300		小左衛門
319	御北分　亦村讃岐	中	天白		300	30		330		清右衛門
320	御北分　亦村讃岐	中	天白		30	30		60		清右衛門
321	御北分　亦村讃岐	中	天白		350	40		390		小右衛門
322	御北分　亦村讃岐	中	天白		250	160		410		清右衛門
323	御北分　亦村讃岐	下	天白		200	170		370		道見
324	御北分　亦村讃岐	下	大沢		300	70		370		半左衛門
325	御北分　亦村讃岐	下	天白		100	30		130		清右衛門
326	御北分　亦村讃岐	下	向たいら		150	30		180		手作
327	御北分　亦村讃岐	下	かう沢	3.0	450	120		570	190	手作
328	坂口助三	中	ふとう	3.5	600	120	60	780	223	手作
329	坂口助三	中	ふとう	5.0	800	220	120	1,140	228	手作
330	坂口助三	上	へつほ	4.5	800	170	120	1,090	242	市右衛門
331	坂口惣左衛門	中	天白はた		700	230		930		手作
332	坂口惣左衛門	下	天白はた		30			30		手作

番号	知行者	等級	地籍（字）	蒔高（升）	本高（文）	見出（文）	田役（文）	総高（文）	総高／蒔	作人
333	坂口惣左衛門	中	田中	5.0	1,000	70	120	1,190	238	手作
334	坂口惣左衛門	上	松山屋敷		500	250		750		手作
335	坂口惣左衛門	下	天白		80	50		130		源兵衛
336	坂口惣左衛門	中	天白	3.5	600	100		700	200	手作
337	坂口惣左衛門	下	大沢はた		150	20		170		手作
338	坂口惣左衛門	下	天白	3.0	400	80		480	160	手作
339	坂口惣左衛門	下	天白		80	30		110		二右衛門
340	坂口惣左衛門	下	ふとう		250	40		290		手作
341	坂口善三	下	天田畑		30	20		50		安右衛門
342	坂口善三	上	居屋しき		100	230		330		手前
343	坂口善三	下	居屋しき		30	15		45		手作
344	坂口善三	下	居屋しき		40	80		120		安右衛門
345	坂口善三	下	松山はた		230	150		380		手作
346	坂口善三	下	松山はた		200	100		300		手作
347	坂口善三	下	下塚はた		100	30		130		手作
348	坂口善三	下	下塚はた		200	100		300		手作
349	坂口善三	下	田中	2.5	400	80		480	192	手作
350	坂口善三	下	天田はた		30	20		50		手作
351	坂口善三	下	くま久保	0.8	100			100	125	安右衛門
352	坂口善三	下	てんはくはた		30	20		50		手作
353	坂口善三	下	上まんはた		50	100		150		手作
354	坂口善三	下	てんはくのはた		100	100		200		手作
355	坂口善三	下	ふとう	3.0	500	40	60	600	200	安右衛門
356	坂口善三	下	ふとう	2.0	300	80		380	190	文六
357	坂口善三	中	ふとう	5.0	800	270		1,070	214	手作
358	坂口善三	上	ふとう	6.0	1,200	100	120	1,420	237	手作
359	坂口善三	中	てんはくはた		100	100		200		七左衛門
360	坂口善三	中	六角道はた		200	30		230		弥右衛門
361	大日なたの助四良	下	つるの子たはた		100	20		120		源右衛門
362	大日なたの助四良	下	つるの子のはた		500	110		610		市之丞
363	小林源左衛門	中	てんはく畑		150	80		230		手作
364	小林源左衛門	中	てんはく畑		80	10		90		手作
365	小林源左衛門	上	居屋敷		400	220		620		手作
366	小林源左衛門	下	大さわ		200	70		270		手作
367	小林源左衛門	上	おもて木	6.0	1,000	300	120	1,420	237	手作
368	小林源左衛門	下	竹むろ	2.0	300	80		380	190	手作
369	小林源左衛門	下	竹むろ		300	80		380		手作
370	小林源左衛門	下	下塚		100	20		120		手作
371	宮本与三兵衛	下	いぬこ原畠		200	80		280		手作
372	宮本与三兵衛	中	いぬこ原田	1.0	200	30		230	230	小七良
373	宮本与三兵衛	中	いぬこ原田	3.5	600	180		780	223	小右衛門
374	堀口弥兵衛	下	そりはた		50	30		80		手作
375	堀口弥兵衛	中	そりた	9.0	1,700	180		1,880	209	源右衛門
376	堀口弥兵衛	中	道下	5.0	1,000	100		1,100	220	縫丞
377	北澤弥治右衛門	下	下塚畑		80	50		130		手作

番号	知行者	等級	地籍（字）	蒔高（升）	本高（文）	見出（文）	田役（文）	総高（文）	総高／蒔	作人
378	北澤弥治右衛門	中	ふとう	5.0	800	250		1,050	210	手作
379	京之御前様御料所　小使御散吏	中	上原之町屋敷		240	60		300		矢野儀へもん新九良
380	京之御前様御料所　小使御散吏	中	上原之町屋敷		60			60		藤兵衛
381	京之御前様御料所　小使御散吏	中	上原之町屋敷		300			300		与七良
382	京之御前様御料所　小使御散吏	中	上原之町屋敷		225	75		300		助左衛門
383	京之御前様御料所　小使御散吏	中	上原之町屋敷		150	50		200		仁介
384	京之御前様御料所　小使御散吏	中	上原之町屋敷		150	50		200		助右衛門
385	京之御前様御料所　小使御散吏	中	上原之町屋敷		150	50		200		源右衛門
386	京之御前様御料所　小使御散吏	中	上原之町屋敷仁間半		350	125		475		三右衛門
387	京之御前様御料所　小使御散吏	中	上原之町屋敷		150	50		200		三右衛門
388	京之御前様御料所　小使御散吏	中	上原町やしき		50	50		100		河井半左衛門
389	京之御前様御料所　小使御散吏	中	上原町やしき		150	50		200		与右衛門
390	京之御前様御料所　小使御散吏	中	上原町やしき		150	50		200		源兵衛
391	京之御前様御料所　小使御散吏	中	上原町やしき		150	100		250		清右衛門
392	京之御前様御料所　小使御散吏	中	上原町やしき		225	75		300		縫右衛門
393	京之御前様御料所　小使御散吏	中	上原町やしき		150	50		200		源兵衛
394	京之御前様御料所　小使御散吏	中	上原町やしき		150	50		200		泉十郎
395	京之御前様御料所　小使御散吏	中	上原町やしき		150	50		200		源五良
396	京之御前様御料所　小使御散吏	中	上原町やしき		150	50		200		又右衛門
397	京之御前様御料所　小使御散吏	中	上原町やしき		150	50		200		新兵衛
398	京之御前様御料所　小使御散吏	中	上原町やしき		150	50		200		新七良
399	京之御前様御料所　小使御散吏	中	上原町やしき		300	100		400		築後守
400	京之御前様御料所　小使御散吏	中	上原町やしき		150	50		200		甚左衛門
401	京之御前様御料所　小使御散吏	中	上原町やしき		80	80		160		道善
402	京之御前様御料所　小使御散吏	中	下町屋しき		150	60		210		仁介
403	京之御前様御料所　小使御散吏	中	下町屋しき		80	30		110		藤兵衛
404	京之御前様御料所　小使御散吏	中	下町屋しき		400	100		500		善左衛門

番号	知行者	等級	地籍（字）	蒔高（升）	本高（文）	見出（文）	田役（文）	総高（文）	総高／蒔	作人
405	京之御前様御料所　小使御散吏	中	下町屋しき		150	50		200		新左衛門
406	京之御前様御料所　小使御散吏	中	下町屋しき		300	500		800		金六
407	京之御前様御料所　小使御散吏	中	下町屋しき		150	50		200		四良左衛門
408	京之御前様御料所　小使御散吏	中	町屋しき		150	50		200		新六
409	京之御前様御料所　小使御散吏	中	町屋しき		150	50		200		御二人　てら
410	京之御前様御料所　小使御散吏	中	町屋しき		150	50		200		仁介
411	京之御前様御料所　小使御散吏	中	町屋しき		224	74		298		忠左衛門
412	京之御前様御料所　小使御散吏	中	町屋しき		224	74		298		玄幡
413	京之御前様御料所　小使御散吏		町屋しき		300	100		400		伝作
414	京之御前様御料所　小使御散吏	中	町屋しき		224	74		298		小左衛門
415	京之御前様御料所　小使御散吏	中	町屋しき		150	50		200		かく内
416	京之御前様御料所　小使御散吏	中	原やしき		150	50		200		又兵衛
417	京之御前様御料所　小使御散吏	中	原やしき		75	24		99		甚左衛門
418	京之御前様御料所　小使御散吏	中	原やしき		225	75		300		名左衛門
419	京之御前様御料所　小使御散吏	中	原やしき		150	50		200		案右衛門
420	京之御前様御料所　小使御散吏	中	原やしき		150	50		200		源介
421	京之御前様御料所　小使御散吏	中	原やしき		150	50		200		右近右衛門
422	京之御前様御料所　小使御散吏	中	原やしき		300	100		400		平左衛門
423	京之御前様御料所　小使御散吏	中	原やしき		300	100		400		宗介
424	京之御前様御料所　小使御散吏	中	原やしき		150	50		200		甚六
425	京之御前様御料所　小使御散吏	中	原やしき		150	50		200		左近
426	京之御前様御料所　小使御散吏	中	原やしき		150	50		200		源左衛門
427	京之御前様御料所　小使御散吏	中	原町		224	75		299		六助
428	京之御前様御料所　小使御散吏	中	原町		224	75		299		宮之丞
429	京之御前様御料所　小使御散吏	中	原町		224	75		299		茂右衛門
430	京之御前様御料所　小使御散吏	中	原町屋しき仁間半		510			510		小左衛門
431	山とうか甚四郎	中	石田	5.5	1,000	120	120	1,240	225	手作

番号	知行者	等級	地籍（字）	蒔高（升）	本高（文）	見出（文）	田役（文）	総高（文）	総高／蒔	作人
432	山とうか甚四郎	中	石田	4.5	700	120	120	940	209	手作
433	山とうか甚四郎	中	石田	2.5	400	140		540	216	手作
434	山とうか甚四郎	中	てんばく畑		200	80		280		手作
435	山とうか甚四郎	上	てんばく屋しき		300	200		500		手作
436	山とうか甚四郎	中	てんばく田	1.5	300	50		350	233	手作
437	大熊靫負尉	下	松山之畑		70	70		140		道慶
438	大熊靫負尉	下	たかむろとかくしめん		150	30		180		善七
439	大熊靫負尉	中	たなか	2.0	400	50		450	225	甚三
440	大熊靫負尉	中	たなか	10.0	1,750	300		2,050	205	縫左衛門
441	大熊靫負尉	中	あらい在け	3.5	600	150		750	214	新右衛門
442	大熊靫負尉	上	うす庭	8.0	2,000	100		2,100	263	五良右衛門
443	大熊靫負尉	下	うす庭畑		100	10		110		左近
444	大熊靫負尉	中	うす庭之田	4.0	750	80		830	208	左近
445	大熊靫負尉	中	うす庭	4.5	900	30		930	207	甚助
446	大熊靫負尉	上	真斗屋敷		700	20		720		新四良
447	大熊靫負尉	下	かに田	2.5	300	150		450	180	和泉守
448	大熊靫負尉	下	けかち畑		70	10		80		甚丞
449	大熊靫負尉	下	けかち畑		70	10		80		市丞
450	大熊靫負尉	下	けかちはた		150	50		200		明宮
451	大熊靫負尉	中	けかち田	4.5	800	200		1,000	222	和泉守
452	大熊靫負尉	中	つるの子田	6.0	900	300		1,200	200	源右衛門
453	大熊靫負尉	下	六かく堂		150	50		200		花岡
454	大熊靫負尉	下	六かく堂		50	20		70		又介
455	大熊靫負尉	中	いたいと畑		180	40		220		五良右衛門
456	大熊靫負尉	下	天はく畑		60			60		喜助
457	大熊靫負尉	中	じゃうまん畑		180	20		200		喜助
458	大熊靫負尉	中	天はく		200	80		280		白山寺へ
459	大熊靫負尉	下	天はく		50	80		130		喜助
460	大熊靫負尉	中	天はく屋敷		500			500		喜助
461	大熊靫負尉	下	いぬこ原		70			70		甚三
462	大熊靫負尉	下	たかむろ畑		300	130		430		七助
463	大熊靫負尉	中	山とうか畑		250	80		330		縫左衛門
464	大熊靫負尉	中	真枓の畑		1,000	150		1,150		三右衛門
465	大熊靫負尉	上	いつなの前		500	280		780		和泉守
466	大熊靫負尉	下	いつなのまへ		200	30		230		又介
467	大熊靫負尉	下	かふちやしき		300	30		330		喜助
468	大熊靫負尉	下	いぬこ原		10			10		甚三
469	大熊靫負尉	下	てんはく		100	20		120		喜助
470	大熊靫負尉	中	塚田	3.5	600	150		750	214	上見
471	大熊靫負尉	中	かに田	4.0	850	50		900	225	甚七良
472	大熊靫負尉	中	かすミ田	5.0	1,000	250		1,250	250	又助
473	大熊靫負尉	中	真枓	4.0	700	170		870	218	甚助
474	大熊靫負尉	中	真枓	3.5	700	50		750	214	とくへもん　市兵衛
475	大熊靫負尉	中	塚前	3.5	700	100	60	860	246	和泉守

番号	知行者	等級	地籍（字）	蒔高（升）	本高（文）	見出（文）	田役（文）	総高（文）	総高／蒔	作人
476	大熊靫負尉	下	堂まい		200	60		260		甚四良
477	大熊靫負尉	下	堂まい		200	60		260		源介
478	大熊靫負尉	下	ぶす水		50	20		70		又助
479	大熊靫負尉	下	ぶす水石船のきしん		100	130		230		与右衛門
480	大熊靫負尉	下	ぶす水畑		170	170		340		甚右衛門
481	大熊靫負尉	下	ぶす水畑		100			100		蓮華院
482	大熊靫負尉	下	こつらん畑		500	150		650		又助
483	大熊靫負尉	下	本宿うら		150			150		又介
484	大熊靫負尉	下	本そりはた		100	250		350		市兵衛　失
485	大熊靫負尉	上	へつふ	5.0	1,200	50		1,250	250	新七良
486	大熊靫負尉	中	へつふ	4.0	800	150		950	238	五良右衛門
487	大熊靫負尉	上	まなわて	6.0	1,200	100		1,300	217	和泉
488	大熊靫負尉	下	ふす水はた　白山寺へ寄進		150	100		250		七良右衛門
489	村山彦兵衛	下	ふとうのはた		400			400		甚内
490	村山彦兵衛	中	真なわて		100	20		120		専十良
491	村山彦兵衛	上	真なわて　はた少あり	8.0	1,600	250	240	2,090	261	丸山三右衛門
492	村山彦兵衛	上	下塚はた		1,000	350		1,350		居屋敷
493	村山彦兵衛	中	下塚	2.5	400	100		500	200	手作
494	村山彦兵衛	下	下塚はた		400	100		500		清右衛門
495	村山彦兵衛	上	田中	6.5	1,600	100	180	1,880	289	庄村七左衛門
496	村山彦兵衛	中	てんはく	3.0	500	100		600	200	庄村七左衛門
497	村山彦兵衛	下	てんはく	10.0	1,000	700		1,700	170	小左衛門
498	村山彦兵衛	中	地蔵堂はた		200	300		500		小七良
499	村山彦兵衛	中	地蔵堂畠		80	50		130		善四良
500	村山彦兵衛	中	地蔵堂はた		20	30		50		孫左衛門
501	塩沢善左衛門	上	鶴子田	2.5	500	100		600	240	手前
502	塩沢善左衛門	中	鶴子之田	3.0	500	100		600	200	手前
503	塩沢善左衛門	上	真㪷屋敷		160	40		200		弥七良
504	塩沢善左衛門	上	真㪷屋敷		300	100		400		孫七良
505	塩沢善左衛門	上	つるの子田		300	30		330		新助
506	大畑與右衛門	中	大はた		50	20		70		日向坊
507	大畑與右衛門	中	大はた		60	30		90		与次郎
508	大畑與右衛門	中	大はた		150	100		250		甚助
509	大畑與右衛門	中	大はた		70	70		140		金六
510	大畑與右衛門	下	大はた		70	80		150		源助
511	大畑與右衛門	下	大はた		150	50		200		小左衛門
512	大畑與右衛門	下	大はた		150	30		180		明覚
513	大畑與右衛門	中	大はた		300	80		380		藤次郎
514	大畑與右衛門	下	大はた　不作		100	30		130		大畑
515	大畑與右衛門	下	大はた		100	20		120		清右衛門
516	大畑與右衛門	下	大はた		130	20		150		惣助
517	大畑與右衛門	中	大はた		130	120		250		日向坊
518	大畑與右衛門	中	大はた		200	120		320		助右衛門

番号	知行者	等級	地籍（字）	蒔高（升）	本高（文）	見出（文）	田役（文）	総高（文）	総高／蒔	作人
519	大畑與右衛門	下	大はた		130	40		170		源右衛門
520	大畑與右衛門	下	大はた		140	50		190		弐惣右衛門
521	大畑與右衛門	中	大はた		150	30		180		日向坊
522	大畑與右衛門	中	大はた		300	50		350		仁惣右衛門
523	大畑與右衛門	下	大はた		130	30		160		市左衛門
524	大畑與右衛門	中	田中嶋　大はた		45	5		50		新三良
525	大畑與右衛門	中	大はた		600	80		680		惣次郎
526	大畑與右衛門	上	大畑屋敷		1,000	500		1,500		井藤内膳
527	藤井殿内儀勘忍ふ	上	真阧屋敷		2,000	200		2,200		丸山三右衛門
528	細工正右衛門	下	下塚	3.0	500	50		550	183	甚右衛門
529	細工正右衛門	下	いつはいはた		950	40		990		与三右衛門
530	宮前六助	下	六かく堂		80	40		120		弥ニ良
531	宮前六助	中	冨沢	3.0	600	50	60	710	237	久蔵
532	宮前六助	中	かに田	3.0	500	40	60	600	200	弥ニ良
533	宮前六助	上	はけた	6.0	1,100	250	120	1,470	245	縫助
534	窪新七良	上	塚田屋敷	9.0	1,600	400	180	2,180	242	源介
535	窪新七良	下	下原畑		300	20		320		専養
536	窪新七良	下	けかちはた		340	150		490		忠助
537	窪新七良	中	真斗はた		600	50		650		手作　新七良
538	窪新七良	中	たか室畑		200	50		250		縫殿丞
539	松井善九郎	下	上原畠		1,000	500		1,500		手作
540	松井善九郎	上	まなあて	4.0	800	150	60	1,010	253	手作
541	松井善九郎	中	まなあてのはた		800	170		970		貳右衛門尉
542	松井善九郎	下	まなあて之田	3.5	700	110	60	870	249	貳右衛門尉
543	十輪寺	下	熊窪	0.9	90	40		130	144	手作
544	十輪寺	下	くま窪はた		300	30		330		助三
545	十輪寺	上	くま窪之田	2.0	200	100		300	150	甚三
546	十輪寺	中	くま窪之田	7.0	1,400	70		1,470	210	十輪寺
547	十輪寺	下	くま窪		200	20		220		助三
548	十輪寺	下	くま窪畠		100	20		120		甚六
549	十輪寺	下	くま窪はた		100	20		120		丹書取
550	十輪寺	中	石田	3.5	500	150		650	186	助右衛門尉
551	十輪寺	下	いぬこ原		500	100		600		源左衛門尉
552	十輪寺	上	吉須田	5.5	1,200	140	60	1,400	255	助右衛門
553	十輪寺	下	吉須はた		100			100		丹書取
554	十輪寺		きつす田之内		70			70		助右衛門
555	木嶋又左衛門	中	まなあてはた		800	100		900		惣内
556	真田之細工出雲	下	石原田	9.0	1,600	50	120	1,770	197	源六
557	真田之細工出雲	上	まなあて	2.0	400	80		480	240	源介
558	真田之細工出雲	上	いつはい田	4.0	800	150		950	238	小七良
559	中村専七良　但御夫馬免	中	上原畠		1,000	300		1,300		手作
560	中村専七良　但御夫馬免	中	上原	4.0	700	100		800	200	手作
561	中村専七良　但御夫馬免	下	上原畠		700	100		800		手作

番号	知行者	等級	地籍（字）	蒔高（升）	本高（文）	見出（文）	田役（文）	総高（文）	総高／蒔	作人
562	竹内甚三	上	つるまきた	5.0	1,000	80	120	1,200	240	仁右衛門
563	竹内甚三	中	うす庭	4.0	700	100	120	920	230	四良右衛門
564	竹内甚三	中	うす庭	4.0	800		120	920	230	又右衛門
565	竹内甚三	中	清水じり	1.5	300	20		320	213	源四郎
566	竹内甚三	中	さかい田	11.0	2,100	130	240	2,470	225	久兵衛
567	大窪弥右衛門	中	藤沢	4.0	800	70		870	218	弥右衛門
568	唐沢田左衛門	下	山遠岡畠		150	50		200		手作
569	唐沢田左衛門	中	荒井在家	3.0	600	50		650	217	田左衛門
570	唐沢田左衛門	中	うす庭はた		250	50		300		助左衛門
571	唐沢田左衛門	下	山遠岡		80	40		120		田左衛門
572	唐沢田左衛門	下	おもてき		160	30		190		清右衛門
573	唐沢田左衛門	下	おもてき畠		350	100		450		田左衛門
574	唐沢田左衛門	上	別保	7.5	1,500	100	240	1,840	245	助右衛門
575	真田之善心	下	山遠岡		200	30		230		手作
576	ほうきおさ之	下	はけたのはた		180	20		200		縫左衛門
577	ほうきおさ之	上	はけた	1.0	200	30		230	230	正泉
578	ほうきおさ之	下	はけたのはた		100	30		130		甚助
579	ほうきおさ之	下	おうさわ畠		350	150		500		市川善四良
580	ほうきおさ之	中	おもてき		200	10		210		三良太良
581	ほうきおさ之	中	いつはい	6.5	700	450		1,150	177	甚四郎
582	御北之分　澤入市左衛門	下	下塚之畑		250			250		安右衛門
583	御北之分　澤入市左衛門	下	下塚之はた		30	20		50		神七良
584	御北之分　澤入市左衛門	中	荒井在家	1.5	100	200		300	200	手作
585	御北之分　澤入市左衛門	中	荒井在家之はた		400	250		650		手作
586	御北之分　澤入市左衛門	下	しもつか畑		100	20		120		神七良
587	御北之分　澤入市左衛門	下	しもつか之田	0.7	100	20		120	171	神七良
588	御北之分　澤入市左衛門	上	たかむろのやしき		200	100		300		清右衛門
589	御北之分　澤入市左衛門	中	ふち沢	2.0	400	40		440	220	手作
590	御北之分　澤入市左衛門	中	下原田	6.0	800	400		1,200	200	与左衛門
591	御北之分　澤入市左衛門	下	大さわ		100			100		甚七良
592	大窪与助　但御夫馬免	下	おもて木のはた		900			900		孫右衛門
593	大窪与助　但御夫馬免	中	まなあてはた		2,000		240	2,240		市之丞
594	右肥之茂右衛門	下	龍之宮田畑		200	100		300		善兵衛
595	右肥之茂右衛門	下	つるの子田畑		300	100		400		花岡おりべ
596	小野庄左衛門	上	田中やしき		1,000	240		1,240		手作
597	小野庄左衛門	中	田中やしき田	10.0	1,750	400		2,150	215	手作
598	小野庄左衛門	下	竹むろ畑		100			100		手作
599	小野庄左衛門	下	竹むろはた		180			180		手作

番号	知行者	等級	地籍（字）	蒔高（升）	本高（文）	見出（文）	田役（文）	総高（文）	総高／蒔	作人
600	二つ蔵田左衛門	上	大はたけ之田	5.5	1,100	100	120	1,320	240	手作
601	二つ蔵田左衛門	中	地蔵堂はた		500	100		600		手作
602	二つ蔵田左衛門	上	まなあて	2.5	450	50		500	200	管介
603	松井忠助　但御夫馬免	中	南はたけ		150	50		200		手作
604	松井忠助　但御夫馬免	中	南はたけ		300	160		460		手作
605	松井忠助　但御夫馬免	中	南はたけ		30	10		40		忠助
606	松井忠助　但御夫馬免	下	せきうへはた		250	80		330		手作
607	松井忠助　但御夫馬免	下	下原		30	15		45		手作
608	松井忠助　但御夫馬免	中	へつほのた	4.0	700	170	120	990	248	助右衛門
609	松井忠助　但御夫馬免	中	へつほのた	8.0	1,100	400	120	1,620	203	甚右衛門
610	宮坂與右衛門		いたいと畠		800			800		手前
611	御北様御料所　小吏蔵嶋	下	郷沢畑		100	50		150		築後
612	御北様御料所　小吏蔵嶋	中	郷沢田	6.5	900	300	120	1,320	203	善兵衛
613	御北様御料所　小吏蔵嶋	中	郷沢田	7.0	1,500	20	120	1,640	234	主林芸　六助
614	御北様御料所　小吏蔵嶋	中	郷沢田	7.5	1,300	50	120	1,470	196	同人知行　勘左衛門
615	御北様御料所　小吏蔵嶋	中	郷沢田	7.0	1,000	350	120	1,470	210	六左衛門
616	御北様御料所　小吏蔵嶋	下	郷沢畑		500	150		650		蔵嶋
617	御北様御料所　小吏蔵嶋	下	郷沢はた		650	200		850		蔵嶋
618	御北様御料所　小吏蔵嶋	中	郷沢田	8.0	1,500	100		1,600	200	是ハ御をん　蔵嶋
619	御北様御料所　小吏蔵嶋	下	郷沢田	5.0	1,000	100		1,100	220	是ハ林芸　善介
620	御北様御料所　小吏蔵嶋	下	郷沢畑		100	30		130		蔵助
621	御北様御料所　小吏蔵嶋	中	郷沢田	8.0	1,500	100		1,600	200	是ハ御をん　蔵嶋
622	御北様御料所　小吏蔵嶋	下	郷沢田	5.0	1,000	100		1,100	220	是ハ林芸　善介
623	御北様御料所　小吏蔵嶋	下	郷沢はた		100	30		130		蔵介
624	御北様御料所　小吏蔵嶋	中	郷沢田	6.0	1,200	100		1,300	217	与右衛門
625	御北様御料所　小吏蔵嶋	下	郷沢田	3.0	400	150		550	183	蔵嶋御をん　善四良
626	御北様御料所　小吏蔵嶋	下	郷沢はた		100	30		130		さぬき
627	御北様御料所　小吏蔵嶋	中	郷沢田	5.0	700	300		1,000	200	与助
628	御北様御料所　小吏蔵嶋	下	郷沢はた		50			50		築後
629	御北様御料所　小吏蔵嶋	中	郷沢はた		400	150		550		六介
630	御北様御料所　小吏蔵嶋	下	郷沢はた		150	60		210		清右衛門

番号	知行者	等級	地籍（字）	蒔高（升）	本高（文）	見出（文）	田役（文）	総高（文）	総高／蒔	作人
631	御北様御料所　小吏 蔵嶋	下	郷沢はた		100	35		135		蔵嶋
632	御北様御料所　小吏 蔵嶋	下	郷沢はた		100	70		170		蔵嶋
633	御北様御料所　小吏 蔵嶋	下	郷沢はた		130	100		230		善兵衛
634	御北様御料所　小吏 蔵嶋	上	郷沢はた		50	50		100		筑後
635	御北様御料所　小吏 蔵嶋	上	郷沢屋敷		200	50		250		筑後
636	御北様御料所　小吏 蔵嶋	下	郷沢はた		500	130		630		筑後
637	御北様御料所　小吏 蔵嶋	上	郷沢屋敷		50	30		80		筑後
638	御北様御料所　小吏 蔵嶋	中	上原町屋敷		150	50		200		与右衛門
639	御北様御料所　小吏 蔵嶋	中	上原町屋敷		150	50		200		与右衛門
640	御北様御料所　小吏 蔵嶋	中	上原町屋敷		150	50		200		源助
641	御北様御料所　小吏 蔵嶋	中	上原町屋敷		150	50		200		筑後
642	御北様御料所　小吏 蔵嶋	中	上原町屋敷		300	100		400		筑後
643	御北様御料所　小吏 曲尾与五右衛門	下	郷沢畑		200			200		藤七良
644	御北様御料所　小吏 曲尾与五右衛門	下	郷沢田	8.0	1,200	280	120	1,600	200	与五右衛門
645	御北様御料所　小吏 曲尾与五右衛門	中	郷沢田	4.0	600	200		800	200	与五右衛門
646	御北様御料所　小吏 曲尾与五右衛門	下	郷沢はた		100			100		与五右衛門
647	御北様御料所　小吏 曲尾与五右衛門	下	郷沢はた		200	100		300		勘左衛門
648	御北様御料所　小吏 曲尾与五右衛門	下	郷沢はた		250	110		360		与五右衛門
649	御北様御料所　小吏 曲尾与五右衛門	中	郷沢屋敷		100	100		200		与五右衛門
650	御北様御料所　小吏 曲尾与五右衛門	下	郷沢屋敷		200	200		400		助右衛門
651	御北様御料所　小吏 曲尾与五右衛門	下	郷沢はた		100	100		200		与五右衛門
652	御北様御料所　小吏 曲尾与五右衛門	下	郷沢田	4.0	600	160		760	190	案右衛門
653	御北様御料所　小吏 曲尾与五右衛門		郷沢田	8.0	1,200	300	120	1,620	203	源左衛門
654	御北様御料所　小吏 曲尾与五右衛門	下	郷沢はた		70	20		90		与五右衛門
655	御北様御料所　小吏 曲尾与五右衛門	下	郷沢之畑		60	40		100		右近右衛門
656	御北様御料所　小吏 曲尾与五右衛門	下	郷沢畑		100	80		180		善四良
657	御北様御料所　小吏 曲尾与五右衛門	下	郷沢畑		250	50		300		与五右衛門

番号	知行者	等級	地籍（字）	蒔高（升）	本高（文）	見出（文）	田役（文）	総高（文）	総高／蒔	作人
658	御北様御料所　小吏 曲尾与五右衛門	下	郷沢はた		200	110		310		七右衛門
659	御北様御料所　小吏 曲尾与五右衛門	下	郷沢はた		100	30		130		助右衛門
660	御北様御料所　小吏 曲尾与五右衛門	下	郷沢はた		60	70		130		藤左衛門
661	御北様御料所　小吏 曲尾与五右衛門	下	郷沢はた		130	70		200		善四良
662	御北様御料所　小吏 曲尾与五右衛門	中	郷沢た	6.0	900	230	120	1,250	208	藤五良
663	御北様御料所　小吏 曲尾与五右衛門	中	かふ沢田	7.5	1,000	300	120	1,420	189	甚六
664	御北様御料所　小吏 曲尾与五右衛門	下	かふ沢田	4.0	100	40		140	35	与五右衛門
665	御北様御料所　小吏 曲尾与五右衛門	下	かふ沢はた		300	120		420		与五右衛門
666	御北様御料所　小吏 曲尾与五右衛門	下	かふさわ畑		70	20		90		藤七良
667	御北様御料所　小吏 曲尾与五右衛門	中	かふさわ田	8.0	1,200	300	120	1,620	203	助右衛門
668	御北様御料所　小吏 曲尾与五右衛門	下	かふさわた	1.0	100	50		150	150	与五右衛門
669	御北様御料所　小吏 曲尾与五右衛門	下	かふさわた	5.0	800	180	120	1,100	220	新右衛門
670	御北様御料所　小吏 曲尾与五右衛門	下	かふさわた	17.0	1,500	1,500		3,000	176	是ハ御をん処 与五右衛門
671	御北様御料所　小吏 曲尾与五右衛門	下	かふさわ畑		500	200		700		藤左衛門
672	御北様御料所　小吏 曲尾与五右衛門	下	かふさわ畠		150	30		180		善助
673	御北様御料所　小使 坂下次郎右衛門	下	上原畑		150			150		手作
674	御北様御料所　小使 坂下次郎右衛門	中	町屋敷		150	50		200		新五良
675	御北様御料所　小使 坂下次郎右衛門	中	町屋敷		150	50		200		道全
676	御北様御料所　小使 坂下次郎右衛門	中	町屋敷		300	100		400		木嶋
677	御北様御料所　小使 坂下次郎右衛門	中	町屋敷		150	50		200		都右衛門
678	御北様御料所　小使 坂下次郎右衛門	中	町屋敷		150	50		200		いもじ
679	御北様御料所　小使 坂下次郎右衛門	中	町屋敷之畑		1,200	150		1,350		次郎右衛門
680	御北様御料所　小使 坂下次郎右衛門	中	町屋敷はた		150	20		170		大蔵
681	御北様御料所　小使 坂下次郎右衛門	中	町屋敷畑		200	200		400		弥三良
682	御北様御料所　小使 坂下次郎右衛門	中	町屋敷畑		170	10		180		木嶋
683	御北様御料所　小使 坂下次郎右衛門	下	町屋敷はた		80			80		弥三良
684	御北様御料所　小使 坂下次郎右衛門	下	町屋敷はた		180	40		220		総七良

番号	知行者	等級	地籍（字）	蒔高（升）	本高（文）	見出（文）	田役（文）	総高（文）	総高／蒔	作人
685	御北様御料所　小使 坂下次郎右衛門	下	町屋敷はた		130	70		200		源右衛門
686	壱本鉾源右衛門	上	別ぶ田	6.0	1,200	250	120	1,570	262	三右衛門
687	壱本鉾源右衛門	下	大ふけ畑田なをし		500		壱反やくひへ5升	500		源右衛門
688	壱本鉾源右衛門	下	大ふけ田	4.5	900	100		1,000	222	与五右衛門
689	壱本鉾源右衛門	中	大ふけ田	2.5	300	180		480	192	源右衛門
690	壱本鉾源右衛門	中	大ふけ	5.0	1,000	150		1,150	230	手作
691	壱本鉾源右衛門		大ふけはた		550	80	やくひへ5升	630		居屋敷
692	壱本鉾源右衛門		念仏塚	4.5	800	100	120	1,020	227	又右衛門
693	池田甚次郎	下	松山畑		150	10		160		助右衛門
694	池田甚次郎	中	松山田	4.0	700	100		800	200	忠兵衛
695	池田甚次郎	下	松山畑		100	20		120		香才
696	池田甚次郎	中	松山田	2.0	400	30		430	215	源右衛門
697	池田甚次郎	下	松山田	1.5	150	100		250	167	弥兵衛
698	池田甚次郎	下	大沢之畑		120	30		150		新四良
699	池田甚次郎	上	たかむろ	3.0	600	120		720	240	源左衛門
700	池田甚次郎	下	おもて木畑		210	70		280		総右衛門
701	池田甚次郎	下	おもて木畑		300	120		420		惣左衛門
702	池田甚次郎	中	別府	6.0	1,000	400		1,400	233	善左衛門
703	池田甚次郎	下	下塚		110	140		250		藤兵衛
704	池田甚次郎	下	下塚		70	30		100		与左衛門
705	池田甚次郎	下	下塚		110	40		150		弥兵衛
706	池田甚次郎	下	いぬこ原		200	160		360		源右衛門
707	池田甚次郎	下	てんはく		20	20		40		与七良
708	池田甚次郎	下	ふしさわ	3.0	300	260		560	187	市之丞
709	松井源六　但御夫馬免	下	てんはく		150	30		180		手作
710	松井源六　但御夫馬免	中	まつい屋敷	2.0	300	100		400	200	手作
711	松井源六　但御夫馬免	下	はた		100	60		160		手作
712	松井源六　但御夫馬免	上	下原		450	200		650		居屋敷
713	松井源六　但御夫馬免	上	別ぶ	7.0	1,400	280	120	1,800	257	手作
714	御北様御料所　小使 権介	下	下塚畑		300			300		新兵衛
715	御北様御料所　小使 権介	下	下塚畑		300			300		新六
716	御北様御料所　小使 権介	下	下塚		100	20		120		藤治良
717	御北様御料所　小使 権介	下	下塚畑		400	100		500		源右衛門
718	御北様御料所　小使 権介	中	田中	4.0	800			800	200	安右衛門
719	御北様御料所　小使 権介	上	田中	4.0	800	100		900	225	安右衛門
720	御北様御料所　小使 権介	中	おもて木	3.5	700	70		770	220	権介
721	御北様御料所　小使 権介	下	地蔵堂		200	60		260		角内

番号	知行者	等級	地籍（字）	蒔高（升）	本高（文）	見出（文）	田役（文）	総高（文）	総高／蒔	作人
722	御北様御料所　小使権介	中	田中	1.5	300	60		360	240	源左衛門
723	日置五右衛門	中	荒井在家	5.5	1,000	250		1,250	227	彦右衛門
724	日置五右衛門	上	荒井在家	8.0	2,000			2,000	250	総右衛門
725	日置五右衛門	上	はけた	13.0	2,800	350		3,150	242	市之丞
726	日置五右衛門	上	まなあて	6.0	1,500	50	120	1,670	278	与五右衛門
727	日置五右衛門	中	別府	5.0	620	290		910	182	市之介
728	日置五右衛門	中	いつはい畑		350	100		450		清水　権助
729	かち　対馬守	上	てんはく	4.0	1,000	50		1,050	263	手作
730	かち　対馬守	下	てんはくはた		100	50		150		手作
731	かち　対馬守	下	てんはく		300	50		350		手作
732	かち　対馬守	下	大さわ畑		400	50		450		手作
733	かち　対馬守	下	大さわ		380	90		470		手作
734		上	まなあてはた		950	100以上		950		窪源七良
735	御北分　大見山藤左衛門	中	へつほ	4.0	700	100		800	200	手作
736	御北分　大見山藤左衛門	中	石原た	6.5	1,250	250		1,500	231	手作
737	御北分　大見山藤左衛門	上	石原		100	30		130		屋敷
738	御北分　大見山藤左衛門	下	大石畑		600	260		860		手作
739	御北分　大見山藤左衛門	下	てんはく		400			400		池甚同心　忠兵衛
740	大かひき　藤右衛門	中	竹むろ	4.0	800	140		940	235	手作
741	大かひき　藤右衛門	中	竹むろ	9.0	1,700	200		1,900	211	手作
742	木村渡右衛門	上	塚前田	3.0	600	140	60	800	267	源四良
743	木村渡右衛門	中	大はた		100	20		120		甚助
744	木村渡右衛門	上	さわまたき	9.0	2,000	100	240	2,340	260	新次良　失跡
745	木村渡右衛門	上	あかた	5.0	900	250	120	1,270	254	七右衛門
746	木村渡右衛門	上	塚田	6.0	1,200	300	180	1,680	280	彦次良　失跡
747	木村渡右衛門	中	塚田之はた		400	200		600		彦次良　失跡
748	木村渡右衛門	上	いつはい	5.0	1,000	250		1,250	250	甚助
749	木村渡右衛門	下	おもて木の畑		350	100		450		甚右衛門
750	木村渡右衛門	下	山ふし塚はた		300	100		400		甚助
751	木村渡右衛門	下	山ふし塚	4.0	400	300		700	175	甚助
752	木村渡右衛門	中	つるの子田	5.0	800	180	120	1,100	220	市丞
753	木村渡右衛門	中	つるの子	5.0	800	180		980	196	半丞　失跡
754	木村渡右衛門	中	つるの子	1.4	250	100		350	250	半丞
755	木村渡右衛門	上	つるの子やしき		200	80		280		甚助
756	木村渡右衛門	上	つるの子屋敷		200	80		280		新次良
757	木村渡右衛門	下	つるの子田はた		750	450		1,200		半之丞
758	木村渡右衛門	下	下くねはた		700	100		800		半之丞
759	木村渡右衛門	中	松葉田	2.5	400	180		580	232	半之丞
760	木村渡右衛門	中	前はたけ		400	70		470		甚助
761	木村渡右衛門	中	もちた	3.5	600	275		875	250	源四良

番号	知行者	等級	地籍（字）	蒔高（升）	本高（文）	見出（文）	田役（文）	総高（文）	総高／蒔	作人
762	木村渡右衛門	中	塚前畑		150	30		180		源四良
763	木村渡右衛門	中	へつほ田	7.5	1,000	400	120	1,520	203	助三良
764	長坂小伝次	下	山とうか	1.0	150	40		190	190	角右衛門
765	長坂小伝次	下	山とうかのはた		80	70		150		手作
766	黒坂七良右衛門	下	いぬこ原はた		60	40		100		与三右衛門
767	黒坂七良右衛門	下	いぬこ原はた		120			120		新右衛門
768	黒坂七良右衛門	下	上原はた		150	50		200		甚右衛門
769	黒坂七良右衛門	下	上原はた		60			60		手作
770	黒坂七良右衛門	下	上原之はた		100	50		150		源左衛門尉
771	黒坂七良右衛門	下	上原はた		100			100		ぬい右衛門尉
772	黒坂七良右衛門	中	松山はた		220	180		400		彦右衛門尉
773	黒坂七良右衛門	下	下塚はた		50	30		80		手作
774	黒坂七良右衛門	中	下塚	5.5	1,000	200		1,200	218	助右衛門
775	黒坂七良右衛門	下	下塚		50	20		70		道見
776	黒坂七良右衛門	中	十二の前はたけ		200	50		250		勘左衛門
777	黒坂七良右衛門	中	ふとふおきの田	3.0	600	50		650	217	丹書取
778	黒坂七良右衛門	下	下塚はた		240	50		290		清右衛門
779	黒坂七良右衛門	下	下塚はた		260	120		380		柳又之市助
780	宮下作平	中	つるの子田	4.5	600	300		900	200	市之丞
781	宮下作平	下	桜木はた		600	200		800		□馬（対馬）
782	宮下作平	中	桜木田	4.5	800	120		920	204	ニ惣右衛門
783	宮下作平	中	つるの子田	2.0	400	30	60	490	245	四良左衛門
784	宮下作平	中	大畠		300	200		500		手作
785	宮下作平	中	へつほ	4.0	800	120		920	230	与七良
786	宮下作平	中	本町之畑		75	25		100		手作
787	戸隠免	中	はたしやうふ沢		300			300		藤左衛門
788	戸隠免	下	はたしやうふ沢	4.0	500	140		640	160	藤左衛門
789	戸隠免	下	はたしやうふ沢	15.0	1,700	1,000		2,700	180	藤左衛門
790	戸隠免	下	はたしやうふ沢	17.0	2,000	960		2,960	174	藤左衛門
791	戸隠免	下	はたしやうふ沢はた		200	200		400		藤左衛門
792	戸隠免	下	かうさわはた		100			100		藤左衛門
793	戸隠免	中	かうさわ	6.0	1,000	200		1,200	200	藤左衛門
794	戸隠免	中	かうさわ	6.0	1,000	200		1,200	200	道秀
795	戸隠免	下	かうさわはた		20			20		藤左衛門
796	戸隠免	下	かうさわ	2.0	300	70		370	185	助右衛門
797	戸隠免	下	かうさわ畑		100	20		120		藤左衛門
798	戸隠免	下	天田		500			500		庄村藤左衛門
799	樋口新三	下	下塚		200			200		甚左衛門尉
800	樋口新三	下	たなかのはた		150	50		200		道妙
801	樋口新三	中	おもてきのはた		200			200		五良右衛門
802	樋口新三	中	あらい在家		500	70		570		五良右衛門
803	是は白山御祈念御そうし役　祢宜甚助	下	天白のはた		250	150		400		手作
804	是は白山御祈念御そうし役　祢宜甚助	上	天白屋敷		200	50		250		手作

番号	知行者	等級	地籍（字）	蒔高（升）	本高（文）	見出（文）	田役（文）	総高（文）	総高／蒔	作人
805	是は白山御祈念御そうし役　祢宜甚助	下	天白はた		50	20		70		手作
806	是は白山御祈念御そうし役　祢宜甚助	下	天白はた		40	60		100		手作
807	是は白山御祈念御そうし役　祢宜甚助	中	天白	3.5	350	300		650	186	手作
808	是は白山御祈念御そうし役　祢宜甚助	下	天白はた		70	10		80		手作
809	悪沢又右衛門尉	中	へつほ	3.0	600	80	60	740	247	手作
810	悪沢又右衛門尉	下	田中嶋はた		250	30		280		弥七良
811	悪沢又右衛門尉	中	まのあてはた		150	50		200		神介
812	悪沢又右衛門尉	上	へつほ	6.0	1,000	280	120	1,400	233	文六
813	悪沢又右衛門尉	下	上原		170	50		220		四良左衛門尉
814	悪沢又右衛門尉	下	上原		300	50		350		いもじ
815	悪沢又右衛門尉	中	内てはた		600	30		630		源右衛門
816	金子	下	場所不知		100			100		善五良　不作
817	金子	中	場所不知		250	50		300		祢津之ちく
818	金子	下	場所不知		100			100		大蔵
819	金子	下	宿うら		130	20		150		善五良
820	宮崎志摩	中	おもて木畠		250	150		400		与三兵衛
821	宮崎志摩	上	屋敷そへ		200	100		300		甚右衛門尉
822	宮崎志摩	上	いやしき		70	200		270		与三兵衛
823	宮崎志摩	上	さかいた	7.0	1,700			1,700	243	見そ　助さへもん
824	宮崎志摩	下	山伏塚畠		25	5		30		四良左衛門
825	宮崎志摩	中	やま伏塚	4.0	800	80	120	1,000	250	次右衛門
826	宮崎志摩	下	かに田	3.0	400	160		560	187	惣兵衛
827	宮崎志摩	下	ちそうとう畠		200	120		320		惣四良
828	宮崎志摩	上	大はたけ	4.5	800	300		1,100	244	四良左衛門
829	宮崎志摩	下	大はたけはた		50	20		70		甚右衛門
830	御北様御料所　宮下源六	下	いぬこ原		100	70		170		手作
831	御北様御料所　宮下源六	下	いぬこ原		50	30		80		小三良
832	御北様御料所　坂口与助	下	てんはく		20	50		70		手作
833	御北様御料所　坂口与助	下	てんはく		20			20		手作　於こし
834	御北様御料所　坂口与助	下	屋敷てんはく		80	100		180		手作
835	御北様御料所　坂口与助	下	屋敷てんはく畠		50	100		150		手作
836	御北様御料所　坂口与助	下	屋敷てんはくはた		35	30		65		手作
837	御北様御料所　坂口与助	下	屋敷てんはく		80	70		150		手作
838	御北様御料所　坂口与助	下	屋敷てんはく		20			20		手作　荒地
839	御北様御料所　坂口与助	下	屋敷てんはく		20			20		手作

番号	知行者	等級	地籍（字）	蒔高（升）	本高（文）	見出（文）	田役（文）	総高（文）	総高／蒔	作人
840	御北様御料所　坂口与助	下	てんはく		50	20		70		手作
841	御北様御料所　坂口与助	下	てんはくはた		40	60		100		手作
842	御きたさま分　林慶	中	下塚之畠		400	130		530		源右衛門尉
843	御きた様分　小吏　宮島弐右衛門	中	あかい		400	100		500		屋敷
844	御きた様分　小吏　宮島弐右衛門	下	いぬこ原		10	10		20		弐右衛門
845	御きた様分　小吏　宮島弐右衛門	下	いぬこ原はた		250	100		350		弐右衛門
846	御きた様分　小吏　宮島弐右衛門	中	藤沢	4.0	700	200		900	225	弐右衛門
847	御きた様分　小吏　宮島弐右衛門	下	下つかのはた		300	100		400		弐右衛門
848	御きた様分　小吏　宮島弐右衛門	下	下つかのはた		200	150		350		小七良
849	御きた様分　小吏　宮島弐右衛門	中	いぬこ原		400	180		580		弐右衛門尉
850	御きた様分　小吏　宮島弐右衛門	下	しもつかはた		30			30		弐右衛門尉
851	御きた様分　小吏　宮島弐右衛門	下	しもつか		60	40		100		弐右衛門尉
852	御きた様分　小吏　宮島弐右衛門	中	石田	1.5	200	100		300	200	弐右衛門尉
853	坂口善左衛門尉	下	あかいやしき		500	260		760		善さへもん
854	坂口善左衛門尉	中	松山		200	30		230		手作
855	坂口善左衛門尉	中	ふとう田	2.5	500	50		550	220	手作
856	丸山小七郎		まなあて		12,700	500		13,200		太良左衛門
857	丸山小七郎		まなあて		800	120		920		源助
858	丸山小七郎		へつほ		740	50		790		市兵衛
859	丸山小七郎		柳田		900	70		970		賀兵衛
860	御きたさま分　長谷寺祈心	中	新井在家はた		700	300		1,000		道玄
861	御きたさま分　長谷寺祈心	中	新井在家はた		100	40		140		勘右衛門
862	御きたさま分　長谷寺祈心	下	新井在家はた		140	50		190		新右衛門
863	御きたさま分　長谷寺祈心	中	新井在家	2.0	300	100		400	200	助右衛門
864	御きたさま分　長谷寺祈心	下	新井在家はた		100	30		130		与右衛門尉
865	御きたさま分　長谷寺祈心	中	新井在家	6.0	800	400		1,200	200	清右衛門尉
866	御きたさま分　長谷寺祈心	中	新井在家	3.5	600	180		780	223	新右衛門尉
867	御きたさま分　長谷寺祈心	上	新井在家	3.5	600	170		770	220	源左衛門尉
868	御きたさま分　長谷寺祈心	中	荒井在家はた		150	100		250		清右衛門
869	御北さま御料所　坂口与助	下	にしおねはた		350	50		400		庄林さぬき

番号	知行者	等級	地籍（字）	蒔高（升）	本高（文）	見出（文）	田役（文）	総高（文）	総高／蒔	作人
870	御北さま御料所　坂口与助	下	天白		30	100		130		清左衛門尉
871	御北さま御料所　坂口与助	下	くまくほ		300	300		600		助三
872	御北さま御料所　坂口与助	下	大さわはた		100			100		源左衛門
873	御北さま御料所　坂口与助	中	つるの子田屋しき		1,000	150		1,150		花岡織部
874	御北さま御料所　坂口与助	中	ふとう	1.0	200	30		230	230	新右衛門尉
875	御北さま御料所　坂口与助	下	たかむろはた		150	50		200		管左衛門尉
876	御北さま御料所　坂口与助	下	あらい在家	1.0	170	50		220	220	道秀
877	高梨内記	下	ちそうとうはた		100	40		140		甚左衛門尉
878	高梨内記	下	ちそうとうはた		100	40		140		惣助
879	高梨内記	下	そりはた		400	200		600		勘四良
880	高梨内記	中	うちてはた		700	100		800		甚三
881	高梨内記	中	石見屋しき		500	200		700		きしん　開善寺
882	高梨内記	中	うすには	6.0	1,000	200	120	1,320	220	三良左衛門尉
883	高梨内記	中	まなあて	2.5	400	70	60	530	212	甚左衛門
884	高梨内記	中	つるの子田畠		3,050	70		3,120		蔵嶋
885	高梨内記	中	桜はた		1,000	450		1,450		源五良
886	宮坂又右衛門尉	下	たかむろはた		500	400		900		手作
887	宮坂又右衛門尉	上	たかむろはた		600	250		850		居屋敷
888	宮坂又右衛門尉	上	たかむろ	6.0	1,200	300		1,500	250	手作
889	宮坂又右衛門尉	下	そりはた		70	50		120		ちせん
890	宮坂又右衛門尉	下	へつほはた		300	50		350		助右衛門尉
891	宮坂又右衛門尉	中	さかい田	4.5	800	200		1,000	222	出雲守
892	宮坂又右衛門尉	中	いたい		200	80		280		ほ祢　又右衛門尉
893	宮坂又右衛門尉	中	いたいはた		150	70		220		与七良
894	宮坂又右衛門尉	中	下塚	2.5	400	70		470	188	手作
895	宮坂又右衛門尉	下	おもて木はた		200	50		250		手作
896	関口角左衛門尉	中	下塚田	0.5	70	40		110	220	甚内
897	関口角左衛門尉	中	たかむろ	2.0	300	100		400	200	手作
898	関口角左衛門尉	中	かま田	2.0	380	50		430	215	手作
899	関口角左衛門尉	上	屋敷下原		350	80		430		仁三右衛門
900	関口角左衛門尉	下	天白		30	20		50		甚助
901	関口角左衛門尉	下	天白		300	170		470		源右衛門尉
902	関口角左衛門尉	下	大さわはた		30	70		100		右近右衛門尉
903	関口角左衛門尉	下	たかむろ		70			70		右近右衛門尉
904	関口角左衛門尉	下	たかむろ		150	20		170		助三良
905	関口角左衛門尉	下	たかむろはた		60	70		130		右近右衛門尉
906	関口角左衛門尉	中	たかむろ	5.0	1,000	100	60	1,160	232	三左衛門尉
907	関口角左衛門尉	中	おもて木はた		200			200		祢き　市助
908	関口角左衛門尉	中	おもて木はた		450	100		550		二蔵
909	関口角左衛門尉	中	おもて木はた		150	50		200		勘七良

番号	知行者	等級	地籍（字）	蒔高（升）	本高（文）	見出（文）	田役（文）	総高（文）	総高／蒔	作人
910	関口角左衛門尉	下	おもて木はた		20			20		三良太
911	関口角左衛門尉	中	おもてきのはた		400	50		450		手作
912	関口角左衛門尉	中	おもてきのはた		250	50		300		清右衛門
913	関口角左衛門尉	上	あらい在家	4.0	800	100	120	1,020	255	五良右衛門尉
914	関口角左衛門尉	中	あらい在家	3.0	600	100		700	233	左衛門三良
915	関口角左衛門尉	中	ふち沢	2.0	300	100		400	200	手作
916	関口角左衛門尉	上	へつほ	4.0	800	200		1,000	250	新兵衛
917	関口角左衛門尉	下	へつほはた		150	20		170		市右衛門
918	関口角左衛門尉	中	田中嶋		250	30		280		弥七良
919	関口角左衛門尉	上	ふちさわ	3.0	700	50		750	250	小左衛門
920	関口角左衛門尉	中	ふちさわ	4.0	800	120	120	1,040	260	新四良
921	関口角左衛門尉	上	かにた	4.0	800	80	120	1,000	250	六左衛門
922	関口角左衛門尉	中	かにた	1.5	200	170		370	247	二惣衛門
923	関口角左衛門尉	下	いつな		150	50		200		又兵衛
924	関口角左衛門尉	下	いつな		200			200		かくさへもん あれち
925	関口角左衛門尉	中	たかむろのはた		250	30		280		小左衛門
926	関口角左衛門尉	下	上原田はたともに		500	300		800		右近右衛門
927	春原惣左衛門	中	いつはい		700	300		1,000		丸山惣左衛門
928	番匠新兵衛	上	あらいさいけ	5.0	500	750		1,250	250	管右衛門尉
929	番匠新兵衛	上	あらいさいけ	6.0	1,000	500		1,500	250	出雲守
930	番匠新兵衛	中	あらいさいけ	1.5	375			375	250	出雲守
931	番匠新兵衛	中	をもて木	6.0	800	580		1,380	230	出雲守
932	番匠新兵衛	上	たかむろ屋敷		300	100		400		手作
933	番匠新兵衛	下	あらいさいけ	1.0	100	80		180	180	出雲守
934	鎌原	中	真斗	3.5	700	105	120	925	264	半右衛門
935	鎌原	中	六反田		600	100		700		道西
936	鎌原	中	いつはいはた		400	200		600		ぬい右衛門
937	鎌原	中	いつはい	5.5	800	300		1,100	200	応助
938	新井新左衛門	下	下塚はた		150	50		200		手作
939	新井新左衛門	中	鎌田	7.0	1,400	140	30	1,570	224	手作
940	山遠か与五右衛門	中	（塚田）		1,000			1,000		道圓
941	山遠か与五右衛門	下	下塚はた		300	140		440		市助
942	山遠か与五右衛門	中	田中	5.0	980	180		1,160	232	小七良
943	山遠か与五右衛門	下	田中はた		200	30		230		甚四良
944	山遠か与五右衛門	下	十二ノはた		200	120		320		甚四良
945	青木加賀	下	面木はた		1,000	550		1,550		六右衛門
946	青木加賀	中	松山屋敷		500	170		670		いち
947	青木加賀	下	ひやくをさ	1.5	150	200		350	233	市助
948	青木加賀	上	山伏塚	4.0	800	200		1,000	250	神六
949	青木加賀	下	いつはいはた		800			800		仁介
950	青木加賀	中	いつはい	3.0	600	100		700	233	源四良
951	山浦藤兵衛	上	てんはく	4.5	800	250		1,050	233	手作
952	山浦藤兵衛	下	ふとう	3.0	500	100	120	720	240	善五良
953	山浦藤兵衛	上	ふとう屋敷		800	400		1,200		手作

番号	知行者	等級	地籍（字）	蒔高（升）	本高（文）	見出（文）	田役（文）	総高（文）	総高／蒔	作人
954	山浦藤兵衛	中	はたなおし	1.5	120	150		270	180	手作
955	山浦藤兵衛	下	てんはくひへ田	1.0	120	30		150	150	手作　御料所
956	山浦藤兵衛	中	てんはく		200	150		350		手作
957	山浦藤兵衛	下	てんはく		120	30		150		手作
958	加賀同心市左衛門尉	中	いつはいのはた		1,000			1,000		清右衛門
959	京之御前様御料所　小使　小金縫右衛門	下	下塚はた		200	40		240		甚左衛門
960	京之御前様御料所　小使　小金縫右衛門	上	田中	3.5	800	200		1,000	286	縫右衛門　たたし不作
961	京之御前様御料所　小使　小金縫右衛門	上	うす庭	3.0	600	120		720	240	善九良
962	京之御前様御料所　小使　小金縫右衛門	上	うす庭	10.0	1,900	450	120	2,470	247	三良右衛門
963	京之御前様御料所　小使　小金縫右衛門	中	うす庭	3.0	600	100		700	233	弥右衛門
964	京之御前様御料所　小使　小金縫右衛門	上	いつな屋敷		1,600	330		1,930		惣右衛門
965	京之御前様御料所　小使　小金縫右衛門	上	真斗	2.0	400	100		500	250	縫右衛門
966	京之御前様御料所　小使　小金縫右衛門	上	向阿弥畠		3,000	500		3,500		とさ分
967	宮下新吉	下	大ふけはた		400	100		500		助右衛門尉
968	宮下新吉	中	大ふけ	7.0	1,000	100		1,100	157	惣右衛門尉
969	宮下新吉	中	大ふけ	1.0	150	50		200	200	道光
970	宮下新吉	中	つか田	13.0	2,500	100	240	2,840	218	新次郎
971	宮下新吉	下	下塚はた		400	180		580		六右衛門尉
972	宮下新吉	中	田中	5.0	700	200	120	1,020	204	清二良
973	宮下新吉	下	しほからはた		200			200		ぬしなし　不作
974	宮下新吉	中	口あき塚はた		1,700	350		2,050		新五右衛門尉
975	宮下新吉	中	口あき塚はた		1,000	150		1,150		助六
976	宮下新吉	中	上原はた		300	100		400		大蔵
977	宮下新吉	中	上原はた		150	50		200		ぬいさへもん
978	宮下新吉	下	上原はた		150	50		200		善助
979	宮下新吉	中	にし田	11.0	2,000	300		2,300	209	常見
980	宮下新吉	下	竹むろ		50			50		清右衛門
981	宮下新吉	中	竹むろはた		300	150		450		神左衛門尉
982	宮下新吉	中	さかいた	1.5	300	45		345	230	小左衛門尉
983	宮下新吉	下	いつなはた		350			350		仁介
984	宮下新吉	下	いつなはた		130	50		180		善介
985	宮下新吉	下	いつなせいめん		450	50		500		金六
986	横沢善助	下	あかいのはた		30	10		40		小七良
987	横沢善助	下	てんはくの田はた		700	100		800		小七良　100文不作
988	横沢善助	上	ふとう	4.0	1,000			1,000	250	小七良
989	はい原金三	下	てんはく		400			400		不作
990	ほ祢安右衛門	上	やなきふち	3.5	600	200		800	229	手作
991	吉ます	上	いつはい	3.0	600	150		750	250	助兵へ
992	吉ます	中	へつふはた		600	100		700		原之　三衛門尉

番号	知行者	等級	地籍（字）	蒔高（升）	本高（文）	見出（文）	田役（文）	総高（文）	総高／蒔	作人
993	御小人　藤右衛門	上	はけた	3.0	600	150		750	250	手作
994	御小人　藤右衛門	中	つかた	6.0	1,300	100	120	1,520	253	新助
995	丸山三右衛門	下	下つかのはた		300	150		450		宮しま　助右衛門尉
996	丸山三右衛門	下	下つかのはた		150	50		200		小七良
997	御刀者	中	つるの子た	6.0	900	330		1,230	205	弥七良
998	御刀者	下	下塚はた		60	20		80		甚五右衛門尉
999	作右衛門	下	大沢	5.0	1,200	50		1,250	250	新兵衛
1000	河井新兵衛	中	塚田	3.5	600	170		770	220	手作
1001	河井新兵衛	下	下塚之はた		100	60		160		手作
1002	河井新兵衛	中	口あけ塚	5.0	800	250		1,050	210	手作
1003	河井新兵衛	下	口あけ塚のはた		1,000	100		1,100		手作　出し置き申候
1004	河井新兵衛	下	たかむろ		30	30		60		ぬい右衛門
1005	羽尾兵部殿御里う人	下	おもてき畑		100	50		150		孫右衛門
1006	羽尾兵部殿御里う人	下	田中嶋	5.0	800	150		950	190	小左衛門
1007	京之御前様御料所　勘三良分 小吏　甚五右衛門	上	うす庭	6.0	1,000	250	120	1,370	228	四良右衛門尉
1008	京之御前様御料所　勘三良分 小吏　甚五右衛門	下	たかむろはた		350	50		400		三右衛門尉
1009	京之御前様御料所　勘三良分 小吏　甚五右衛門	下	てんはた		20			20		山うら　藤兵衛
1010	京之御前様御料所　勘三良分 小吏　甚五右衛門	下	てんはた		800	300		1,100		道慶
1011	京之御前様御料所　勘三良分 小吏　甚五右衛門	下	てんはた		80	20		100		藤兵衛
1012	京之御前様御料所　勘三良分 小吏　甚五右衛門	下	てんはた		150	50		200		かん三良ふん　源右衛門尉
1013	京之御前様御料所　勘三良分 小吏　甚五右衛門	中	十弐		450	50		500		又左衛門
1014	京之御前様御料所　勘三良分 小吏　甚五右衛門	下	下つか		100	20		120		源兵衛　坂口
1015	京之御前様御料所　勘三良分 小吏　甚五右衛門	下	下つか		100	20		120		甚内
1016	京之御前様御料所　勘三良分 小吏　甚五右衛門	中	内てはた		1,600	100		1,700		一乗坊
1017	京之御前様御料所　勘三良分 小吏　甚五右衛門	下	内てはた		50			50		甚五へもん
1018	京之御前様御料所　勘三良分 小吏　甚五右衛門	下	おもてき畑		150	80		230		三良太良

番号	知行者	等級	地籍（字）	蒔高（升）	本高（文）	見出（文）	田役（文）	総高（文）	総高／蒔	作人
1019	京之御前様御料所　勘三良分　小吏　甚五右衛門	上	おもてき	9.5	1,700	450	120	2,270	239	甚四良
1020	京之御前様御料所　勘三良分　小吏　甚五右衛門	下	十仁の前		150	20		170		甚三
1021	京之御前様御料所　勘三良分　小吏　甚五右衛門	下	十仁の前ひへ田		350			350		ほそ田　つしま
1022	京之御前様御料所　勘三良分　小吏　甚五右衛門	下	十仁の前ひへ田	0.5	100	10		110	220	ほそ田　つしま
1023	京之御前様御料所　勘三良分　小吏　甚五右衛門	下	たかむろはた		400	300		700		小左衛門尉
1024	京之御前様御料所　勘三良分　小吏　甚五右衛門	下	たかむろはた		100	100		200		三良太良
1025	京之御前様御料所　勘三良分　小吏　甚五右衛門	下	たかむろはた		500	350		850		源兵衛
1026	京之御前様御料所　勘三良分　小吏　甚五右衛門	上	つるまきた	2.0	400	100		500	250	清右衛門尉
1027	京之御前様御料所　勘三良分　小吏　甚五右衛門	下	つるまきはた		100			100		清右衛門尉
1028	京之御前様御料所　勘三良分　小吏　甚五右衛門	上	まのあて	4.0	800	120	120	1,040	260	新五良
1029	京之御前様御料所　勘三良分　小吏　甚五右衛門	上	まのあて	4.0	800	200	120	1,120	280	小七良
1030	京之御前様御料所　勘三良分　小吏　甚五右衛門	上	ふとう	2.0	400	100		500	250	道勝
1031	京之御前様御料所　勘三良分　小吏　甚五右衛門	下	おもてきはた		250	60		310		助丞
1032	京之御前様御料所　勘三良分　小吏　甚五右衛門	下	おもてきはた		120			120		惣左衛門尉
1033	京之御前様御料所　勘三良分　小吏　甚五右衛門	下	おもて木はた		400	100		500		三右衛門尉
1034	京之御前様御料所　勘三良分　小吏　甚五右衛門	下	おもて木はた		400	100		500		善左衛門尉
1035	京之御前様御料所　勘三良分　小吏　甚五右衛門	下	おもて木はた		170			170		善左衛門尉
1036	京之御前様御料所　勘三良分　小吏　甚五右衛門	上	ふち沢	6.0	800	400	120	1,320	220	安右衛門尉
1037	京之御前様御料所　勘三良分　小吏　甚五右衛門	上	いつはい	5.0	1,200	150		1,350	270	新左衛門尉

番号	知行者	等級	地籍（字）	蒔高（升）	本高（文）	見出（文）	田役（文）	総高（文）	総高／蒔	作人
1038	京之御前様御料所　勘三良分 小吏　甚五右衛門	下	うちてはた		200	20		220		木嶋
1039	京之御前様御料所　勘三良分 小吏　甚五右衛門	下	下塚是ハ夫馬免はた		500	100		600		佐藤三良
1040	京之御前様御料所　勘三良分 小吏　甚五右衛門	下	下塚之はた龍善坊知行		70			70		甚右衛門尉
1041	京之御前様御料所　勘三良分 小吏　甚五右衛門	下	十仁のまい		70	40		110		三右衛門尉
1042	京之御前様御料所　勘三良分 小吏　甚五右衛門	下	十仁のまいはた白山祈心か		100	30		130		十良右衛門尉
1043	京之御前様御料所　勘三良分 小吏　甚五右衛門	上	たなか	2.0	250	250		500	250	佐藤三良
1044	京之御前様御料所　勘三良分 小吏　甚五右衛門	上	田中	10.0	1,940	250	200	2,390	239	滝沢六右衛門 小作七右衛門尉
1045	京之御前様御料所　勘三良分 小吏　甚五右衛門	中	山とうか	7.0	1,000	400	120	1,520	217	善左衛門
1046	京之御前様御料所　勘三良分 小吏　甚五右衛門	下	にしおね横沢源介取		200	30		230		小七良
1047	京之御前様御料所　勘三良分 小吏　甚五右衛門	下	天白		100			100		与五右衛門　不作
1048	京之御前様御料所　勘三良分 小吏　甚五右衛門	下	大ふけ京御前さま御料所		1,100	280		1,380		弥治良
1049	京之御前様御料所　勘三良分 小吏　甚五右衛門	下	おもて木はた京御前さま御料所		240	250		490		町田外記貼紙
1050	京之御前様御料所　勘三良分 小吏　甚五右衛門	上	あかた京御前さま御料所	7.0	1,400	230	120	1,750	250	三良右衛門尉
1051	京之御前様御料所　勘三良分 小吏　甚五右衛門	下	所しれす宿うらのはた		600	1,000		1,600		安右衛門尉知行
1052	京之御前様御料所　勘三良分 小吏　甚五右衛門	下	町うら之		50			50		い毛じ
1053	京之御前様御料所　勘三良分 小吏　甚五右衛門	下	町うらはた		60			60		小金弥右衛門尉
1054	京之御前様御料所　勘三良分 小吏　甚五右衛門	下	町屋敷		240	40		280		ぬいの丞
1055	京之御前様御料所　勘三良分 小吏　甚五右衛門	中	南はた		650	300		950		源左衛門尉
1056	京之御前様御料所　勘三良分 小吏　甚五右衛門	下	とく蔵やしき		400	105		505		又左衛門尉

番号	知行者	等級	地籍（字）	蒔高（升）	本高（文）	見出（文）	田役（文）	総高（文）	総高／蒔	作人
1057	京之御前様御料所　勘三良分　小吏　甚五右衛門	下	熊窪	0.5	50	40		90	180	いち　又左衛門
1058	京之御前様御料所　勘三良分　小吏　甚五右衛門	下	松山はた		300	120		420		滝沢六右衛門
1059	京之御前様御料所　勘三良分　小吏　甚五右衛門	下	天白はた		100	70		170		いち　又左衛門
1060	京之御前様御料所　勘三良分　小吏　甚五右衛門	下	しほから田	2.0	200	160		360	180	伝助知行か　源左衛門尉
1061	京之御前様御料所　勘三良分　小吏　甚五右衛門	下	たかむろはた		250	20		270		佐藤三良
1062	京之御前様御料所　矢野分	下	たかむろはた		450	100		550		ぬいさへもん
1063	京之御前様御料所　矢野分	中	たかむろ	4.5	850	150		1,000	222	ぬいさへもん
1064	京之御前様御料所　矢野分	下	たかむろ	0.8	50	70		120	150	三右衛門
1065	京之御前様御料所　矢野分	下	たかむろはた		80	20		100		善次良

著者略歴
宮島義和（みやじま　よしかず）
1960年　長野県上田市生まれ
1983年　国学院大学文学部史学科卒業
現　在　長野県松本市教育委員会文化財課埋蔵文化財係
主要論文：「開発と村の成立—信濃国加納屋代四ヶ村—」『鎌倉時代の考古学』高志書院2006、「屋代遺跡群の官衙風建物群」・「木製祭祀具の考察—馬形木製品・蛇形木製品」『信濃国の考古学』雄山閣2007

戦国領主真田氏と在地世界

2013年11月20日　初版発行

著　　者　宮島　義和
発 行 者　八木　環一
発 行 所　株式会社 六一書房
〒101-0051　東京都千代田区神田神保町2-2-22
電話 03-5213-6161　FAX 03-5213-6160　振替 00160-7-35346
http://www.book61.co.jp　Email　info@book61.co.jp
印刷・製本　株式会社　三陽社

ISBN 978-4-86445-038-6 C3021　